戦後幼児教育問題史

竹内通夫
Takeuchi Michio

風媒社

戦後幼児教育問題史

目次

第Ⅱ部 幼児教育制度問題 97

第3章 幼保一元化問題 98

＊本書の人名の肩書き・所属は、発表当時のものである。また、団体名も発表当時のままとした。

序章　本書の問題意識

政治、経済、文化等あらゆる分野で国際化が進む現在、人間形成における幼児期教育の重要性についての認識は、近年ますます高くなっている。

地球規模で国家・社会が変貌し、個人、家族、地域社会、幼稚園、保育所、学校も、その影響を受けて変わりつつあるいま、子どもの人格形成の基礎となる幼児教育の本質的性格が問われている。

ここに、「戦後幼児教育問題史」と題したのは、次のような理由によるものである。

これまでも幼児教育の制度や内容等、さまざまな問題が政治問題化あるいは社会問題化したことがあった。いまそれらの問題点や論争点をできうる限り歴史的にたどり、その問題点を整理することにより、その問題点が現在の私たちにとってどのような意義があり、今後の課題として何が残されているのかを明らかにする必要がある。

今日までに刊行された論争史、問題史と題する著作には、次のようなものがある。

①松下丈夫『比較教育問題史』理想社、一九五四年
②志賀匡『教育問題史』金沢書房、一九五五年
③国民教育編集委員会編『戦後教育問題論争』誠信書房、一九五八年
④船山謙次『戦後日本教育論争史』東洋館出版社、正編一九五八年、続編一九六〇年

⑤松島鈞他編『現代教育問題史』明玄書房、一九七九年
⑥久木幸男他編『日本教育論争史録』全四巻、第一法規出版、一九八〇年
⑦拙著『現代幼児教育論史』風媒社、一九八一年

このうち最初の二著作は、欧米各国中心の教育史概説ともいうべきものである。

③と④は、「学力問題」「問題解決学習と系統学習」等、戦後のわが国の主要な教育論争を扱っている。とくに船山著は、厖大な資料を詳細に分析した労作である。松島他編『現代教育問題史』は、戦前・戦後の教育問題の論争を扱った教育論争の史的記録である。久木他編『日本教育論争史録』は、主として、西洋教育史上のトピックスをわが国の現代教育からの問題意識に交差させて検討したものである。

以上の著作には、幼児教育に関しては、松下、志賀著にわずかにみられるだけで、他の著作には、まったく取り上げられていない。

これは、いかなる理由によるものであろうか。さまざまな理由が考えられるが、最大の理由は、明治維新後の教育改革の中で、学齢期以後の子どもの教育に関心が集中し、国民一般及び教育学研究者の問題意識の中に、「幼児期の教育」への関心が、非常に希薄かあるいは欠落していたことにあるのではないか。

さらに、子ども（幼児）をいかなる存在と考えるかという「子ども観」の中に、「幼児」は欠落していたのではないだろうか。

この点に関して、和田實（一八七六―一九五四）は、すでに一九〇八（明治四一）年、『幼児教育法』の中で、次のように指摘している。(1)

若し幼児教育の根本原則が果して一般の教育の原則と相容れないものであるとか、或は一般教育の原則は以て幼児教育を律することの出来ないものであるとするならば二つの教育事業は正に各殊別なる原理法則の本に各別個の

教育學を構成せねばならぬ。一個の教育事業が二つの異なれる學理を有するとは如何にしてもゆるされがたき次第ではあるまいか。蓋し幼児教育とても其原理原則としては矢張り一般の教育と何等の差違ある可き筈はないのである。

ここでいう「一般教育」とは、「小学校以上の教育」を指しており、和田は、教育学として、幼児教育も同一原理で究明されるべきだと述べたのである。

さらに、昭和初期の著作『実験保育学』では、概略次のように述べている。(2)

小学校教育を「普通教育」、幼稚園教育を「保育」と称すは、従来の慣例であるが、この故に、保育は教育に非ず、教育は小学校より始まると思惟するものあるに至っては沙汰の限りと云わざるを得ぬ。学校教育の始まる前に教育がないと考えたのも、普通教育者の甚だしき僭越である。当歳の幼児と雖も、等しく幼児としての特色あり、相当の陶冶性を有し、身心の諸能力の相当に発達を遂げるものであって、嬰児と雖も当然、教育を受ける資格あり、権利ありと云ふ可きである。

幼児教育は、保育学の対象であり、小学校教育は教育学対象である。而して保育学と教育学は別種のものと思惟するものがある。

幼児教育と云ひ、児童教育と云ひ、或は少年教育と云ひ、青年教育と云ふ。等しく教育たることに於て、何等異る可き筈がない。幼児教育は眞正なる科学的教育学の理法より演繹せらるるところの方法に因って、其実際的方案を発見せられねばならぬ筈である。故に、眞正なる科学的教育学を融合するところの教育学的理論に因りて組織せらるる保育法こそ眞正な幼児教育法と云ふ可きである。

和田の主張にもかかわらず、これは、当時としては、まったくの少数意見であった。しかしながら、幼児教育の立場から、教育学的研究をかくも強く主張した例を私は知らない。

私の『現代幼児教育論史』は、主として、戦後約四〇年にわたる幼児教育上の諸問題を時々の論争も含めて、知的教育論、文字教育論、早期才能教育論、保育者論、幼保一元化論、長時間保育論、幼児教育義務化論等の主要な問題点を分析検討したものである。

私の最初の著作に対し、いろいろな論評をいただいた。中には、資料に丹念にあたり、幼児教育の主要な問題をよく整理した労を認めてくださったものや、資料が十分に消化しきれていないとの批判もいただいた。

確かに、多くの資料を検討したが、その当時の渦中の問題もあり、資料批判が十分でなかった点もあったことは否めない。

それから三〇年の年月を経て、幼児教育界も大きな変貌を遂げており、その後さらに新たな問題も生じている。この機会にいくつかの論点・争点を加え、まとめることにした。

ここで、私の本書に対する基本な視点について述べておきたい。

第一に「問題史」を主眼にしたのは、その時々の教育問題や論争問題の本質を鮮明に浮かびあがらせ、問題意識を明確にすることができるからである。

当問題の中で示されるさまざまな見解は、当面している教育問題の所在や教育状況やさらにそれらの問題が発生した社会的背景を比較的明瞭に示している。

従来の教育（史）研究は、既成の教育制度や教育政策、あるいは教育思想の叙述を中心にしたものが多かったと考えられるが、戦後の幼児教育の歴史から私たちが学ばなければならないのは、たんにできあがった教育制度や教育政策、教育思想ではなく、本書で取り上げた知的早期教育論、幼児の文字教育論、幼保一元化論がどのような「教育観」にもとづいて主張され、どのような経過をたどって、どのような結論にたどりついたのか、また今後の課題は何かということである。

そのことにより、新しい課題を見つけ、問題意識を新たにして、現代の教育問題を解決するための何らかの示唆を得ることができるのではないか。

第二に、それぞれの「幼児教育問題」は、当然のことながら、特定の歴史的・社会的背景の中で生まれたものである。そこには、その時々の特殊な教育状況が反映されており、そこで発生した「教育問題」の性格や内容の背後にある「教育観」「子ども観」が示されている。それらを明確にすることにより、「教育問題」を解明する糸口が見出せるのではないだろうか。

以上のような「問題史的方法」は、教育問題・論争問題を歴史的に考察する有効な方法であると考えられる。

しかしながら、いくつかの問題点も存在する。

一つは、その時々の「教育問題」を積み重ねていけば、点がつながり、線となり、一つの「歴史」になりうるかということである。

教育論や論争は、時として意見のすれ違いや誤解があり、一過性的なこともある。常に正しい結論が出されるとは限らない。途中で終結したり、非生産的な論争もある。

しかし、「教育問題」や「論争点」のもつ歴史的意義をふまえ、それらを総体として理解することにより、従来の教育史的視点とは異なる幼児教育、幼児教育史の新しい視点が見出されるのではないか。

つまり、幼児教育全体の枠組を外側から規定する「教育政策」「教育制度」と、それを内側から支える「教育内容」「教育方法」「子どもの発達過程」の両面から各問題点を考察することにより、幼児教育全体の構造をより明確にできるとともに、幼児教育学の理論構築の基礎づくりになりうるのではないかと考える。

本書が、幼児教育史・保育史研究の発展のための踏み台となることができれば、これ以上の喜びはない。多くの方々のご叱正をいただければ幸いである。

二〇一一年八月

著者

注

（1）中村五六・和田實合著『幼児教育法』東京堂、一九〇八年、二五ページ（日本らいぶらり、一九七七年、一二一ページ）。本書は、「幼児教育」という用語を使った最初の書物といわれ、和田の恩師中村五六と合著の形で刊行されたが、全体は和田の執筆になるものといわれている。

（2）和田實『実験保育学』フレーベル館、一九三二年、一―三ページを要約（一部現代かなづかいに改めた）

第Ⅰ部　幼児教育内容問題

第1章　知的早期教育・才能教育問題

第1節　知的早期教育の現状

1　知的早期教育の現況

現在、幼児教育は日々盛んである。五歳児の幼稚園就園率は全国平均で五六％に達し、保育所を含めると九六％に達している（文部科学省・厚生労働省、二〇一〇年現在）。これは誠に喜ばしいことである。しかし、幼稚園教育が普及するにつれて問題になってきたのが知的早期教育である。

一般に、「早教育」と「早期教育」は区別されている。

早教育は、天才児や優秀児の教育に対していわれる方法で、特殊な才能、とくに優れた才能をもっている幼児におこなわれるものである。

早期教育は、文字通り人生の早期、学齢前、就学前の幼児期に、すべての幼児を対象にしておこなわれる教育をさすのがふつうである。一般の水泳教室、ピアノ教室がそれにあたる。

一般社会では両者が混同して使われているが、本書では「早期教育」で統一することにする。

知的早期教育の問題は、幼児の発達や幼児教育の目標及びカリキュラムの構成内容という本質にかかわるものであるが、その議論は抜け落ちたままでおこなわれているというのが一般的状況である。

われわれが日ごろ見聞きするさまざまな幼稚園の教育内容は、ひらがなや漢字、英会話を教えるものである。また一方では、自由遊びを主体として、幼児の生活経験を主要な内容とするところもある。前者は知的早期教育派と称せされ、後者は生活派ないしは反早期教育派と称せられる。

しかし、考えてみれば、知育も徳育も体育も本来別々におこなわれているものではなく、まして子ども（人間）は、それぞれにトータルな存在として生活しているのである。

前述のような知的早期教育派、生活派、という考え方は、教育ジャーナリズムによって一方的になされたという面も否めない。しかし、知的早期教育イコール文字・数の教育のみと考え、生活派的幼稚園では知育は一切やらない、やってはいけないと考えてきたことも事実である。本来、知的早期教育か、さもなければ生活教育かではなく、知的早期教育も全教育活動の中で考察されるべきものなのである。

なぜ、このような知的早期教育に対する誤解が生じたのだろうか。私は次のような背景があるからだと考える。

(1) 幼稚園・保育所では、知的早期教育以外にもっと大切なものがあるから、それらを優先させるべきである。仮に、文字や数を憶えたとしても、教えない方がよい（教えなくともいい）。

(2) 文字や数を数える幼稚園・保育所では、子どもが文字をいくつ覚えた、いくつ書いた、難しい漢字が読めた、小学校三年生段階までできた、だからできることは教えた方がよいという考えが強い。教えた結果、そのことが後に役に立つというより、教えたことが全体として才能開発につながるものだからよいという考え方である。

しかし、これらのいずれの立場も、教育上の重要な視点が抜け落ちていないだろうか。覚えるから教えるとか、教えないということではなく、あるいは、幼稚園における知的教育のほかにもっと大切なことがあるという教育内容の順序主義的考え方ではなく、子どもの発達に視点を当てることを忘れているかのようである。

必要なのは、子どもの全人格的な発達にとって、どのような教育がよいのかという視点に立つことである。そのうえで、知的早期教育のあり方を考え直すことが大切である。

多くの心理学的データは、何歳で文字をいくつ覚えるということを示している。しかし、覚えるものなら教えようという発想が、知育加熱の幼児教育に拍車をかけてきたことを考えると、われわれは心理学のデータを鵜呑みにしすぎて、子どもの全体的発達や、文字を覚えることが子どもの発達上どういう意味をもつのかについて、深い考察を加えてこなかったのではないか。

2　知的早期教育興隆の社会的背景

わが国で幼児の知的早期教育が声高に叫ばれ始めたのは、一九六〇年代に入ってからである。『経済白書』が「もはや戦後ではない」とうたい、ようやく敗戦後の混乱から立ち直って、経済的にも文化的にもひとり立ちできる時期に入っていた。日本経済は高度成長期に入り、技術革新と産業社会の発展に向け、人的資源論による生産財としての教育、いわゆる「教育投資論」が主張され、教育制度全般の見直しやカリキュラム改革案が提出された。これがいわゆる「教育の現代化」と言われるものである。

幼児の知的早期教育論と時期を同じくして、早期からの能力開発論にもとづく幼児教育義務化論（就学年齢一年引き下げ論や幼稚園義務化論）や幼保一元化論が盛んに論議された。

幼児の知的早期教育論の社会的背景として、まず考えられるのは、アメリカにおける教育界の動きである。

一九五七年、旧ソビエト連邦は第二次大戦後アメリカとの軍拡競争に勝つために、「アメリカに追いつき、追い越せ」をスローガンにして、人工衛星の開発に取り組んでいたが、その第一号スプートニクをアメリカに先んじて打ち上げることに成功した。これが、アメリカに「スプートニク・ショック」をもたらした。アメリカは、科学技術教育の立ち遅れを痛感し、その改革に着手した。そして、一九五八年「国家防衛教育法」(National Defence Education Act) がつくられ、英才教育に取り組むことになった。それが、わが国にも波及したのである。
わが国の知的早期教育に影響を及ぼした諸要因として、次のものが考えられる。

(1)「ブルーナー仮説」の波紋

一九五九年、アメリカ東部マサチューセッツ州ウッズホールに教育学・心理学等の第一線の研究者が集まり、カリキュラム及び教育方法のあり方についての会議が開かれた。これが、ウッズホール教育会議 (Woodshole Conference) である。席上、議長を務めたブルーナー (Jerome Bruner, 1915-) は、翌一九六〇年『教育の過程』(The Process of Education) として、会議の内容をまとめた。この書は、会議の報告書というより、著者ブルーナーの単独の著作であり、まさに彼の教育観や発達観にもとづいたいくつかの提案がなされている。

とくに、同書第三章の冒頭に述べられた次の一節が、知的早期教育論者や才能教育論者に彼らの教育論を根拠づけるものとして受け入れられた。それは、次のようなものである[1]。

「いかなる教科も、知的性格をそのままにたもって、発達のどの段階のどの子どもにも効果的に教えることができる」

これは、ブルーナーが仮説として述べたものであるが、現実には未だ検証せられざる仮説であることが忘れられ、定説として幼児教育界でひとり歩きをし始めてしまったといえる（注=ブルーナーの仮説については次節で検討）。いずれにしても、一九五〇年代までの発達心理学で主流を占めていたゲゼル (Arnold Gesell, 1880-1961) の成熟優位説に代わって、ここにおいて経験、学習、環境、文化等が発達要因として重要な課題になってきたわけである。

(2)「ヘッド・スタート計画」の実施

さらに、アメリカでは一九六四年の経済機会法 (Economic Opportunity Act) や一九六五年の初等中等教育法 (The

Elementary and Secondary Education Act）により、恵まれない階層の就学前幼児のための補償教育（Compensatory Education）として、「ヘッド・スタート計画」（Head Start Project）がおこなわれることになった。

　これは、小学校入学後、知的発達の遅れや、学年が進むにつれ学力差が開いていくのを防ぐための対策として、文字通り就学前の段階で子どもだけでなく親も教育することを連邦政府の財政援助の下におこなおうとしたものである。

　このような形の幼児教育への関心も、わが国が「早期教育」に目を向けさせる一因になった。

（3）ボウルビィの母子関係の研究

　さらに、知的早期教育に影響を与えたものとして、小児精神医学からの影響がある。

　一九六二年、ＷＨＯ（世界保健機構）において、乳幼児と母親との関係、いわゆる母子関係の研究が提案され、イギリスのボウルビィ（John Bowlby, 1907-1990）によってその研究がまとめられた。

　そこでは、ホスピタリズム（hospitalism）の問題として、施設児の母子分離による心身発達遅滞や性格形成に関する精神病理学的問題が取り上げられた。さらに、これらの問題は施設だけでなく、一般家庭でも起こりうるとして、アタッチメント（attachment 愛着行動）が母子分離や母性剥奪（maternal deprivation）を防ぐ有効な方法になりうるとの研究がなされた。

　そして、母親の働きかけが乳幼児の発達を促すという考え方が強調されるようになった。これが、「乳幼児の早期教育」への弾みになったといえる。

（4）ローレンツのインプリンティング論

　オーストリアの比較行動学者ローレンツ（Konrad Lorenz, 1903-1989）は、一九三〇年代から、インプリンティング（imprinting, 刷り込み、刻印づけ）の研究を続けていたが、ノーベル賞受賞（一九七三年）により、にわかに脚光を浴びることになった。

インプリンティングとは、誕生間もない大型鳥類のヒナに、ある程度の大きさの動く対象を見せると、ヒナはこれに追随して、一生親として追尾する行動を示すようになる。これは、多数回の試行を必要とせず、ほとんど一瞬にして成立する。また、その学習効果は非可逆的で、その後の経験や学習によって訂正されないし、孵化後一定時間内に成立するという特色を持っている。人間についても同様なことは、新生児の「愛着行動としての微笑反応」(P・グレイ)や生後一時間の間に母親の子どもに対する愛着が開花する母性的敏感期(M・クラウス、J・ケイネル)等が指摘されている。[2] しかし、逆にこれが「臨界期」(critical period)説の根拠にされた。動物に比べて幼児期が長く、高度な大脳組織や「学習能力」をもつ人間の発達にどこまで適用できるのかの研究の積み重ねのないままに、幼児期の重要性を指摘したものとして早期教育論の根拠とされたのである。

(5)「発達の加速現象」説

さらに今日、早期教育の根拠とされているものに「発達の加速現象」(acceleration)説がある。これは、もともと身体発達、性的成熟の発育促進に対していわれ、社会生活の都市化・近代化と関係があるとされている。

村井潤一は、では幼児の知的発達の側面、とくに言語能力に加速現象がみられるかどうか問うている。村井は、言語発達の調査・研究が、身長・体重のように客観的にとらえにくく、信頼すべき資料も少ないという困難性をあげたうえで初期言語発達の重要な問題の一つは、最初の有意味語の獲得であり、その時期が発達加速されているかどうか調査した。[3]

これをみると、一九二〇(大正九)年から一九四〇(昭和一五)年までの研究では、その出現時期は一〇カ月から一歳二カ月の間に分布している。一九五六年の東京の児童院での正常児一〇〇名の調査では平均一一カ月、一九五九年と六二年の大津市の乳児検診の結果では、平均一〇カ月に出現している。これをみると、有意味語の出現時期が早くなっているようにみえるが、データの客観性に問題がある。

それで、次に知能テストの言語性項目の通過率をみることにした[4]。

昭和二〇〜二一年、昭和三〇〜三一年、昭和四〇〜四一年と時期を経るにつれて、言語性の項目の全体の平均通過率は、四歳、五歳、六歳のいずれの年齢においても上昇している。しかし、項目によって種々の差が認められる。とくに上昇傾向の著しいものをあげてみる。①貨幣の名前が言えるか否か、②左右の区別ができるか否か、③色の名前（赤、黄、青、緑）が言えるか否か、④五つの数字が復唱できるか否か、⑤簡単な書き取りができるか否か、⑥一定時間内に動物・鳥・果物の名前が一定数以上言えるか否か、⑦検査する当日の年月日、曜日が言えるか否か、の七項目である。これに対し、下降傾向にあるものは、物の性質の差異を指示する問題、ただ一つだけである。その他、変化のみられないものとしては、①簡単なことばの定義ができるか否か、②指の数が言えるか否か、③仮定の質問に対して正しく了解できるか否か、④単文を正しく復唱できるか否か、などの問題である。

以上の結果から、次のことが言えるのではないかという。

まず、一般的にいって、言語能力に上昇の傾向が認められ、少なくとも現象的には発達加速傾向を示しているといってよい。ただし、内容をみると、上昇傾向を示しているもののうち、五つの数字復唱を除いた問題は、言語性の項目の中では、経験的・教育的影響を受けやすいものである。すなわち、知識として知っているか否か、あるいはそれに関する教育を受けたか否かということが直接に結果を左右しがちなものである。これに対し、下降傾向にあるもの、ならびに変化のなかったものは、その成否が直接的な経験、教育によっては影響されず、より根元的な思考能力そのものの発達に依存していると考えられるものが多い。

発達が加速されたかにみえる現象も、言語経験の増大、教育的・文化的環境要因の変化によることは間違いなさそうである。

したがって、村井の見解からいえることは、知的能力（言語能力）の発達加速現象について考える場合、現象そのもの、またその結果もそれほど単純なものではないということであろう。とくに言語能力の増大は、思考能力の発展を伴わない限り、発達が加速化することは難しいと思われるのである。

3　知的早期教育論における幼児の知能観及び教育観

(1)「有能なる子ども」観

前項で述べたブルーナー、ボウルビィらの考察は、もともとは有能であるのに恵まれない家庭の子どものＩＱが低かったり、学校の成績が悪かったりするのは、適切な環境刺激が欠如したためではないかというのがその出発点であった。それが早期教育にとって有力な根拠となったのであるが、アメリカの教育学者エルカインド（David Elkind）は、彼ら以外に心理学者ブルーム（Benjamin Bloom）、ハント（J. McV. Hunt）、社会史家アリエス（Ph. Aries）をあげている。ブルーナーが提起した仮説が果たして何を意味するのか、幼児の知的早期教育論の根拠になりうるのか検討してみたい。

周知のごとく、彼の仮説は『教育の過程』（The Process of Education）の第三章の冒頭において展開されている。[5]「いかなる教科も、知的性格をそのままにたもって、発達のどの段階のどの子どもにも効果的に教えることができる」（Any subject can be taught effectively in some intellectually honest form to any child at any stage of development.）『教育の過程』は一九五九年のウッズホール会議の成果としてブルーナーの手でまとめられた時、世界的反響を呼んだのも、この仮説によるところが大きかったといえよう。

これは二つの点から考える必要があると思う。

第一は、ブルーナーはこの仮説は一カ所だけでなく、同様の提案を同書の中で数カ所にわたっておこなっているという点である。総合的にみてこれらをどのように解釈するかという問題がある。

第二は、右のような仮説の解釈にたって、どのように早期教育に適用できるかという点である。以下、それらの検討に入りたい。

まず、同書には、前述の仮説と同様な見解が、いくつかみられる[6]。

①どの教科でもその基盤を、何らかの形で、どの年齢の、誰にでも教えることができるであろう。

②どのような観念でも、そのままで、また有効に学齢段階の子どもの思考形態の中に示すことができる。

③（これらの）学問分野の基礎的観念は、それらの観念が数学的表現をとらないで、子どもが自分自身で扱える材料を通じて勉強されるという条件があれば、七歳から一〇歳までの子どもも完全に理解できるものなのである。

④どの教科でも、ほとんどの年齢のどの子どもにも、何らかの形で教えることができないと信じる理由はない。

以上の仮説から考えると、最初の仮説の「どの教科でも……」は、少なくとも、学校の単なる教科目という意味ではなく、「（教科の根底にある）原理や構造」と言い換えなくてはならない。

平光昭久は、この仮説に対する誤解（結局は誤訳）を指摘し、「いかなる教科も、知的性格をそのままにたもって……」の傍線部分は、「何らかの率直な形式で」の方がよいのではないかと指摘している[7]。

それは、ブルーナーが他の論稿で述べている通り、彼なりの幼児の発達の三段階説〔行動的（inactive）段階、映像的（iconic）段階、象徴的（symbolic）段階〕をとっており、「目と手と頭」（eyes, hands and head）がそれぞれこの三段階にあてはまるという点である。

したがって、「目」を中心とした0歳から二歳ぐらいまでの行動的段階ではその段階なりの、「手」の段階である映像的段階ではその段階なりの子どもの理解の仕方があるはずであり、「構造や原理」という基本的なものから、各段階でどの子どもも理解可能ではないかという提案であったはずである。ではその「構造や原理とは何か」というのが教師や研究者の課題となったのであった。

次に、早期教育との関連であるが、多くの論者は「どんな子どもにも、そのままの形で、教えることができる」というような仮説の誤解の上に立っていた。言い換えれば、同一内容のものを年齢段階を下げて（つまり早期に）教えることができるのだという解釈（誤解）にもとづいていたわけである。

エルカインドは、ブルーナーの仮説に関する当時の解釈について次のように述べている。[8]

教育者の中には、本来カリキュラムに関する仮説だったものを学習についての仮説だと解釈する者がいた。つまり、どんな年齢でもあらゆることが教えられるというのではなく、どんな年齢でもあらゆることが学習できると解釈してしまったのだ。この違いはきわめて重要である。子どもに教える際には、内容や方法のレベルを変えることはできるが、子ども自身の学習の仕方を変えることはできない。どんな年齢でもあらゆることが学べるなどといったら、これまで得られた子どもの成長と発達に関する知見をすべて無視することになってしまう。（中略）幼児の学習の仕方は、年長の子どもの学習の仕方とは異なっている。このことを踏まえて幼児の能力のレベルに合わせた教材や教え方を採用すれば、子どもに多くのことを教えることができる。しかし、幼児も年長の子どもも同じ学習の仕方をすると想定し、学童用の教材や指導法をそのまま当てはめようとするのは誤った教育以外の何ものでもない。


このように多くの人びとの誤解を指摘した。

ブルームの著作も、子どもは有能であるという「有能なる子ども」観形成の一翼を狙ったものである。

ブルームは、就学前から高校に至るまでの子どものＩＱとアチーヴメントテストの点数がどう変化するかを調査し、就学前の子どもが急速に伸びることを指摘した。

「子どもの一般的知能は受胎してから四歳までの間に、四歳から十八歳までの十四年に匹敵する程の伸びをみせる」[9]

この主張が、「ＩＱによって表される知的発達の頂点は十八歳にあるとするなら、四歳までに人間の知的能力は半分達成される――多くの人びとはブルームの主張をこのように解釈した」[10]。そして、この時期が発達に大きな影響を及ぼす」

という主張とも相まって、幼児はこれまで考えられていたよりも、はるかに大きな潜在能力、学習能力を有するというふうに理解された。

さらに、ハントのＩＱの可能性という考え方（第7章参照）が「有能なる子ども」観に拍車をかけた。

わが国でも、ブルームやハントの考え方が識者によって紹介され、「有能なる子ども」観の形成や早期教育論の根拠にされた。

（2）幼児の知能観及び教育観

国立教育研究所（現国立教育政策研究所）がおこなった「親の知能観及び知的発達観」の調査研究（一九七六年）というものがある。(11)

小学校一年生の保護者約四六〇〇名を対象にした全国調査である。これによると、「知能の遺伝規定性」について、「知能は遺伝的なものか環境によって変化するものか」という問いに、「知能は、その人が生まれた時にだいたい決まってしまっている」を選択した人は、どの地域（住宅地域、商業地域、工業地域、漁村地域、農山村地域）とも少なく、八〇％以上の人が「知能は生まれたときにはまだ決まっていない。その後の経験や教育次第で人は馬鹿にも利口にもなる」（原文のまま）を選択した。

これをみる限り、知能の後天説、環境説をとる人が圧倒的に多いといえる。

第二次大戦後、わが国は新教育制度の下に、新しい教育がおこなわれることになった。日本国憲法や教育基本法、児童憲章、児童福祉法には、子どもの人間としての尊重、教育を受ける権利が規定されている。

すなわち、憲法（第二六条）には、「すべて国民は、その能力に応じて、ひとしく教育を受ける権利を有する」とあり、児童憲章の前文には、「児童は、人として尊ばれる」とある。

国立教育研究所（現国立教育政策研究所）調査にみられる後天的能力形成観は、憲法や教育基本法の精神と相俟って日本人の早期教育の大きな拠り所になっていると考えられるものである。

以上にあげた諸外国の教育の動向や教育学・心理学の影響をうけたわが国の知的早期教育論に共通するものをあげると、次のようになる。

①（学習の開始適期）年齢的に早ければ早いほど効果がある。後になってからではダメである。

②（能力論）能力（あるいは知能）は、訓練や学習によって伸びる。つまり、レディネスは上昇させることができる。

③（学習の方法）系統的、持続的に教えることによって能力は伸びる。

戦後の自由主義的教育観が、前述の知能観や能力観と結びついて、今日の早期知的教育論を形成してきたといえるのである。

第2節　才能教育の実践——すべての子どもに才能教育を　鈴木鎮一の才能教育論——

ここで取り上げる鈴木鎮一（一八九八—一九九八、元才能教育研究会 会長）のバイオリンによる才能教育は、わが国の才能教育のパイオニアとして戦前からおこなわれているものである。その間に育てられた一流音楽家は多く、著作・論稿も非常に多い。

ここでは、賛否、その中間と評価の分かれている氏の才能教育論をできるだけ客観的に取り上げたい。

鈴木メソードの特色は、次の点にある。[12]

1　鈴木メソードの理念

（1）才能教育は、人間教育である
どの子も育つ、育て方ひとつ。
才能は生まれつきではない。

これが鈴木の教育的信念である。

では、鈴木は、なぜバイオリンによる才能教育をはじめるようになったのか。[13]

私が才能教育という問題に着眼した動機は、すべての子どもたちがみなりっぱに言葉を解し、これを自由に話す能力を持っているという、きわめて平凡な事実に気がついたからです。

これは一つの矛盾ではありませんか。言葉の能力も頭脳によって発揮されているにもかかわらず、それで頭が悪いと決めていることは、私には納得できませんでした。

そこで、この問題について研究した結果、つぎのような結論に達したのです。

1　人は生まれつきそれぞれ特定な才能を持って生まれてくるものではなく、その元となる能力素質を持っているのである。

2　能力素質とは、刺激とそのくり返す訓練によって育つ特性をもった「才能の種子」というべきものである。言葉は刺激とそのくり返しの上に育成された才能の一つにすぎない。

3　言葉の習得には能力を育てるすぐれた指導法が行なわれている。

4　言葉以外のものも同じように能力を発揮できる。人間の能力素質は言葉であろうと、別のものであろうとその区別はなく、与えられた刺激と訓練の行われるところへ能力として伸びゆくからである。

言いかえると、どのような才能でも、育ちやすいよい環境の中で、すぐれた指導者のもとで正しい訓練を行なうならば、言葉のようなすぐれた能力を発揮するだろう。

これが才能教育の根本理念であります。

5　人間の能力素質には優劣はもちろんある。それは生理的な遺伝や疾病による生命力の強弱反応の速度などによるが、しかし劣性の能力素質と言えども言葉が自由に話せる程度ならばそうとうすぐれた能力発揮ができるはずである。

鈴木は、ここでいう「能力・素質」を「頭脳」あるいは「生命活動」と言い換えてもよいと述べている。そして、「人間は、言葉に示している才能の程度にまで、他のことも可能であること」としている。この点が鈴木の才能教育の大きな特色であり、音楽に特殊才能をもつ子の早期教育・英才教育ではないことをはっきり示しているといえるのである。

（2）才能教育の方法

才能教育には、次の五つの条件が必要であるという。[14]

一、より早き時期
一、よりよき環境
一、より正しき指導の方法

一、より多き訓練
一、よりすぐれた指導者

2　鈴木メソードの評価

鈴木をはじめ、才能教育を提唱し実践する人の多くが、才能教育はそれだけでなく他の能力を引き出し、また性格教育にもなっていると述べている。この点は、一つの能力にすぐれていると、それが自信となり、他の能力へ転移して、それを伸ばす作用があることは、心理学的にもいわれているが、他の諸々の能力、性格面への影響という点については、まだまだ不明な点が多い。この点に関して、外国人研究者の評価は高いものである。

ウイナー(E. Winner)らは、この点について概略、次のように述べている[15]。

鈴木メソードでは、天才児の教育と同じやり方で、普通の子に二歳ぐらいからバイオリンの指導を始める。最初は、母親が指導を受け、子どもにはバイオリンを持たせない。その結果、バイオリンが弾きたくなるように動機づけられる。そして、楽譜ではなく、耳から聞いて弾くことを教えられる。くり返し、くり返し、同じ曲を聞いて弾く、こうして鈴木メソードによる訓練を受けると、極めて低い年齢で、難しい曲を弾くようになる。しかし、鈴木メソードでは音楽家になるために続けることはしない。鈴木メソードでは、将来の音楽家を創ることよりも、継続したバイオリンの練習を通して性格形成（character building）を目的としている。

ウイナーらは、いみじくも鈴木方式が天才や英才の創出ではなく、性格形成をねらいとしていることに注目している。鈴木の才能教育にみられる能力観・教育観や教育方法は、まったく彼独自のものなのか、それとも戦前、彼が留学したドイツの影響があるのか、それとも日本の文化・社会とつながりがあるのだろうか。

この点についてタニウチ（Lois Taniuchi）は、過去五〇年の実践を経て、現在二三カ国、三〇万人の子どもが学ぶ鈴木メソードの哲学及び教授法は、日本における教育についての伝統的な文化的信念と現代のそれとの連続性があると述べている[16]。

まず第一に、就学前から始めるには、日本のフォーク・サイコロジカルな信念があるという。日本では、「おけいこごと」は、六歳六カ月六日目から始めるのがよいとされており、世阿弥の「花鳥風月」には、能は七歳（現在の五歳半）で始めるのがよいとされている。これをみても、日本人の教育の信念体系にも基づいたものだというのである。

第二に、一定の観察期間をおいて、ここで高い動機づけがなされ、熱意をもつようにされる。

第三に、鈴木は「才能は生まれつきではない」という信念を持っているが、これも鈴木独自のものというより、能力は遺伝よりも環境や教育によって決定されるという考えは、多くの日本人が持っているものだという。

第四に、これは心理学の動機づけ理論にもかなっているものである。

そして、第五が最大の問題であるが、鈴木メソードの目的についてである。

これは鈴木自身が述べ、ウイナーも指摘した通りであるが、「専門的な音楽家を養成するのではなく、感受性を掘り起こすこと、他人に対する奉仕や人格の高潔さを掘り起こすこと」が第一の目的であると指摘している。

これは日本の伝統的芸や習い事が技術のトレーニングよりも精神を強調することと共通している。すなわち、茶道、華道、弓道、剣道、書道の「道」(do) は、いずれも精神的規律 (spiritual discipline) を重視したものである。

鈴木は、自らバイオリン修行の結果得た結論を次のようなものであったと述べている。

「汝、弾くなかれ弓をして弾かしめよ」

そして、これこそ「音楽道」であると述べている。

タニウチは、鈴木バイオリンの指導の哲学を日本の文化的伝統の連続性に沿ったものであると述べたが、才能教育がわれわれ日本人の教育観・能力観とは異質なものではなく文化の連続性の上にあることを指摘した点は誠に重要である。

現在、早期・才能教育に関するおびただしい数の著書が刊行されているが、そのほとんどは明確な「子ども観」「教育観」もなく、示されているのは成功例ばかりで、失敗例は示されない。成功例にしても、どのような教育の過程を経て成功したのか明示されているものはほとんどない。正しいデータの積み重ねがないことが、このような結果になるのであろう。真摯なデータの積み重ねが必要である。

注

（1）J・ブルーナー『教育の過程』鈴木祥蔵／佐藤三郎訳、岩波書店、一九六二年、四二ページ（Bruner. J, *The Process of Education*, Harvard Univ. Press, 1962, p.12）
（2）成田朋子「インプリンティング」「ローレンツ」竹内通夫他編『現代幼児教育小辞典』所収、風媒社、一九八六年、一一―一二ページ、二二四ページ
（3）村井潤一「幼児の言語に発達加速現象が認められるか」『幼児の教育』フレーベル館、一九七二年四月、四〇ページ
（4）同誌、四一ページ
（5）J・ブルーナー前掲書、四二ページ（Bruner, *op.cit.* p. 12）
（6）同書、順に①一五―一六ページ、②四三ページ、③五五ページ、④五九ページ
（7）J・ブルーナー『認識の心理学』下、平光昭久訳、明治図書、一九七八年（あとがき）
平光昭久「『ブルーナー仮説』再考」日本教育方法法会編『自己学習能力の育成と授業の創造』明治図書、一九九二年
三嶋唯義『ピアジェとブルーナー』誠文堂新光社、一九七六年
波多野誼余夫「『学習のためのレディネス』をどう考えるか」『授業研究』五四号、明治図書、一九六八年
今井康晴「幼児の早期教育に関する一考察――幼児教育におけるブルーナー理論の位置を中心に」『広島大学大学院教育学研究科紀要』第一部第五八号、二〇〇九年
（8）D・エルカインド『ミスエデュケーション』幾島幸子訳、大日本図書、一九九一年、六八―六九ページ
（9）B. Bloom, *Stability and Change in Human Behavior*, NY:Wiley, 1964, pp.207-208
（10）D・エルカインド前掲書、七〇ページ
（11）三浦香苗他「親の知能観及び知的発達観」『国立教育研究所研究紀要』第八八集、国立教育研究所、一九七六年、八八―八九ページ

（12）鈴木鎮一『幼児の才能教育』明治図書、一九六九年、二ページ
（13）同書、一二―一四ページ
（14）「能力とその法則を追求して」『教育と医学』一九七一年四月号、四五―五一ページ
（15）Winner, E. & Martino, G. Giftedness in Visual Arts and Music, in Heller, K. et al., *International Handbook of Research and Development of Giftedness and Talent*. Pergamon, U. S. A. 1993, p. 274
（16）Taniuchi, L. Cultural Continuity in an Educational Instruction: M. and Pollock. S. eds., *The Cultural Transition: Human Experience and Social Transformation in the Third World and Japan*. RKP. 1986, pp. 113-114, p. 128, p. 131, p. 132

参考文献

麻生誠他編『創造的才能教育』玉川大学出版部、一九九七年
井深大『幼稚園では遅すぎる』ごま書房、一九七一年
D・エルカインド『ミスエデュケーション』大日本図書、一九九一年
D・エルカインド他『早期教育への警鐘』創森出版、一九九七年

早期教育・才能教育関連文献（一部、順不同）

安河内哲也『頭のいい子の育て方』中経出版、二〇〇九年
J・アンソニー『わが子を天才児に育てる本――受胎以前から2歳までが子供のIQを決める』徳間書店、一九九二年
池田幸彦『超英才児革命――26人の奇跡の体験記』コスモトゥーワン、一九九八年
池田幸彦監修『天才児を育てた24人の母親』コスモトゥーワン、一九九九年
井深大『0歳――教育の最適時期』ごま書房、一九九一年
井深大『最新版 幼稚園では遅すぎる』ごま書房、一九九八年
井上一馬『英語のできる子供を育てる方法』PHP研究所、二〇〇二年
鵜沢戸久子『日本人の小学生に一〇〇%英語をマスターさせる法』フォレスト出版、二〇一〇年

国米欣明『その子育ては科学的に間違っています』河出書房新社、二〇一〇年
公文公『二歳で本が読める――わが子を優秀児にする早期読書』講談社、一九九一年
高良聖『警告！早期教育が危ない』日本評論社、一九九六年
コスモトゥーワン編『天才児をつくる！全情報――あなたはどの早期教育を選びますか？』コスモトゥーワン、一九九八年
児玉光雄『あなたの子どもを石川遼や浅田真央のような天才にする右脳開発塾』イースト・プレス、二〇一〇年
小西行郎『早期教育と脳』光文社新書、二〇〇四年
小宮山博仁『早期教育をまじめに考える本』新評論、一九九五年
小宮山博仁『0歳〜6歳で「本当の知能」を伸ばす本――間違った脳力開発法がまかり通る現状と問題点』日本文芸社、二〇〇五年
榊原洋一『子どもの脳の発達臨界期・敏感期――早期教育で知能は大きく伸びるのか？』講談社＋α新書、二〇〇四年
坂本七郎『わが子の学力がグングン伸びるユダヤ式学習法』大和出版、二〇〇九年
汐見稔幸『このままでいいのか、超早期教育』大月書店、一九九三年
汐見稔幸『幼児の文字教育』大月書店、一九八六年
汐見稔幸『0〜3歳　能力を育てる好奇心を引き出す』主婦の友社、二〇一〇年
七田眞『赤ちゃんは算数の天才――右脳の計算力を開く七田式早期教育』ベストセラーズ、一九九四年
七田眞『子どもの能力は無限です』創芸社、二〇〇七年
ジツコ・スセディック『胎児はみんな天才だ』祥伝社、一九八六年
下村昇『幼児は文字を書きたがっている』偕成社、一九八九年
主婦の友社編『秋田県式家庭学習ノート』主婦の友社、二〇〇九年
千田夏光『将来「問題児」にならない3歳からの子育て』汐文社、一九九七年
早期教育指導会編『母親の教育法50箇条』データハウス、二〇〇七年
谷あゆみ『東大脳は12歳までに育てる！』かんき出版、二〇一〇年
G・ドーマン『赤ちゃんに読み方をどう教えるか』サイマル出版会、一九九〇年
苫米地英人『親子で使える天才思考ＩＱ２００になる習慣』東洋館出版社、二〇〇八年

野村るり子『3年あれば天才は育つ』経済界、二〇〇九年
林成之『子どもの才能は3歳、7歳、10歳で決まる！』幻冬舎新書、二〇一一年
バン・クリエイティブ編著・制作『早期教育と学力、才能を考える――してよいこと、よくないこと』ほんの木、二〇〇五年
保坂展人『危ない公文式早期教育』太郎次郎社、一九九四年
松村暢隆『本当の「才能」を見つけて育てよう』ミネルヴァ書房、二〇〇八年
無藤隆『早期教育を考える』日本放送出版協会、一九九八年
村松秀信他『IQ200天才児は母親しだい！』コスモトウ・ワン、一九九〇年
山屋野恵『お母さん次第で男の子も女の子もぐんぐん伸びる』メイツ出版、二〇〇九年
吉木稔朗『母親だからできる驚異の「天才教育」――「語りかけ」「教材」が奇跡を起こす』コスモトゥーワン、二〇〇〇年

（近年、次のような決定論的な内容のものも多い）
R・モース他『育児室からの亡霊』毎日新聞社、二〇〇〇年
福島章『子どもの脳が危ない』PHP新書、一九九九年
A・モア他『犯罪に向かう脳』原書房、一九九七年

（英語教育に関するもの）
赤松直子他『保育の英会話』（CD付）萌文書林、二〇〇二年
市川力『英語を子どもに教えるな』中公新書ラクレ、二〇〇四年
大津由紀雄編著『小学校での英語教育は必要か』慶応義塾大学出版会、二〇〇四年
大津由紀雄他『小学校でなぜ英語？』岩波ブックレット、二〇〇二年
寺島隆吉『英語教育が亡びるとき』明石書店、二〇〇九年
椛沢容子他『英語 de 保育』（CD付）本の泉社、二〇一〇年

船橋洋一『あえて英語公用論』文春新書、二〇〇〇年
茂木弘道『小学校に英語は必要ない。』講談社、二〇〇一年
茂木弘道『文科省が英語を壊す』中公新書、二〇〇四年
文部科学省『小学校英語活動実践の手引』二〇〇一年
山田雄一郎他『「英語が使える日本人」は育つのか?』岩波ブックレット、二〇〇九年
山田雄一郎『英語教育はなぜ間違うのか』ちくま新書、二〇〇五年
山本麻子『子どもの英語学習――習得過程のプロトタイプ』風間書房、二〇〇五年
渡辺晴夫他『ここから始めよう小学校英語』明星大学出版部、二〇一〇年

専門書は数多いが、第9章で紹介するチョムスキーの著作のほかに、次のものがある。

ピアジェ『知能の心理学』波多野完治他訳、みすず書房、一九六〇年
ピアジェ『思考の心理学』波多野完治他訳、みすず書房、一九六八年
ニック=ランド『言語と思考』若林茂則他訳、岩波書店、二〇〇六年
山鳥重『ヒトはなぜことばを使えるか』講談社現代新書、一九九八年

第2章　幼児の文字教育問題

本章では、幼児の言語教育の中の、とくに文字教育について検討する。

幼児教育の諸問題の中で、文字指導については、さまざまな問題が錯綜し、それだけに種々見解が出され、衆目の一致する文字指導論が確立されていない。それどころか幼児期における文字指導に対しては、積極論、否定論が、今日なお多数あるというのが現実である。

その理由をたずねるとすれば、恐らくそれは、わが国の幼児教育の歴史の中にその場を求めなければならないであろう。

文字の読み書きができるということは、知的世界の拡大につながり、人間の精神発達にとって不可欠のことがらである。幼児が言語を獲得してゆくプロセスというのは、幼児の精神発達上、どのような意味をもつものだろうか。仮に幼児期の文字指導が不要であるとするならば、その根拠は何か、必要であるならば、その理由は何かが明確にされなくてはならない。

幼児期の文字教育について論ずる際には、そのことを常に念頭においておく必要があるだろう。

以下、諸々の文字指導論を検討することにより、現在の幼児教育における言語教育、文字教育の一端をさぐってみたいと思う。

第1節　戦後教育と幼稚園教育要領

1　アメリカ教育使節団報告書にみられる言語教育観（一九四六年）

まず最初に、第二次大戦後のアメリカ教育使節団の報告書にみられる日本語教育観を出発点としてさぐっていきたい。

周知のごとく、第一アメリカ教育使節団はGHQの要請にもとづき、一九四六（昭和二一）年三月、ジョージ・D・ストダード（George D. Stoddard イリノイ大学名誉教授、ニューヨーク州教育長官）を代表として、総勢二七名が来日した。そして、約一カ月の滞在中に、会議、参観、調査、会見、研究をおこない報告書を提出した。その第二章には、「国語の改革」と題し、次のように述べられている。(1)

書かれた形の日本語は、学習上の恐るべき障害である。日本語はおおむね漢字で書かれるが、その漢字を覚えることが生徒にとって過重な負担となっていることは、ほとんどすべての識者が認めるところである。初等教育の期間を通じて、生徒たちは、文字を覚えたり書いたりすることだけに、勉強時間の大部分を割くことを要求される。教育のこの最初の期間に広範にわたる有益な語学や数学の技術、自然界や人間社会についての基本的な知識などの習得に捧げられるべき時間が、こうした文字を覚えるための苦闘に空費されるのである。（中略）

おおざっぱに言うと、書き言葉の改革に対して三つの提案が討議されている。第一のものは漢字の数をへらすことを要求する、第二のものは漢字の全廃およびある形態の仮名《かな》の採用を要求する、第三は漢字・仮名を両方とも全廃し、ある形態のローマ字の採用を要求する。これらの三つの提案のうちどれを選ぶかは容易な問題ではない。しかし、歴史的事実、教育、言語分析の観点からみて、本使節団としては、いずれ漢字は一般的書き言葉としては全廃され、音標文字システムが採用されるべきであると信ずる。

以上のことは、幼児の言語教育そのものには、直接にはかかわりのないことのようでもある。ここでの主要点は、言語としての日本語の改革という民族の文化の改造にかかわるものである。

漢字は、日本語の大きな特色であるといえるし、国語教育（幼児の日本語教育）のうえにさまざまな形で影響を与えているものである。したがって、漢字を全廃するというようなことは、言語としての日本語の生命を危うくするもので、できないことであろう（後述のように、石井式の漢字教育では、幼児から漢字教育をおこなうところから出発している）。

2　幼稚園教育要領における「言語」領域の変遷

幼稚園教育要領は、現在までに三回の改訂がおこなわれている。戦後最初につくられたのは保育要領である。

(1)「保育要領——幼児教育の手びき」（一九四八〔昭和二三〕年二月）では、「保育内容——楽しい幼児の経験」として、一二項目があげられている。

①見学、②リズム、③休息、④自由遊び、⑤音楽、⑥お話、⑦絵画、⑧製作、⑨自然観察、⑩ごっこ遊び・劇遊び・人形芝居、⑪健康保育、⑫年中行事、である。この中で、言語教育に関連した個所はあるが、「文字」について述べた個所はみられない。そこでは、幼児の言語能力の形成の基礎として、正しい発言、話したいことばの育成に力点を置いている。「ことばによるしつけ」や、「生活の中の言語」の重視という観点が強い。

それは、次の通りである。

幼児は書かれた文字を通してでなく、話されることばを耳を通して学ぶのである。ことばの抑揚・発音・声の調子・語数・文法等すべて耳を通して習得するのであるから、常に正しいことばを聞かせてやることがたいせつである。ささやきにはささやきをもって、大声には大声をもって応ずるものであるから、よい手本を示すことが、幼児に対する正しい言語教育である。それゆえに幼稚園の時間はすべて言語の教育に利用することができるのであろう。(中略）はっきりした声、あまり高くない調子、自然的な抑揚で話してやることがたいせつである。あらあらしいことばは幼児の情緒を動揺させる。

幼児に正しいことばを聞かせてやると同時に、幼児自らが話をするように指導することもまたたいせつである。

(2)「幼稚園教育要領」(一九五六年二月）においては、「言語」領域については二つのことがかかげられた。

①ことばを正しく使い、童話や絵本などに興味をもつようになる
②自由な表現活動によって、創造性を豊かにする

そして、幼児の望ましい経験として、

①話をする
②話を聞く
③絵本・紙しばい・劇・幻燈・映画などを楽しむ
④数量や形、位置や速度などの概要を表わす簡単な日常用語を使う

ということがあげられた。ここでは、幼児の全般に及ぶ「ことばの活動」を中心にしていることが特色である。

さらに、教育要領刊行の四年後、指導書「言語」編が刊行された。「言語」編の主旨は、教育要領内容の具体化のためであるが、四年の歳月を経て、指導内容に変化がみられる。それは、

①話をする
②話を聞く
③絵本を楽しむ
④紙しばい・劇・幻燈・映画などを楽しむ

となっており、「絵本を楽しむ」が独立した項目となっていることである。

そして、指導の要点について、次のように非常に細かく分かれている。

①会話の指導、②話し合うことの指導、③経験発表の指導、④あいさつの指導、⑤童話の指導、⑥絵本の指導、⑦放送視聴の指導、⑧紙しばい・幻燈・映画などの指導、⑨劇遊びの指導、⑩ごっこ遊びの指導、⑪ことばの遊びの指導、⑫文字と数の扱い、となっている。「文字と数の扱い」の項は、「文字と数の指導」とはなっていない。この項では、「幼稚園で文字や数の読み書きを指導の重点とすることは望ましいことではない。しかし、このことは幼児ひとりひとりの必要に応じて行なう指導をも否定することではない」としている。しかし、いたずらに一方的に教えこもうとすることは慎しみ、文字や数の基礎を養い、文字や数を、それぞれ関係の事物と結びつけた記号として判断することができるまでになっていなければならない。したがって、「幼稚園においては、文字や数の読み書きについて、学級全体の幼児にこの程度までは習得させなければならないなどと期待しないで、ひとりひとりの幼児の興味や関心の程度に応じ、必要な場合に個別的に指導することが望ましい」と述べている。つまり、教育要領の表面には、文字指導ということばは現れていないが、指導書で幼児の特性に応じた文字指導の必要性をはっきりうたったのである。[2]

現行の幼稚園教育要領は、一九六四年に改訂されたものである。そこでの目標には、次の四つがある。

①人のことばや話などを聞いてわかるようになる。

②経験したことや自分の思うことなどを話すことができるようになる。

③日常生活に必要なことばが正しく使えるようになる。

④絵本、紙しばいなどに親しみ想像力を豊かにする。

日常生活に必要な簡単な標語や記号などに慣れさせ、文字への興味や関心をも育てるようにすること。なお、幼児のことばの指導は、聞くこと、話すことを中心として行ない、文字については、幼児の年齢や発達の程度に応じて、日常の生活経験のなかでしぜんにわかる程度にすることが望ましいこと。

としている。ほぼ前回の改定と同じ精神で書かれている。ただし今回の改訂では、文字の個別指導の必要性について述べられていたものが、文字への興味や関心をもたせるという形の表現にとどまっている。したがって内容的には、変化したとみるべきであろう。

最新の「幼稚園教育要領」（二〇〇八年告示）では、「言葉」領域で、「日常生活の中で、文字などで伝える楽しさを味わう」とし、「内容上の取扱い」の項目で、「数量や文字などに関しては、日常生活の中で幼児自身の必要感にもとづく体験を大切にし、数量や文字などに関する興味や関心、感覚が養われるようにすること」となっている。

以上が、戦後の幼稚園教育要領にみられる言語教育観及び文字指導観である。その間、いろいろな変化がみられ、一貫した原則はないようにみえる。もちろん一貫した指導原則をもつこと、そのことが教育要領の中にただちに文字指導をもちこむことではないが、幼稚園における言語教育のあり方について、根本的に再検討するべき時期にきているようである。以下の諸調査が、われわれにいろいろな問題を投げかけている。

3　就学前幼児の文字力——国立国語研究所の調査（一九六七年）——

国立国語研究所（現国立教育政策研究所）は、一九六七（昭和四二）年に、「就学前児童の文字力の調査」をおこなった。この調査は、就学前の四・五歳児を対象に、ひらがなの清音・撥音（四六字）、濁音、半濁音（二五字）計七一文字の読み書きテストをおこない、それに加え、拗音、長音、促音および助詞「は・へ」の読みのテストをおこなったものである。さらに、幼稚園や家庭に対するアンケート調査から、文字習得の要因を調べ分析した。対象は、東北、東京、近畿の三地方の全幼稚園から一二二幼稚園を層別抽出し、二二一七名（四歳児クラス八一八名、五歳児クラス一三九九名）の幼児について調査した。その結果は、次のようであった。

(1) 幼児の読み書き能力

それによると、まず就学前幼児の「読む能力」は、図1の通りである。[3]

このグラフによれば、七一文字をほとんど全部読める者は、約三〇%近くいるが、ほとんどかまったく読めない子も約一二%もいることを示しており、通常の正規分布をなしていない。しかし、ひらがなを二〇文字程度習得すると、はじめは速度はのろいが、その後急速に速くなることを示している。つまり、二〇字あたりを境にして、音節分解・抽出能力が形成されてゆくものと思われる。

次に、「年齢別の読み書き」水準をみると、調査結果は図2のように

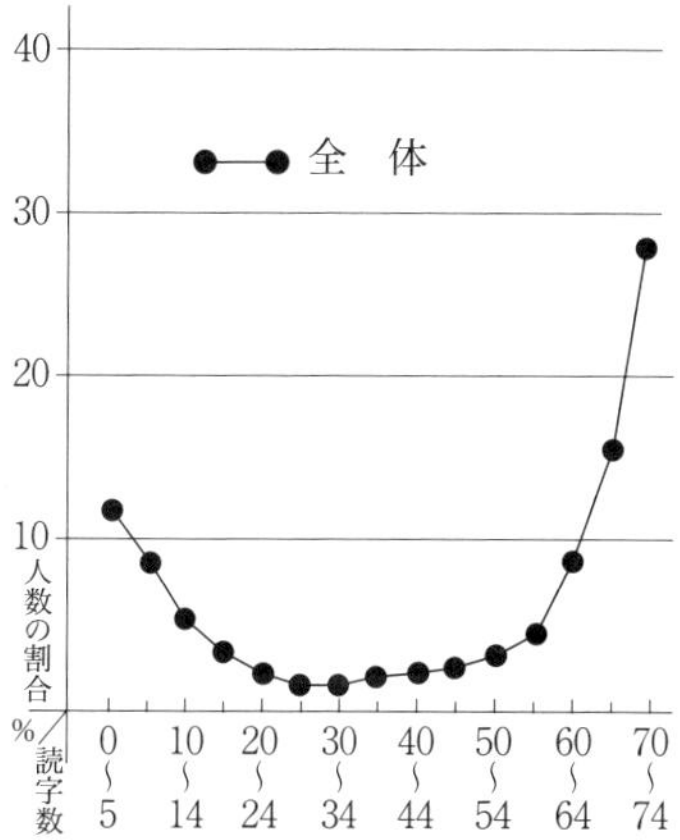

図1　71文字の範囲での幼児の読字数の分布

なっている。

　これをみると、「書く」ことのほうが、「読む」ことより困難であることがはっきりしている。読みの習得状況をみると、六〇文字以上読める子は、五歳児で、六三・二%、四歳児で三三・一%である。二一文字以上読める子は、五歳児で約八二%、四歳児でも五三%に達する。一字も読めない子は、五歳児で一・一%、四歳児で九・三%とわずかである。

　書きは、二一文字以上筆順も正しく書ける子は、それぞれ五七%、二一%である。全体的にみて、就学前の幼児は、家庭・幼稚園で組織だった指導を受けてはいないが、四歳台でかなり文字への関心を示しており、読み書きを習得しているといえる。

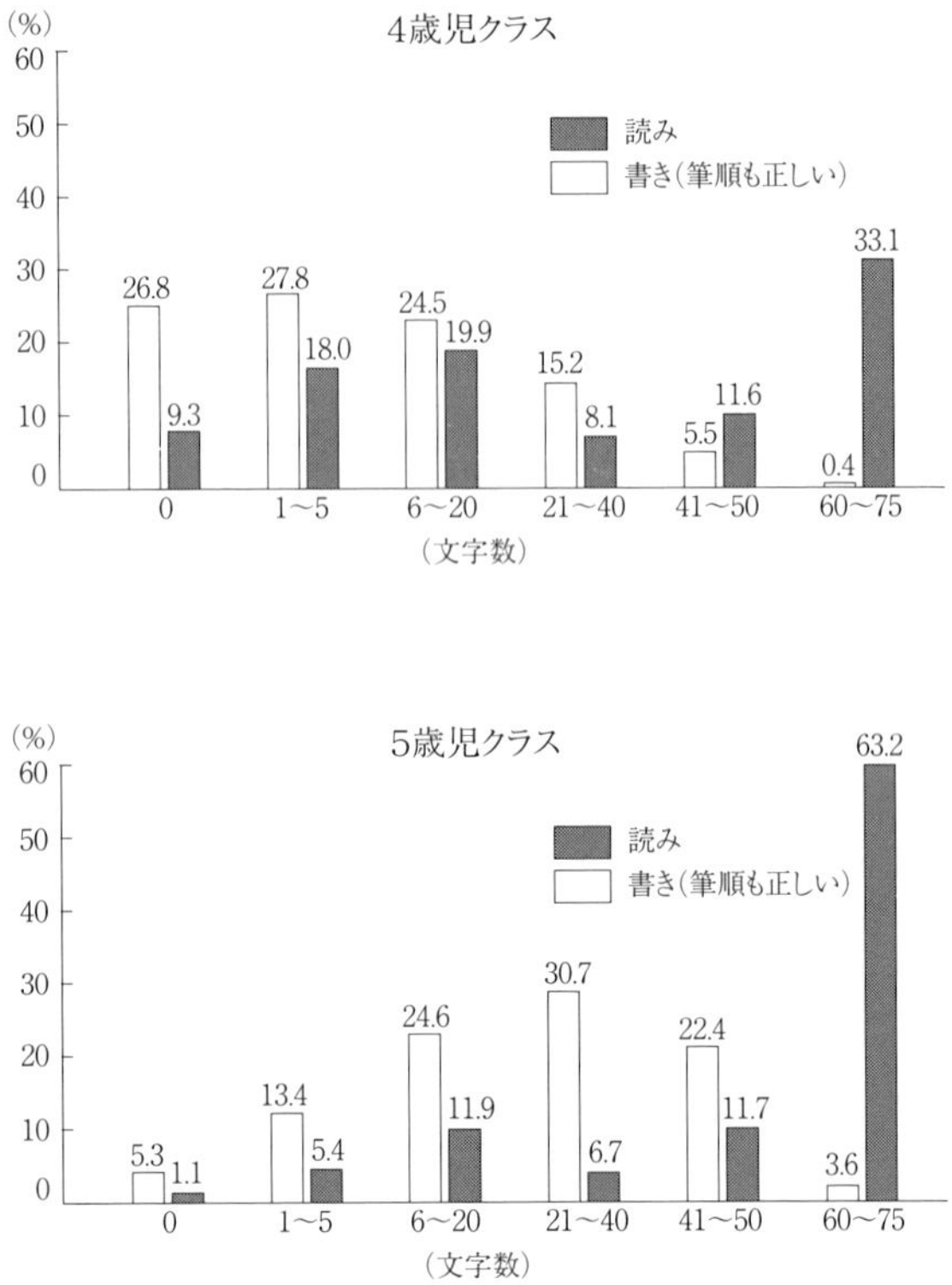

図2　読字数と書字数の比較（国立国語研究所、1972）

(2) 幼児の文字能力は向上しているか

　それでは、以上のような結果から、幼児の文字能力は向上したといえるだろうか。それを知るために、昭和二八年の調査と今回の調査を比較してみよう（表1）。

	調査年月	対　象	調査園・校	被調査児童	46文字中読める字の平均	46文字中書ける字の平均	71文字中読める字の平均	71文字中書ける字の平均
昭和28年調査	昭和28年 4～5月	6歳児（入学した児童）	東京2校 近郊都市の学校4校 農村部3校 計9校	読み 650名 書き 613名	26.1	17.8	34.8	22.7
今回の調査	昭和42年 11月	幼稚園児（4歳児クラス 5歳児クラス）	東京・東北・近畿より抽出した122園	4歳児クラス 818名	24.4	8.7	33.5	10.8
				5歳児クラス 1,399名	36.8	19.9	53.0	26.0

表1　昭和28（1953）年と昭和42（1967）年調査の比較（国立国語研究所、1972）

この二つの調査は、その時期（昭和二八年の調査では、小学校入学の四、五月段階で、今回の調査は、五歳児の前年一一月段階）および対象児の年齢の差を考慮したうえで比較しなければならないが、それによると、昭和二八年段階の小学校一年生の平均読字数は、昭和四二年段階にほぼ匹敵して、平均書字数は、昭和四二年段階の五歳児よりもやや下か同じくらいである。

したがって、おおまかな判断をすれば、昭和四二年の幼稚園児は、読みで一年半、書きで半年早くかな文字を習得しているといえる。しかしながら、それは平均的数値に表れた数値であって、ほんとうに文字能力が形成されているかどうかは、その文字が多様な場面において使用できるということであって、たんに文脈とかけはなれた文字のみの習得によって文字能力・言語能力が高まっているかどうかの判断は、慎重を要する問題であろう。

注

（1）伊ケ崎暁生／吉原公一郎編『戦後教育の原点2　米国教育使節団報告書』現代史出版会、一九七五年、九〇―九一ページ

（2）文部省編『幼稚園教育指導書　言語編』東洋館出版社、一九六〇年、六四―六五ページ

（3）国立国語研究所編『幼児の読み書き能力』東京書籍、一九七二年、七四ページ、一〇二ページ、二九〇ページ。なお、拙稿「文字指導の争点」日本保育学会編『幼児と文字』保育学年報（一九八〇年版）フレーベル館、一九八〇年、一一五―一二六ページ

第2節　幼児の文字教育論①――文字指導否定論――

二一世紀の今日、幼児教育の中で、何が一番必要かという問いに対して、文字や数の教育、いわゆる知育が必要であるという答えは意外に少ない[1]。多くの教師も親も幼児教育の中心は、知育というより、情操面の教育にあり、遊びを中心とした自由保育の中にあると考えている。これは、わが国の幼児教育の歴史的特色であり、幼児教育界でもっとも一般的なものであり、かつ、また幼児教育の方法論としても、もっともオーソドックスなものとして多くの人びとに受け入れられているものである。

つまり、幼児期においては、家庭生活、幼稚園生活の中で、文字に関心をもたせ、親しむことを主な目的とし、そのための文字環境の設定（例えば、幼稚園で、各部屋の名前や靴箱、もの入れに幼児の名札をつける等）を重視するが、積極的指導はしないか、または、指導することはよくないとする考え方である。

この考え方には、次のような特色がある。

（1）レディネスの問題。幼児期には、文字の読み書きができるレディネスがまだできあがっていない。発達段階からみて、文字の習得は不可能であり、逆に発達を阻害する恐れがある。

（2）文字指導は、原則として小学校において行なわれるべきものである。

（3）幼児期（幼稚園期）においては、文字指導よりもほかになすべきことがある。

以上のように集約できると考えられる。以下、これらの見解をめぐる具体論を聞くことにしたい。

1　情操教育を第一義に――羽仁説子・大久保忠利の見解――

羽仁説子（日本子どもを守る会会長）、知育（文字指導）について次のように述べている。[2]

幼児期には、すべての人間に豊かな感情、驚く心、鋭い疑いの心が新鮮に動いています。それをどう育てていくかということが、人間発達の第一義の問題です。それに対して、文字を教えるのは反対の動きをもつものです。（中略）創造性の芽は、幼年教育以外では、培うことはできないのです。創造性という大問題があることを考えてほしい。文字は幼児期に教えない方がよいと思います。

創造性を育てる教育が重要であることにはかわりないが、それが、文字を教えるとつぶされてしまうのか、四、五歳児の文字への強い関心の実態からみると、簡単にはそのように言えないのではないかという気もする。

言語学者の大久保忠利（東京都立大学）も、次のように述べている。[3]

（読み書きの学習については）本人たちの学習意欲の発揮は家庭にまかせ、むりして教えこもうとあわてる必要は少しもありません。

いま、わたしたちの研究会で、幼児言語の具体的な指導法を考究中ですが、文字については、「教えようとして無理をしないこと」を方針としています。（中略）だいたい、まだ五歳児から預り六歳児になる過程をたどる小学校一年間のその組では、組全体としては能力（レディネス）はできていないはずです。

2　幼児期の言語教育は読書への準備——荘司雅子の見解——

荘司雅子（広島大学教授）は、長年にわたる幼児教育学の研究から、幼児の中には格別指導をうけたわけでもないのに、文字や語を覚える子も少なくない、しかし、就学前に読書のできる幼児がいるからといって、保育所や幼稚園で読書指導をしてもよいという理由にはならないという。[4]

保育所や幼稚園は直接に読書指導をするところではなくて、読書への準備をするところである。家庭でもこの時期の幼児に対しては、読書や習字を強制してはならない。もちろん家庭で教えたわけでもないのに、幼児がいつのまにか相当の読書準備をしたりすることがある。そのこと自体は決してわるいことではない。問題は意図的に幼児に読書や習字を強制してはならないということである。（中略）幼稚園のように年齢のそろっている幼児のグループのためには、予備的な読書活動の範囲を持続的におこない、それを次第に拡張するよう計画すべきである。例えば、部屋には表題や記号のような印刷された符号や文字をはりつける。また文字に重きをおくより、その文字が伝達する意味に重きをおいて、次のような用意をすることは読書への準備のために効果がある。すなわち子供の作品には自分の名前を、また絵の下には表題をつけさせる。絵本や物語の本はきちんと整った棚に入れ、そのそばにテーブルを用意しておけば、幼児を読書に誘い、書物に対する関心を高める。

以上のようである。ここには、家庭での個別の文字指導を否定し、園での集団教育の場での準備段階としての計画・指導の必要性は否定していない。

3　日本教職員組合教育制度検討委員会の見解（一九七四年）

教育制度検討委員会は、一九七〇（昭和四五）年一二月、日教組の委嘱をうけて発足し、三年半の歳月をかけて、「日本の教育改革を求めて」と題する報告書をまとめた。それは、わが国の教育制度全般にわたる、膨大なものである。幼児教育についてもそれなりのページをさいているが、とくに保育内容については、幼児の言語、遊び、身体的感覚的作業、芸術、集団的行動（七項目）を掲げ、言語については、次のように述べている。(5)

幼児期の保育において、言語能力の発達を期することは重要な課題である。しかもそのことは以上述べたような原則（注＝生活、あそび、感覚、認識、社会性を育てる保育）と無関係に、形式的な文字学習を早期におこなうことではなく、これらの原則をふまえて、はなしことば中心に、幼児の生活に即して正しい言語能力を育成すべきである。

ここでは、はっきりと「はなしことば」中心主義が打ち出されており、認識能力の育成という点での文字に関心を育てる面についてまったくふれられていない。文字指導は、具体的には小学校教育の役割であるとしている。

国語科では、読み書きの指導を中心とし、話す聞くの指導は、学校教育のあらゆる場面で積極的に行なう。文字指導は、この階梯の初期から、すべての子どもに、ひらがな文字を確実に習得させて、読み書き学力の土台をつくる。このばあい、日本語の特徴にもとづき「音節法」による系統的指導が必要である。（後略）

小学校段階ではっきりと「ひらがな先習」論と、「音節法」による指導を提唱している。「話しことば」は幼稚園段階で、「読み書き」について小学校段階でという内容は、文部省の方針と同じであるが、文字指導の方法論（音節法）については、文部省とは異なっている。

以上の見解を検討すれば、次のようになるだろう。

つまり、羽仁のような幼児期における文字指導（広くは知育）否定論は、情操性なり創造性を知的領域とは別のものと考え、後者を否定する考え方で、説得性にやや欠けるきらいがある。これに対し、幼児教育の目的を感情の教育という立場は、それなりの説得性をもつ。

しかしながら、以上の二つの見解も、文字指導に対して共に否定的であるという点で共通性がある。

その点で、次節以後の文字指導に対する積極論とは、教育論そのものに基本的な相違がみられる。

注

（1）森重敏「幼児の文字学習とその指導の問題に関する一研究」『人文学報』東京都立大学、一三〇号、一九七八年三月。なお、キュックリヒ記念財団『乳幼児の教育』二号（一九七八年四月）、三号（一九七八年七月）に森のまったく同文の報告書がある。

（2）羽仁説子「幼児の文字指導」『子どものしあわせ』一九七一年八月号、一八―二〇ページ。他に、同著『幼児教育の発見』大月書店、一九七三年、第二章。山下俊郎も同様な見解を示している（「幼小の関連を考える」〈座談会〉『保育』一九七四年二月号

（3）大久保忠利「幼児の言語指導の重点」『幼児と保育』小学館、一九六五年、一一ページ

（4）荘司雅子『幼児教育学』柳原書店、一九六四年、一五七―一五九ページ

（5）教育制度検討委員会編『日本の教育改革を求めて』勁草書房、一九七四年、一三八ページ、一九三ページ、一四〇ページ

第3節　幼児の文字教育論②——文字指導積極論——

1　幼児にかな文字を教えよう——須田清のかな文字指導論——

須田清（明星学園初等部教諭）は、幼児期の文字指導の必要性をかなり早くから説いてきたひとりである。長い間の実践に支えられ、自身の考えが体系的文字指導論としてまとめられていることは、注目すべきことである。須田自身、かな文字指導の正しい方法がわからず二〇年間をすごしたことを述懐する。[1]

日本の長い義務教育の歴史のなかで、かな文字の教え方などは、研究しつくされているにちがいない、それはもう改善の余地がないほど整備されているであろうと、一般の人びとは信じきって、子どもを学校に託しています。ところが、学校教育の実際は、この信頼と期待を完全に裏切って、じつにみじめであるといわなければなりません。

1　現場の教師は、かな文字の教え方についての正確な知識をほとんどもっていない。

2　国語学者で、かな文字の教え方について本格的なとり組みをした人はひとりもいない。

3　教科書は粗末で、これに準拠して教えれば教えるほど、子どもが混乱するようにつくられている。

と述べ、次のようにいう。

おかあさんがたへの訴え　おかあさんがた！「教育ママ」などというヤユにすくんだりおびえたりせずに、正しい指導法を学習して、積極的に子どもに文字を教えましょう。（中略）

文部省や一部の学者先生は、「学齢前には家庭で教えなければならないことは、ほかにいくらもある。文字は学校にまかせろ」といいます。未分化でいろんなことにはげしい興味を示す子どもに、「それは学校で習ってね」とおあずけし、「これは家で教えます」などということが可能でしょうか。なによりも子どもがつよい興味を示し、知りたがるのです。それにこたえて母親が小さな課業をもうけてやり、努力させる習慣をつけること、まなぶよろこびを知らせてやることがどうしていけないのでしょうか。ひとつでも文字を知ったときの子どものよろこび、これを組織しないでなんのしつけがあるものですか⁉

以上の文を読むと、須田が幼児の文字指導になみなみならぬ情熱をかけていることが理解できる。文部省その他の人人の考え方や指導法の批判にもかなり厳しいものがみられる。須田は、なぜ、幼児の文字指導の必要性を考えるのであろうか。

(1)「語形法」でなく「音声法」(「音節法」)を

須田は、語形法(語や文として読む方法)に問題があると指摘する。「こくばん」「とけい」「つくえ」を、教師のことさらの指導なしに、実物と「ツクエ」という音と「つくえ」という文字を統一的に統合させておぼえさせるという語形法では、「さくら」の「さ」「あさひ」の「さ」が、同じ音だとは気がつかずにいる。

この考え方では、四五字を知っていれば、その組み合わせによって、無数の単語をつづれるという日本語のかな文字がもっている音節文字としての利点をまったく棄てて、ひとつの事物に対してそれぞれひとつのつづりを丸暗記しなければならないという自縛におちいるという。

これに反して、一字一字教える方法(音声法)では、「あ」「い」「う」「え」「お」「か」「き」「く」「け」「こ」という一〇字をおぼえれば、それだけで、あお(青)、あか(赤)、あき(秋)、いけ(池)、いき(息)、おか(丘)、かい(貝)、

見せた単語	読みまちがい
たいこ	こい・たい・たこ・たぬー
ひも	ひや・もり
ぬりえ	ねりま（練馬という地名？）
とけい	とんぼ・けいと
むし	ふし
くつ	くま
みかん	かんみ
えほん	えんほ・えぼん
こよみ	よこみ
あき	あし

表２　読みまちがいの例

こい（鯉）、こえ（声）……という組み合わせができる。これに新しいかな文字が一字加わるごとにその組み合わせによってできる単語の数は無数に拡大していく。

語形法で教えられた子どもは、うろおぼえで読むので、読み違いも非常に多い（表2）。

須田の語形法に対する厳しい実践的批判は、その豊富なデータに裏づけされて非常に説得的である。そして、新しい指導法としての音声法には奥田靖雄の考え方によるところが大きいと述べている。

（2）奥田靖雄の音声法

では、次に奥田の論を聞いてみることにしよう。

奥田の論は、わが国の文字指導の歴史のうえで一つのピークをなすと思われるので、以下に簡単に紹介したい。奥田は、「小学校一年生における文字指導について」と題する論文の中で、文字指導体系の原則として、一七項目をあげている。その中で、とくに重要と思われるものを要約すると次のようになる。(2)

①言語学的な観点からみて、文字は言語の音声的な側面の表現なのであるから、文字指導は、直接に日本語の音声指導と結びついていなければならない。日本語の音声指導（発音指導）と切り離しては、文字指導は成立しない。しかも、この場合、かな文字が音節文字であるという特質をいかなる場合にも忘れてはならない。文字指導は、必ず、いくつかの単語を比較するということで単語を音節に分割する作業、いくつかの音節で単語を組み立てる作業を伴わないわけにはいかないのである。

②音節の配列（従って教材の組み立て）は、何よりもまず、音声学がさしだす事実に基づいて決定しなければならない。つくりの単純な音節から複雑な音節へ。一音韻からなる音節から二音韻からなる音節へ、さらに、三音韻からなる音節へ移る。

③文字を読むこと書くことを同時に、平行させて指導しなければならない。ややもすると、文字を読むことに重点をおく傾向があるが、それは、子どもが文字を書けなければ、本当の意味で文字を所有したことにはならないという事実を無視している。

④文字指導を文法指導から切り離してはいけない。単語を土台にして音節の分析と総合が行なわれるのであるから、音節を意識させる前に、単語を意識させておかなければならない。そのためには、文は単語からなり立っているという事実をまず教えておく必要がある。さらに、単語の語構成的なつくりを教えることから、文字指導と正書法指導とはきり離せない。「じ」と「ぢ」、「ず」と「づ」の使い分け。

⑤文字指導は、単に文字を書くことの技術的な指導であるとみてはいけない。言語活動の発達を保障し、同時に子どもの思考の発達をも考慮しなければならない。

奥田の原則論は以上の通りである。そして、須田は、音声法の具体的内容について次のようにまとめている（この音声法とは、後述の藤田恭平が音節法と呼ぶところのものである）。須田をはじめとする明星学園初等部の教師たちは、奥田の他、言語学、音声学、文法学、言語心理学、語彙論、国語教育学の専門家の援助を得て、教科書「にっぽんご」を作製した。

音声法では、教師は、単語を音節に区切って「くま」は「ク……マ……」というふうに発音し、音節と音節の間に間をおくことで、単語が音節から成り立っていることを、まずはじめに子どもに意識させなければならない。(3)

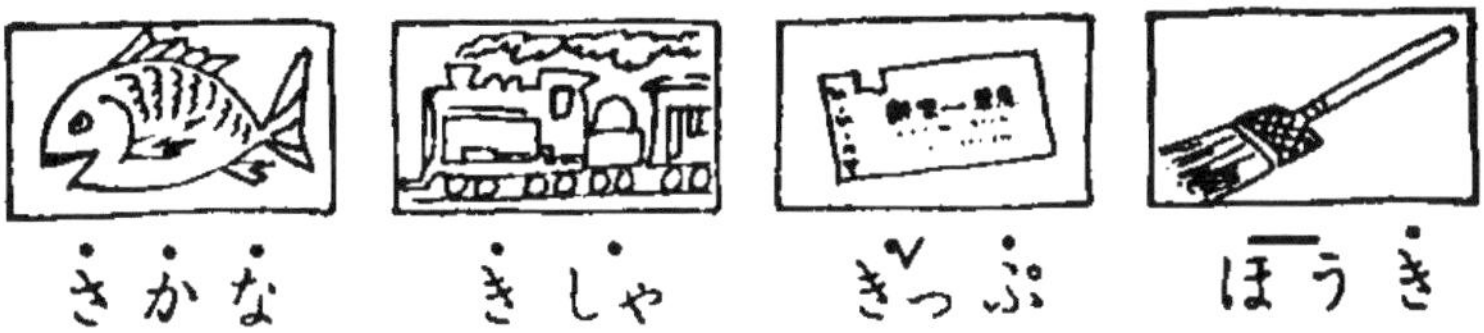

図3

	こ	そ	と	の	ほ	も	よ	ろ
	う	う	う	う	う	う	う	う
・	も	し	だ	み	き	ふ	ふ	そ
・	り	き	い	そ			く	く

表3　学年別漢字平均点

そして、文を分解して、単語を取り出し、単語を分解して音節を取り出す作業が必要になる。文字指導は、音声指導、単語指導とかたく結びついたものでなければならないと述べている。

須田の音声法に関する考え方は、次に述べる藤田恭平の音節法と共通した考え方をしていると思われる。

次に音声法の指導について、須田は、著書の中で、「幼稚園児のための文字指導」として一章をさいているので、簡単に紹介しておきたい(4)。

（3）音声法による指導

①たとえば、「さかな」という単語を示し、ゆっくり発音することで、それがみっつの音（音節）でできていることを確認させ、ひとつの音にひとつの文字がつくことを確認させます（図3）（表3）。

②つぎに、「汽車」という単語を示します。これも二音節です。しかし、最後の音節「シャ」は二字で表記されます。（この「きしゃ」という単語を「き・しゃ」ではなく、表記につかわれている文字にあわせて、「き・し・や」と三音節にわけて、つづけて読むと「きしゃ」になるというふうに教えると、拗音そのものが意識できませ

ん。）ここから、一音節複数表記の新段階にはいります。

③つぎに、「切符」という単語を示します。しかし、第一音節は「きっ」という促音をふくむ音節です。とくに、それに「＞」という記号をあたえます。

④つぎには、「箒」という単語をあたえます。これも発音は明らかに二音節です。しかし、第一音節は長音ですから、「—」の記号をあたえます。「ほ」は「おこそとのほもよろお」のお段に属する音です。「お段の音を長音にするときには、『う』という文字をそえます」という規則をあたえることによって、箒は「ほおき」ではなく、「ほうき」と書くことが正しいということを子どもに納得させることができます。

　このように、単語を音節にわけるという方法の発見によって、一音節一文字の段階から、複数文字の段階まで連続した方法で単語の書き方を教えることが可能になりました。そこで、「あいうえお……らりるれろわん」の四五文字を教える第一段階から、教え方がかわってきます。この段階から音節を意識し、単語を意識するように教えられるわけです。ふるい方法でも四五文字の段階は幼児にたいしてやさしく教えられる部分でした。それが音節をかぞえさせるという方法を活用することによって、いっそうやさしく教えられるようになりました。

　なぜなら、音声法は「あ」という一字を教えるについて、未習の文字は一字もださずに、「あ」だけに注意を集中させます。未習の文字は音節をあらわす黒点で示して、「あシ」「あタマ」「あサガオ」「あリ」と「あ」のつく単語をだして、くりかえし「あ」の字だけを学習させる、子どもに親切な方法だからです。これがおくれた一〇%の子どもにも文字指導を保証することになります。

須田をはじめ、明星学園のこくご教科書の指導原理になっている音声法は、以上のようなものである。

わが国の国語教育、言語教育の大きな立ち遅れを考えると、合理的なこの方法による実践の積み重ねにつとめなくてはならないと考える。

2 幼児の読み書き能力と文字指導――藤田恭平の文字指導論――

藤田恭平は、以前から教育ジャーナリストとして教育問題に取り組んできた人である。毎日新聞のシリーズ「教育の森」のスタッフのひとりとして精力的に活動を続け、同新聞社の教育専門誌『教育の森』の編集長としても活躍した。

藤田が、一九七四年に出版した『幼児の文字指導』の中で、幼児の文字能力の向上を述べ、正しい指導のあり方、自身の幼稚園での実践について述べている。

(1) 幼児知育の必要性

藤田は、まず次のように述べている。[5]

幼稚園も保育所も、その大部分は園児に文字を教えようとはせず、親にも、教える必要はないでしょうという。そして、幼児にかな文字を教える母親は「教育ママ」と悪しざまにからかわれる。こうして幼児にとっては、自分が文字を覚えようとしても、文字を教えることにだれも責任を負ってくれない。仕方なしに、幼児は「独学」で日本語のかな文字を獲得していくほかにない。「子どもは文字をひとりでに覚える」などという人も多いが、幼児が文字を覚えることを自然現象だとでもいうのだろうか。この迷妄は、打破らなければならない。

そして、三歳四カ月の鼓子（ココ）ちゃんが、積み木の「絵単語遊び」の中で約一カ月の間に、五〇音全部が読めるようになる過程を紹介している。

藤田の論拠の一つには、前述した国立国語教育研究所の調査が基底にある。調査の結論は、要約すれば、次のようなものであった。

翌年四月に小学校に入学する予定の五歳児の六四％までは、前年の一一月段階で、「あいうえお」五〇音図は、全部読めるようになっており、入学直前の三月段階での調査では、濁音・半濁音を合わせて七一字のうち六〇字以上読める子は、八八％に達し、二〇字以下しか読めない子三・三％にすぎない。というものである。この考えに立って、藤田はむしろ、幼児に文字指導をすべきだと考えている。

その主要論点は、次のようである。[6]

①幼児期においては、知的教育が必要であり、その中で文字教育が大きな比重を占める。

②幼児が文字に関心をもつ四歳後半から五歳にかけて、系統的に指導すべきである。しかし、知識の詰め込みや一斉に机に向かうという方法はとらない。

③しかしながら、仮名を教える前に、正しい音声教育が必要である。これによって、音節分解及び抽出能力を養う。また音韻の習得も必要である。

④音韻の習得、音節分解能力が身につけば文字学習が可能になる。

⑤「読み」の指導は、「書き」の指導に先行する。

⑥理想とされる小学校の国語教科書が採っている「語形法」（語や文として読む方法）でなく、「拾い読み」→「単語読み」が必要である。

⑦かな文字学習には、それなりのレディネスが前提となる。即ち、心理的準備性、音声的準備性、生理的準備性（ひらがなという曲線図形の認知識別能力）が必要で、以上三つが揃えばかな文字の「読み」の指導を開始すべきである。

⑧「書く」ための準備段階として「線引き指導」をする。（絵の指導の中で直線や曲線をかく指導をするとか、遊びを体系的カリキュラムに組織し、手首や指の訓練をする。）

⑨さらに、⑦の三つのレディネスに、身体的準備性が加わった時に、「書き」の指導に入ることができる。

以上が、その主要論点である。そして、自然習得論を排し、指導の必要性を強調する。この点は須田の考えとまったく同じである。

藤田の論文には、前節で述べた国立国語研究所の調査や須田清等の研究が土台となっている。以下、その具体的な文字指導論を聞くことにしよう。

（2）文字指導論の実際

1　かなを教える前に正しい音声教育を（前述③の論点）

かな文字は言語音声の音節の表現者であって、音節とそれを書き表す文字との関係を知らなければ、字形だけが正しく書けても、文字を習得したことにはならない。かな文字は表音文字とか音節文字とかいわれるが、これまで多くの子どもは「音節」も教わらないで音節文字を覚えなければならなかった。

音節は単語の中でいくつかつながって（ときには単独で）単語の意味をになっている。このように日本語の音声とかな文字との関係をとらえたうえで、かな文字教育のあり方を考えれば、当然、音声教育が先行しなければならない。

（つまり）子どもは、満一歳ごろから言葉を使いはじめるが、はじめは単語の音声をひと続きの字体としてとらえていて、単語が音節を組み合わせて成り立っていることを知らない。だから一つひとつの音節の発音や、音節の中の母音、子音などの発音も不正確である。満二歳ごろからは、単語をはっきり音節の組み合わせとして発音できるようになり、発音のやさしい音節から順に、つぎつぎとたくさんの音節の発音を獲得していく。(7)

そして藤田は、天野清の三、四、五歳児の音節抽出に関する実験を利用して、次のように述べている。

①日本語の基本的音節からなる単語を音節に分解できる年齢はいつごろからかという点である。実験では四歳後半児がスムーズに行なっており、学習可能な最低年齢といえる。

②実験では、三歳児と四歳前半児が、音節の分解も抽出もできないという事実が、確認できた。それは、単語の音韻構造を分析して、〝アヒル〟の〝ア〟を知覚し判断することと、〝アヒル〟と〝アヒ〟を正しく聞きわけられるということとは異質のことである。この子たちには、単語は〝ひとつの不可分の連続音〟として知覚されていると推測できる。

③自然状態では、音節の分解・抽出能力は文字を二〇字ないし二五字習得する間に急速に形成されている事実がある。この現象と直接関係があると思われるのは、文字の「読み」を覚えはじめた幼児が、初めは進み方がのろいが、一定の字数を習得するとその後は、まとめて短期のうちに残りの全部を覚えてしまうという事実がある。つまり、単語を音節に分解したり、抽出したりする能力の形成こそが、文字学習能力の重要な構成要素になっているのではないかと推論できることであり、話し言葉段階での、音節分解や抽出能力の発達が、かな文字習得への必然の道を切開くと推測できる（須田の考えと同じである）。

そうだとすれば、単語の音節構造を分析する能力の発達を自然の成り行きに任せるのでなく、文字学習の前に意図的におこなう必要があると主張している。(8)

2　音節分解能力が、身につけば文字学習が可能になる。（音節法〔音声法〕による読み学習）

さて、読みの学習であるが、現在その方法をめぐって、現行の小学校学習指導要領にもとづいてつくられている国語教科書が採っている「語形法」（単語読み。語や文として読む方法）と、「音節法」（拾い読み。単語を一字一字音節で読む方法）の」対立がある。

藤田は、須田の主張同様、日本語のひらがなは、表音文字であるから、「アサヒのア」「アヒルのア」「アリのア」……それぞれの言語音声の単語の語頭の音節「ア」はいずれも「あ」と表記し、「あ」という文字は「ア」と読むことを知ったとき、子どもは「あ」という文字を取得したことになる。したがって、「さくら」は、「サ」「ク」「ラ」と一音節、一文字ずつ読んで、「ああ、サクラか」と納得して「サクラ」とひと続きに読み直す（単語読み）という。これが総合の過程であるが、語形法の単語読みは、はじめから「サクラ」と連続音声で読むわけで、（長音節になると一音節を二字で表記したりするようになるから、音節分解ができない）、この場合は「サクラ」と書かれた連続文字の「分析」の過程は、視覚だけでおこなわれ、音声は総合の過程でだけ発せられているわけである。これだけでは読みの学習は非常に困難であり、これにもとづいた小学校国語教科書は、破綻しているという。

3　レディネスの強調

前述のごとく藤田は、読みのための前提条件として三つのレディネス（心理的準備性、音声的準備性、生理的準備性）と、書くためのレディネスとして身体的準備性をあげている。したがって、藤田が一方的文字指導の強硬論者でないことがわかる。

4　「書き」の指導

文字指導というのは、「文字を読める」ということと、「書ける」ということが含まれているが、藤田や須田が中心になって実践してきた千葉県の柏幼稚園では、「書く」ための準備指導として、絵の指導の中で、「線引き指導」をおこなっている。つまり、直線や曲線をかく、手首や指の訓練である。「ひだり」と「みぎ」の区別、ノートや画用紙の「上」と「下」の区別、紙や四角いワクの「まん中」と、線やヒモの「半分」がわかること、「たて」の棒と「よこ」の棒の区別ができるようになることである。

藤田の文字指導論は、混迷する幼児の文字教育に対し、一つの積極的な波紋を投げかけた。従来の文字指導へのたんなる批判だけに終わらず、幼児の精神的発達と教育の問題を基本にとらえ、しかも実践に裏打ちされて、一貫した体系をもっている。この点が、何より大きな特色であるといえる。

5　福沢周亮の見解

語形法（the word method）と一字指導法（単語法）について、福沢周亮（筑波大学）は、農村・都市の幼稚園児・保育園児の調査から次のように述べている。(9)

（1）「一字指導」は、入門期における読みの学習指導の一環として重要な指導法である。ただし、

①単独で用いない。

②「語形指導」と併用すること

（2）入門期における読みの学習指導の一環として「語形指導」を単独で用いることは不適当である。

ここでいう「一字指導法」は、須田・藤田の音声法・音節法（the syllabic method）と同じものである。須田は、音声法を主張しているが、福沢は、語形法と単語法（音節法）の両者の併用を主張しており、語形法の単独使用については、不適当であるとしている。

3　幼稚園・保育所での文字指導――大久保愛の文字指導論――

大久保愛（国立国語研究所）は、長年にわたる幼児言語の研究から、幼児期の文字指導を音節法にもとづき次のように述べた[10]。

文字指導法

（1）文字指導にはいる前に、文字を正しく発音する音声指導があります。そして、音の段階で「くま」のくと「さくら」のくが同じであることを意識させます。それから、「くま」二音節でできているが、「さくら」は三音節であること、また「きんぎょ」も三音節であることを理解させます。そうすると、特殊音節も早く読み書きができるようになるでしょう。

（2）ひらがなの読みは集団指導（小集団のほうがいい）も可能ですが（カルタ、文字板の使用も集団でできる）、書きは個別指導のほうが有効だと思います。白紙のノートを与え、家庭で母親が幼児に教えるように教師が幼児の名まえの文字から教えていくという方法がよいようです。読みなども二〇字くらいまでは習得に時間がかかりますが、そのあとは容易です。そして、就学前の二、三か月ごろ、五十音表でどの程度読み書きができるようになったか確かめてみます。

読みの習得については、国立国語研究所の調査と同じで、大久保の文字指導論も、須田、藤田と同じ音節分解による文字習得法の有効性のある考え方に立つものである。

以上、須田・藤田らの音節分解抽出能力の形式にもとづく「音節法」の詳細な検討をおこなったが、この方法は、「ひらがな学習」が中心で、漢字・カタカナの指導は入っていないところに一つの問題があるといえよう。

4　幼児期における文字指導の問題——日本教育心理学会におけるシンポジウム（一九七七年）——

日本教育心理学会では、一九七七年の大会で、「幼児期における文字指導の諸問題」と題してシンポジウムをおこなっている。(11)

そこでのねらいは、次のようなものであった。

①幼児の発達段階に応じた問題点とその導き方
②個人差に応じた指導
③文字の指導も言語の一環であり、心身の成長発達と密接な関連をもつ

以上のような視点に立ってなされた。

まず、幼児期における文字指導に推進的立場をとる田中敏隆・小林芳郎（大阪教育大）は、幼児期の教育は、読み・書き・計算のような知的教育より、まず生活上の望ましい習慣や態度の育成に重点のあることを前提として、現在の小学一年生の文字学習の進度は、五月上旬にひらがな七一文字を習得し、六月上旬に簡単な短文を綴ることが要求される。幼小の関連上、ひらがな習得をある程度保障する保育が必要で、言語領域の中で、文字の読み書きを保育内容に系統的に取り上げる。

次に、カタカナ、ひらがな、漢字の認知について、幼稚園六歳児と小学一年生では、ひらがなが最もよく、カタカナ、漢字の順である。そして、ひらがな四六文字の読みの難易度では、字形の複雑度とだいたい対応しており、現在の小学校におけるひらがな先習と併せ、幼児の文字指導では、「読み」に始まるひらがな先習が適切であろうという。

さらに、ひらがなの読みに関する実験により、幼児には、一字ずつの単独学習により、幼児が日常生活経験上知って

いる事物、事象の言葉（単語）を選び、指導する方法が、話し言葉の教育の発達的展開ともなり、有効であると述べている。

また、幼児期の文字指導は、「ひらがなの読み」に留め、「書き」は、幼児の実態（レディネス）を考慮し、原則的に小学校に委ねるのが妥当だとも述べている。

以上が、田中、小林の見解であるが、ここでの問題点は、小学校一年生の文字学習の実態に合わせた考え方が、割合に強く打ち出されている点である。幼児期の文字指導を小学校の文字指導に照準を合わせたものにするならは、独自性が失われはしないかという危惧の念を抱くのである。

次に、村石昭三（国立国語研究所）は、先にあげた「幼児の読み書き能力」（国立国語研究所）調査の中心メンバーであった。村石の見解を紹介しよう。

文字学習は、子どもの一定の言葉発達の印、心身発達のあかしである。文字習得は、外的なものによって促されるよりも、むしろ、子ども自身の内的発達によって促されるのであり、文字習得前の子どもの心身の発達即ち、言語発達を促さなければ、文字への関心は出てこない。村石らの調査では、組織的に指導している子どもたちと、指導していない子どもの読み書き能力の差にさしたる関係はなかった。

以上の点から、

①文字の働きに気づかせる言語環境の整備が大事で、カタカナ、ひらがな漢字を区別する必要はない。

②文字を必要とする活動の指導が大切で、遊びの中に必要があれば、文字を導入すべきではないか。（例、文字遊び）

③以上のようなことをふまえて、小学校で組織的な文字指導をおこなう。

④このような一定段階に達して、文字の読み書きと並行に読解・作文の指導がなされる。

幼児期の文字指導では、①②を総合的におこない、それが、書き言葉のステップや指導になっていく。

これが村石の見解である。言語環境を重視し、文字習得の自然発達を重視したものである。

注

(1) 須田清『ひらがなの考え方』国土社、一九六七年、「あとがき」より。二一一ページ、一九七一一九八ページ、一九九ページ、二二一—二四ページ、三二ページ(表題、引用者)。同様な指摘は、荒木茂「ひらがなの入門期指導」『国語の授業』、一九七八年、四月号、六二—六九ページにもある。その中で荒木は、「ひらがな指導は、ひらがなを読むこと(書くことではなく)から始めます。ひらがな読みの指導は、現行教科書のようにセンテンス・メソッド(文章から文字を教える方法)でなく、ワード・メソッド(単語から文字を教える方法)とレター・メソッド(五十音図から一字一字教える方法)との併用でするのがよい」と述べている。

(2) 奥田靖雄/国分一太郎編著『国語教育の理論』麦書房、一九六四年、二三四—二四〇ページ

(3) 須田前掲書、三六—三七ページ要約。

(4) 同書、二二一—二二三ページ(表題、引用者)。「音声法」を支持する考え方として他に村田孝次(奈良女子大学)『幼児の言語教育』(朝倉書店、一九七三年、五六—五七ページ)がある。

(5) 藤田恭平『幼児の文字指導』三省堂、一九七四年、二ページ

(6) 同書、第一章、第二章要約。

(7) 同書、三五—三七ページ要約、五五—五六ページ、六六—六七ページ

(8) 2、3、4は同書、第二章要約。藤田指導のテキストとして「幼児のもじのほん——四歳からの文字指導」I読みかた編、II書きかた編(一九七二年)がある。

(9) 福沢周亮『幼児の言語』(日本文化科学社、一九七〇年、一三九—一四〇ページ)、『言葉と教育』(放送大学教育振興会、一九九一年、六六—六七ページ)

(10) 大久保愛『幼児のことばとおとな』三省堂、一九七七年、一八八—一八九ページ

(11) 日本教育心理学会編『教育心理学年報』(一九七七年度版)第一七集、七九—八三ページ。引用はすべて同年報による。

第4節　幼児の文字教育論③——才能開発論にもとづく漢字教育——

第三の考え方は、才能開発論にもとづく文字指導論である。これは、英語、漢字、音楽、絵画等を幼児期に積極的に推進することが幼児の才能開発につながるものであり、年齢的にできるだけ早期から、より積極的に推し進めることが必要であるとする考え方である。この「文字指導積極論」ともいうべき立場は、才能開発論、早期教育論の大きな支柱になっている。

その考え方をまとめれば次のようになる。

①才能開発は、年齢的に早いほどよい。

②文字学習は、才能開発の手段として広く利用できる。

その代表的なものとして、石井勲によるいわゆる「石井式漢字教育法」がある。

(1)　石井方式による漢字教育

石井勲（大東文化大学）は、長い間の小学校・中学校・高校における国語教育の実践のうえに立って、幼児期における漢字学習のやさしさを提唱し、積極的に実践しているひとりである。その著書も多い。ここで、その主要論点を聞くことにしよう。[1]

①漢字教育は、我が国の教育制度の実績からみて、三歳（の誕生日）くらいからがよい。（三歳から、就学まで三年あり、毎日一字ずつ漢字を覚えていったら、三年間に約一千字、現在、小学校卒業までに学習する漢字が、全部で九九〇字、約一

千字である。ですから、三歳から毎日一字ずつ漢字を覚えていけば、小学校に入学する時には、小学生向けの書物は、およそどんなものでも読んで理解することができるようになれる)

②文字教育の前に、まず言葉の教育を。人間は、言葉を覚え、言葉を使えるようになってはじめて人間としての能力が身につく。赤ん坊は、喃語期、片言期を通じ、人間(母親)の言葉を何回も耳にし、それをまねて、言葉を身につけていく、したがって、この期に、母親は、簡単な言葉をはっきりした発声でやさしく語りかけてやることが必要である。そして、同じ話をくり返してやることとか、幼児の質問に対して、丁寧に答えてやる。

③具体的な言葉から抽象的な言葉へ(下位概念から上位概念へ)。幼児は「具体的な形を備えた実在」を表した言葉は、すぐに理解し覚えるが、抽象的な言葉はなかなか理解できない。したがって、言葉の与え方としては、「易から難へ」という原則で教えるのがよい。しばしば、大人は、「鳥」とか「虫」という言葉を幼児に教えているが、「鳥」という鳥、「虫」という虫は現実には存在せず、存在するのは、鳩、鶴、鶏であり、蜂、蟻、蛇であるから、最初から、「蟻」「鳩」と言って教えるべきである。

④言葉よりも目でとらえる言葉(漢字)の方が理解しやすく覚えやすい。だから「言葉を先に教えて、あとから漢字を教える」というのは教え方が逆であり、誤っている。しかし、現状では、まず「言葉」を教え、それから「漢字」を教えることにする。漢字を百字くらい覚えさせないうちは、かなを教えてはいけない。

⑤漢字学習では、「形・音・義」を重視する。形は、書きに、音は読みに関するもので、義は、意味の理解である。

(2) 漢字教育の方法

①読み書き分離教育

石井は、従来の「読み書き同時教育」に対して、「読み書き分離教育」を主張する。(2)

「読み書き」一体の教育は、書けるということを基準にして、漢字の提示をきめていたので、難しい画数の多い漢字は、後になった。「読み先習学習」では、字形の複雑さは、認識の手掛かりにこそなれ、学習を困難にするものではないから、幼児に理解できないようなことばを表す漢字でない限り、どんな漢字でもさしつかえない。

②正書法による漢字教育

そして、漢字を正書法で教える立場をとる。「天気」「車庫」という字は、これ以外になく、「天き」「車こ」のように、「気」「庫」を後に教えるという漢字の提出に制限や段階を設ける方法は取らないのである。

これは、従来の漢字教育（国語教育）に対する鋭い批判であり、従来の方法を詳細に検討する必要があると考えられるものである。

（3）石井式漢字教育の実際

では、石井の漢字教育は、実際どのような方法でおこなうのであろうか。[3]

①毎食事前に漢字カードを十秒みせる（第一日目の学習）。子どもの喜びそうな内容をもった漢字（例えば猫）を書いたカードを、「これは、坊やの好きな猫という字よ。ねこ、ねこ」と普通の速さで、少し大きめの声で、口を大きく開いて、はっきりした発音で、二、三回くり返して読んで聞かせる。一日三回、毎回約一〇秒間で十分である。五秒間では少なすぎ、十五秒間では多すぎる。食事の前後にやると、毎回二〇秒、一日六〇秒＝一分間の学習で済む。これが、第一日である。

②第二日目の学習

第二日目は、昨日の漢字カードを見せて、「これは何というカード？　読んで頂戴」という。すると、百人に一人くらい読めない子もあるが、たいていは、一日三回の反復練習でその漢字を憶えてしまい、「ねこ」と読むという。読めたら、「よく読めたわね。では、今日は坊やの大好きな〝苺〟という字を教えてあげましょう。これは、〝いちご〟という字。坊やも読んでごらんなさい。はい、いちご」と第一日目のやり方とまったく同じ要領でやる。違うのは、第一日目の漢字を先に見せて、「これ何という漢字？」といって訊ねることが加わるだけである。

読めない子には、どうするか。「きのう、六回も教えてやったわよ」などといって、子どもを責めてはいけない。よその子と比較して責めたり、あせって押し込むように圧力を加えてはいけない。その場合は、初めて教えるような顔をして、「これは坊やの大好きな〝猫〟という字よ。では、一緒に読んでみましょうね。はい、〝ねこ〟」とやさしく教えてやる。

もし、二日目の漢字が読めなかったら、第三日目は、第二日目にやったことと、まったく同じことをもう一度くり返してやる。一日遅れたからといってあせるのはよくない。初めの一カ月、とりわけその初めの一週間が大切で、ここであせっては、子どもが漢字を嫌うようになってしまう。飲み込みが悪いと言って、がっかりすると親の感情が子どもに敏感に影響するので、にっこり笑って子どもに接することが大切である。

以上のような形で、一週間七日、一日六回続ける。そして、八日目以降は、「毎日七枚ずつ質問して、新しく一枚教える」。

読めるようになった漢字を、毎日六回ずつ読み、それを一週間やると四二回繰り返したことになり、三年間で一千字になる。小学校就学の三年前、三歳からこの学習を始めれば、一年生に入学するまでに一千字習得でき、小学校六年間で学習する漢字の数を上回ることになる。その一千字を身につけて小学校に入学すれば小学校程度の本なら、どんどん読みこなして身につけることができる。

書くことは急がない。

現在の教育は読み書き同時学習であるが、石井式では、読み先習方式をとる。漢字が読めて、意味もよく解り、その字を読む機会を重ねることにより、自然にその字形が頭の中に形作られ、従来の学習時間の三分の一から四分の一でよい。

かなは、いつどのように学ばせるのか。

「かな」については、石井はどのように考えているのであろうか。[4]

かなは、漢字を二、三百字覚えさせた後、次のように教える。すでに知っている「白、赤、青、雪、花、空」をつなぎ合わせて、「白い雪、赤い花、青い空」という言葉にして、幼児に与える。すでに漢字として使っている「赤い花」を漢字とかなとで書き表わしたものを見せてやれば、すぐに「い」という音声と、その音声を表わしたかな文字を認識し理解する。漢字は主として、概念や観念を表わすものであり、かなは単なる音声を表わすものであることを理解することが肝要である。

以上が石井式漢字教育法の概要である。石井の漢字教育の方法は、いかなる意味をもつのであろうか。つまり、漢字を覚えたということが、子どもの成長発達にとって何を意味するのであろうか。知的な発達にどのように関わるのであろうか。文字（漢字）を覚えたということは、その語のもつ概念が理解でき、その語が生活の中で使えるということである。

石井方式には、知的発達と言語、言語と思考、言語活動への動機づけ、レディネス、欲求等への追究が等閑視されているきらいがあるように思われる。

注

（1）石井勲『漢字教育革命』グリーンアロー社、一九七八年、六五―一五〇ページ（要約・傍点引用者）

（2）石井勲「幼児の漢字教育」藤永保編『創造性教育』所収、有斐閣、一九七二年、二〇八ページ。正書法については、林四郎「これからの言語生活」『文部時報』一九七九年、三四―三五ページ。なお、石井には『親子こそ最良の教師――心身障害児を甦らせた漢字教育の実際』（グリーンアロー社、一九八〇年）がある。

（3）石井勲『漢字教育革命』一二八―一四二ページ

（4）同書、一一〇―一一四ページ

第5節　石井式漢字教育の効果に関する諸研究

1　漢字学習のやさしさについて――広島大学グループの研究――

幼児の漢字学習について、石井方式が正しいのか、他にもっとよい方法があるのか、それとも、そもそも幼児にとって、漢字学習は、困難なのか、それともやさしいのか。

広島大学グループは、一九七八年、「漢字と仮名文字の読みの学習――漢字学習の易しさについて」と題する論文を発表した（1）。

その中で、石井方式については、その経験的知見は注目に値するが、それは未だ実験的に検証されていないものだと述べている。

本論文は、漢字学習に関する数少ない実験的研究であるので、以下できるだけ詳しく検討してみたい。

日本において、幼児の文字の読みに関する教育や読みの能力に関する実験的研究は、ほとんどなされていない。幼児に漢字を教える前に、仮名（平仮名、片仮名）の読み方を教えることの是非が普通問題とされていないし、また漢字を最初に教えるという方法の可能性についてもほとんど検討されていない。（中略）仮名は漢字よりも学習し易いという一般的通念があると思われるが、この通念の根拠は明確ではない。この通念は、概念を表わさない単音が概念すなわち語を表わす音よりも知覚され易く、また学習され易いという考え方と類似しているように思われる。あるいは、読むことと書くことと同等視して、書くのが難しい文字は、読むのも難しいと考えられているように思われる。（中略）石井と井深の漢字を先に教えるべきだとする経験的知見は注目に値するが、それらは実験によって検証されていない。

以上が研究にあたっての問題意識である。その実験的研究の内容は次の通りである。

(1) 漢字学習に関する実験

1　実験の方法

対象児は、三、四歳児（保育所）四二名（男児二八名、女児一四名）で、漢字、平仮名、片仮名の読みの学習の相対的困難度を検討した。相対的困難度とは、漢字の名詞、動詞、形容詞の読みの学習が、平仮名、片仮名の読みの学習と比べて早いか遅いかを決定するものである。学習材料としては、漢字八四字（名詞四二字、動詞二一字、形容詞二一字）平仮名四二字と片仮名四二字（いずれも同じ音を表すものである）で、漢字は、教育漢字八八一字よりアトランダムに選択した。

被験者には、漢字名詞一項目、動詞または形容詞一項目、片仮名一項目を提示した。項目は、楷書でカード（七・五

㎝×一二・五㎝）に書かれている。

2　手続き

被験者には、それぞれの項目について、同定試行を一試行、対連合学習事態の一〇実験試行をおこなった。反応時間は四秒が与えられた。得点は、各項目についての正反応の合計数で、得点の範囲は一項目について0―10であった。テストは以上のような形式でおこなわれた。では、その結果はいかなるものであっただろうか。

3　テストの結果

①それぞれの文字タイプ、漢字の名詞、動詞、形容詞ならびに動詞と形容詞をこみにしたもの、また平仮名と片仮名ならびにそれぞれをこみにしたものの平均値と中央値において、漢字項目の方が、仮名項目より高くなっている（表3）。

②漢字の学習の難易度を評価するため、学年別配当に応じて各漢字の得点の順に配列したのが表2である。そして、表2のデータをまとめたのが表4である。

これをみると、漢字項目は、文部省の学年別配当にもとづいて分類され、各々の学年についての平均が計算されているが、結果は、学年別配当と得点の間の相関は認められなかった。

③平仮名と片仮名の得点の間に関係があるかどうか、つまり同じ音を表す仮名の得点は相関しているかどうかを調べた結果、相関はなかった。

④四つのタイプの文字（漢字名詞、漢字動詞と形容詞、平仮名、片仮名）の主効果は有意であった。

⑤四つのタイプの文字の平均の差は一％水準で有意であった。

⑥得られた学習得点と漢字・仮名項目の有意味度との間の関係について追加実験でも有意性がみられた。

	平均点	中央値	計
漢字（名詞）	5.79	6.0	42
漢字（動詞）	5.09	6.0	21
漢字（形容詞）	4.81	5.0	21
漢字（動詞＋形容詞）	4.95	5.0	42
漢字（名＋動＋形）	5.37	6.0	84
平仮名	2.95	1.0	42
片仮名	2.24	0.0	42
平仮名と片仮名	2.59	0.0	84

表３　漢字および仮名の結果

学年	漢字数	平均点
1	18	4.89
2	22	5.55
3	25	5.28
4	19	5.37
計	84	

表４　学年別漢字平均点

得点	漢字数	1年	2年	3年	4年
名詞					
10	6	花	海	橋	氷、酒、薬
9	4	上	声	頭	旗
8	6	女、水	雪、朝 間、馬		
7	4	雨	人	弟	鼻
6	6		歯、力、町	肉、貝	油
5	3		東、南	終	
4	2	耳、川			
3	2	月、手			
2	2			畑、刀	
1	2		春	星	
0	5	左、金	草	皮、鉄	
計	42	11	14	11	6
動詞					
10	5	生れる		買う 食べる 起きる	登る
9	3	見る 行く			飛ぶ
8	1			落ちる	
7	1				働く
6	1			鳴く	
5	1				焼く
4	0				
3	0				
2	1				拾う
1	2			待つ 進む	
0	6		作る	止る	結ぶ 習う 消す 打つ
計	21	1	3	8	9
形容詞					
10	1	白い			
9	4	小さい		暑い 遠い	短い
8	1	大きい			
7	2		高い	広い	
6	1			寒い	
5	2			強い	軽い
4	2		明るい 黒い		
3	1				悲しい
2	2		古い	楽しい	
1	2	正しい 赤い			
0	3	青い	早い		良い
計	21	6	5	6	4

表２　学年別配当による漢字の得点

結果は以上のようであった。次に最終結果における考察をみてみよう。

本実験の結果は、幼児が漢字を個々の仮名よりも早く学習することを明確に示している。漢字の動詞や形容詞についても同様である。動詞や形容詞が二つのタイプの文字、つまり漢字と平仮名で表記されていることを考えると意外である。ここには明らかに有意味度が変数として介在していると考えられる（漢字は一文字で意味があるが、大部分の仮名はそれ自体意味をもたない）。有意味度は、幼児が語の長さ、知覚的複雑性、字画数、学年別配当といった要因をこえて学習していることが重要な意味をもっているといえる。（因に、本実験では、幼児は十六画の漢字、「橋」や「薬」を第一試行で学習している）。この点は井深大の指摘しているところでもある。

考察の結果は右のようであった。そして、漢字教育について次のような提言をおこなっている。

（2）漢字学習への提案

1　語にもとづく読みの教育

語にもとづく読みの教育の方が、音節にもとづく教育よりも効果的である。というのは意味を伝えるのは音節のユニットではなく語であるからである。通常、仮名で表記されている語は一つの語としてそのまま教えるべきである。

2　全語法（whole word method）による漢字の読みの教育

3　不必要な平仮名表記段階

全語法によるアプローチが採用されるならば、すべての語を平仮名で表記するといった段階は不必要になる。幼児に初めから、通常に表記された語に触れさせる方が望ましく、それが平仮名であろうと、片仮名であろうと、漢字であろうと何の学習順序も必要ないわけで、必要なことは、語を意味のあるように幼児たちに教えることである。

4　幼児は、非常に早く読みを学習している。

本実験での三―四歳児は、漢字八四項目のうち、三一項目（約三七％）を三試行以内に学習している。さらに、そのうちの一二項目（約一五％）は、第一試行で学習している。幼児の読みに関する知的能力は、これまでに非常に過少評価されている。

即ち、読みの有効な技能は、二歳以前に獲得されるものであることが証明されたわけである。

やや詳細にわたったが、以上が広島大学グループの研究結果である。ここではからずも、石井の漢字教育法や井深の論が実験的に証明される結果が出されたわけである。

一般に、漢字に限らず、われわれの知覚認識の作用として「パタン認識」というものがある。したがって、画数の多い漢字にしても、割合に楽に幼児が記憶することは、経験的にもわれわれに理解できるものである。石井方式においても、漢字の名詞は、すべて具象名詞に限られているが、それにしても、従来のわが国の小学校国語教育における漢字教育の大きな基準になっている「学年別配当」なるものの科学的根拠を問うた点では、注目すべきものであると考えられる。

しかも、全書法、全語法の提案も、国語教育の通説を打ち破るものと考えられ、今後、より進んだ研究成果が期待されるものである。

ただ問題は、漢字の読みを教えることが、才能開発の一手段であるにしても、記憶ないし理解度としての定着の問題が残されるように思われる。

広く漢字を含めた言語教育の理念は「もの」の理解にある。したがって、その意味理解の能力を育てることが、言語教育の大きな目標であり、文字を読むことは、第二の問題として表れてくるものである。この点の誤解があると主客転倒もおこりかねないのが、わが国の幼児の知育（とくに文字教育）の現状である。このことを、忘れてはならないであろう。

2　石井式漢字教育の効果について——黒田・柏野の追跡研究——

黒田実郎（聖和女子大学）と柏野啓子は、幼児の漢字教育の効果をはかるため、次のような調査をおこなっている。それは、週一回保育時間中に石井方式によって漢字を教えられている幼稚園児と一般の幼稚園児の読字力の比較研究である。[2]

(1)　漢字の読字力の比較研究

図4にあげた五〇字の漢字をあらかじめ用意し、それらがどれだけ読めるかを比較したのである。結果は、次の通りであった。

同じ五歳児でも、四歳の時からすでに漢字を用いて保育されている子どもは、平均三一・三字読めたのに対し、一般の幼稚園児の五歳児は、わずか六・七字しか読めなかった。このテストは五月下旬から六月上旬にかけて実施されたが、漢字教育がおこなわれていた幼稚園に五歳で入園し、四月以来すでに約一カ月間、漢字を用いて保育された子どもは、平均一一・五字読めた。このような漢字テストは、七月、九月、一一月、翌年三月にもおこなわれたが、それらの結果は、図5の通りであった。

五回のテストで常に最も多くの漢字が読めたのは、いうまでもなく四歳から漢字を用いて保育された子どもで、次は五歳から漢字を用いて保育された子ども、そして一般の五歳児は最低であった。

口	目	耳	手	足	人	友	米	豆	竹
山	川	石	舟	糸	刀	弓	矢	門	車
犬	馬	牛	羊	象	虫	貝	魚	鳥	島
日	月	星	空	雨	火	水	金	土	木
白	赤	青	黒	色	男	女	子	右	左

図4　テストに用いられた50の漢字（黒田、1972）

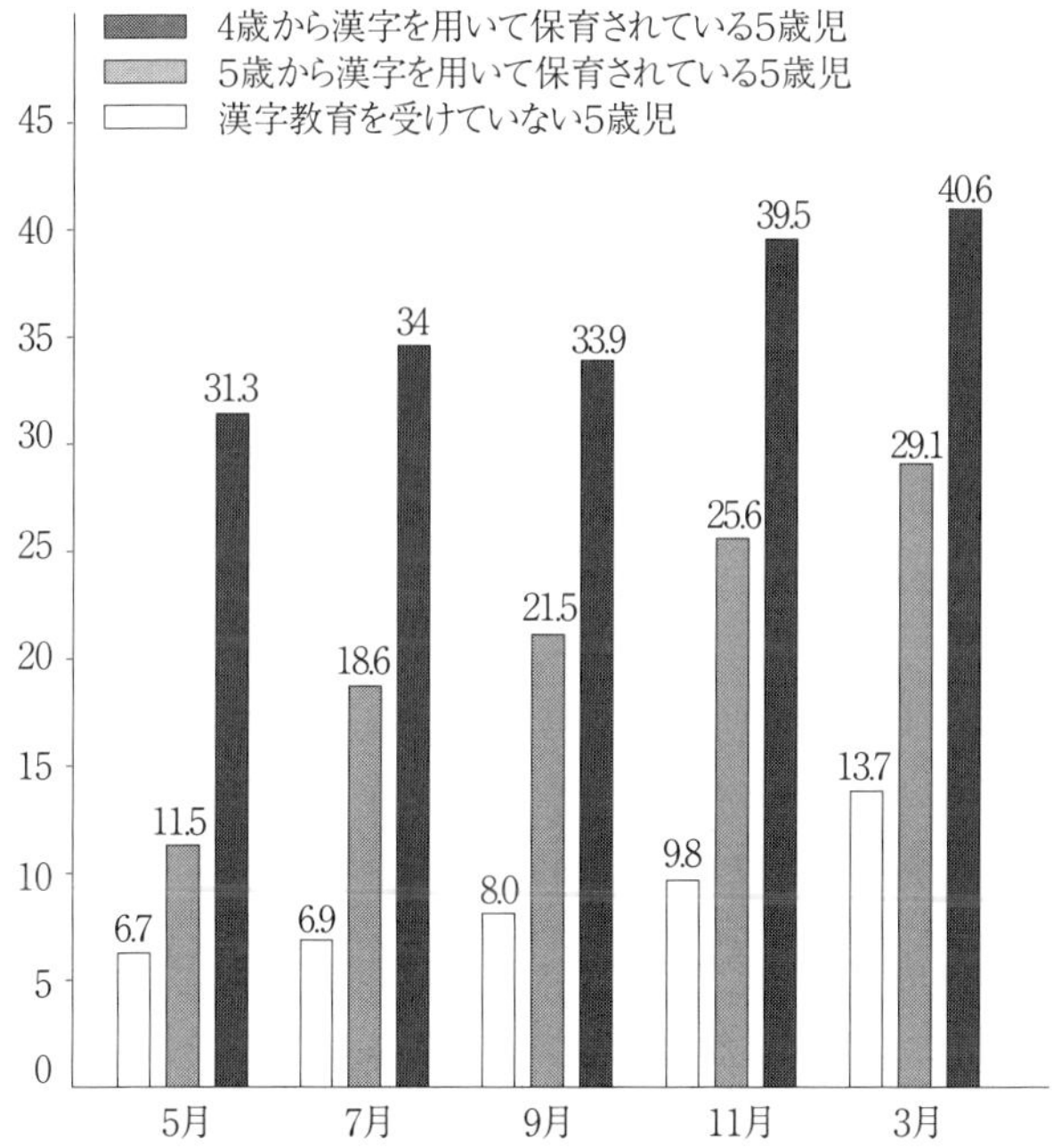

図5　漢字教育を受けている子どもと受けていない子どもの読字力テストの結果（黒田、1972）

長期間にわたった漢字教育を受けた子が、最も多くの漢字が読めるのは当然のことである。さて問題は、その教育効果の差がどれだけ長く続くかによる。

それによって石井方式の真の効果もわかるというものである。

さて、その子どもたちが小学校入学後どのように変化したか、吉田恒子の協力を得て黒田が追跡調果をおこなった。(3)

この調査では、最初に用いた五〇字の漢字の他に、さらに五〇字を追加して合計一〇〇とし、幼稚園時代に漢字教育を受けた子どもと、受けなかった子どもに読ませてみたところ、前者は、平均五〇・四字（最初の五〇字では平均四三・八字、追加の五〇字では、平均六・六字）、後者は、四八・九字（最初の五〇字では四一・一字、追加の五〇字では七・七字）であった。従ってこれら一〇〇字のテストに関する限り、その差はほとんどなくなっていることがわかった。つまり、幼稚園時代に漢字教育を受けた子どもは、その後あまり読字力が向上しなかったのに対し、幼稚園で漢字教育を受けなかった子どもは急速に向上して追いついたのである。

以上の結果から、筆者は、次のように考える。幼稚園時代（早期）に漢字教育を受けても、その後も継続した学習がおこなわれなければ、その後の伸びはあまり期待できず、その状態を保つ程度に終わってしまうのである。したがって、その効果は、かなり一時的なものということができる。このような一種の「学力の剥落」が起こるのはなぜであろうか。

それには、種々の要因が考えられる。

①教育の内容（教材）に問題がある場合

②教育の方法に問題がある場合

③子どもの興味関心に合わない場合

④以上のものが組み合わさった場合

考えられるのは、石井方式では、子どもたちは、非常に興味をもって漢字を憶えたということである。にもかかわらず、このような結果がでるということは、記憶の一面性、一時性の結果であったということはできないだろうか。しかも、語のもつ意味の理解がしっかりできていなかったのではないか。というより、この年齢段階では、具体物（鳩）と語（漢字）と結びつけて理解するということが、一般的には不可能なのではないかということを想起させる。

(2) 漢字学習効果の追跡研究

さて、石井方式で漢字教育を受けた子どもは、国語はもちろん、算数、理科、社会などの成績でも非常に優秀であるといわれているが、その結果はどうであろうか。

黒田らは、さらに知能テストによる比較をおこなった。結果は、表5のようであった。[4] それによると、五月段階では、三つのグループにほとんど差はみられない。約一年後の翌年三月段階では、漢字教育グループ（A・B）は、やや上昇しているが、Cグループは、変化なしであった（数値の上では、Bグループが最も上昇している）。

この場合、IQの上昇は、漢字読字力の向上によるのか、あるいは幼稚園教育の全体的効果なのかは明らかではないので、IQ上昇は漢字教育の効果とは断定してはならない。

一年半後の測定では、全体に平均値は低くなっているが、A・BグループとC

	平均 IQ (5月)	平均 IQ (翌年3月)	一年半後の平均 IQ
A	122	127	104.5 (A・B)
B	119	130	
C	122	121	109

A：4歳から1年間漢字教育を受けた5歳児
B：4月から1カ月間漢字教育を受けた5歳児
C：漢字教育を受けていない5歳児

表5　IQの変化による漢字教育の効果（黒田、1972）

グループの間に有意差はなかった。下降した割合は、AB群の方が多く、幼稚園を終わる直前（三月）に認められたわずかばかりの効果は、一年半後には、まったく消えてしまったといえるのである。

（3）認知的判断の比較

次に、漢字教育の予期せぬ効果があったものがある。それは、レイブン（B. Raven）の図形テストで、このテストは、多様選択テスト三六題で構成されており、知能の知覚因子、推理因子などを構成するものである。結果は、表6の通りであった。[5]

<table>
<tr><th></th><th>平均正答数
（5月）</th><th>平均正答数
（翌年4月）</th><th>一年半後の
平均正答数</th></tr>
<tr><td>A</td><td>17.4 題</td><td>25.8 題</td><td rowspan="2">29.8 題</td></tr>
<tr><td>B</td><td>15.7</td><td>24.4</td></tr>
<tr><td>C</td><td>16.5</td><td>18.3</td><td>24.3</td></tr>
</table>

A：4歳から漢字教育を受けた5歳児
B：4月から1カ月間漢字教育を受けた5歳児
C：漢字教育を受けていない5歳児

表6　図形テストの正答数の比較（黒田、1972）

A・Bグループ（漢字教育を受けた子ども）の平均正答数は著しく向上し、Cグループ（漢字教育を受けなかった子ども）はほんのわずか増加しただけであった。しかも、一年後における両グループの平均正答数の差は統計的に有意であった。一年半後の追跡調査でも、その差がはっきりあらわれていた。

従って、幼稚園で漢字教育を受けた子どもは、漢字そのものが、よく読めただけでなく、複雑な図形を観察する場合にもかなり注意深くなっていた。この図形に対する認知的判断の正確さは、幼稚園を終えた一年半後でもある程度維持されていたといえる。

以上の調査結果から黒田は、結論的に次のように述べている。[6]

幼稚園での漢字教育は思わぬ効果をもたらしたわけであるが、就学年齢の引き下げや、幼稚園の義務教育化が提案されている時期だけに、早期の知的教育の効果については、このようなささやかな研究のみによって判断してはならない。もっと多くの子どもを対象として慎重な研究が必要である。

私の研究によっていえる結論は、幼稚園での漢字教育は、確かに一時的に子どもの読字力を伸ばすが、卒業後もそのような特別の勉強が続けられなければ、そのうちに一般の子どもたちに追いつかれてしまって、その結果が消えてしまうであろうということである。

3　石井勲による黒田への反論

以上のような黒田らの調査研究に対して当の石井は、次のような反論を展開している。(7)

この調査で問題なのは、第一には、再調査（通産第六回）の際の被験児はわずかに実験群が十二名、対照群が十四名に過ぎなかったことである。

第二には、テストした漢字数がわずかに一〇〇字に過ぎず、しかも、〃そのうち五〇字は（石井方式漢字カード）にないものを選んだ〃という説明があることである。実験群の児童たちが幼稚園で学んだ漢字を初めから除外してしまっては、この両群の間に差が出て来ないのが当然であろう。このように限られた条件の下で、対照群四八・九に対し、実験群五〇・四という差が出たことは、両群の間に有意差があったと考えてもよいのではないか。ともかく、このようなテストは、両群の漢字力をテストするものとしては実に不適当なものと言わざるを得ない。

その第三は、図形テスト（Raven のマトリックステストで、後述のように推理力、その他いろいろの能力を分析的に知ることができる）に見られる両者の有意差である。第一回テストで両者の間に全く見られなかった有意差が第五回テストでは明瞭な有意差になり、それは再調査の第六回テストでも変わっていないことである。この点については、実験者たちもその発表論文の末尾（注＝最初は日本保育学会で発表した）の「考察」の項に、〝図形テストに示される推理・知覚・空間因子に代表される認知能力では、在園児に生じた差が小学校二年生時においても持続しているのではないかと推察される〟と述べている。

以上が石井の反論である。黒田らが、漢字一〇〇字のうち、未習の五〇字を入れたのは、学習の転移があるかどうかをねらったものと思われるが、石井は、それはおかしいというわけである。この点についての石井の反論は、被験者数の問題もふくめ、より精緻な追跡研究をしたうえでないと説得性をもちえないと思われる。

これまでのところで石井方式に関する二つの研究を検討してきた。

広島大学グループの研究は、仮名に比べて漢字の学習の容易さを述べ、漢字の学習法についても若干の提案をおこなっている。

黒田のものは、漢字の学習効果の追跡研究で、図形認識を除いて、その効果の持続性は少ないというものであった。

以上の研究で、石井方式についての是非論は簡単には述べられないが、私たちは、これらの研究から、石井方式のもつ問題点と早期才能教育のあり方についてさまざまの示唆を得ることができるように思われる。その際、忘れられてはならないのは、どういう教育がなされるにしろ、それが、子どもの発達にとってどんな意味をもつかということであろう。

注

（1）D. Steinberg, 岡直樹「漢字と仮名文字の読みの学習——漢字学習の易しさについて」日本心理学会編『心理学研究』四九巻一号、一九七八年。以下の引用はすべて同論文による。表の表記法をすべて、日本語に直した。

（2）黒田実郎『才能教育』創文社、一九七二年、四三ページ
（3）同書、四四―四五ページ
（4）同書、四五―四六ページより表作成
（5）同書、四七―四八ページ、表は別に作成
（6）同書、四八―五〇ページ、深谷鋿作（国民教育研究所）も石井方式の批判をしている（「『幼児開発論』論」『国民教育』八号〔季刊〕、一九七一年）。
（7）石井勲「幼児における漢字学習の国語学力への影響」『教育心理』一九七三年七月号、二〇―二三ページ

第Ⅱ部　幼児教育制度問題

第3章　幼保一元化問題

幼児教育の諸問題の中で、今日最大のものは「幼保一元化」の問題であるといってよいであろう。

この問題の発端は、おそらく、明治初期、幼稚園創立当時にさかのぼることができ、今日において未だ解決されざるままである。ここで私が、その膨大な問題史をひもとくとしても、それはほんの一端に及ぶにすぎず、しかも戦後のみに限定するとすれば、なおのことである。

したがって、ここでは、「幼保一元化」についての問題提起のために主要なる論議を整理・検討して提出したい。

一般に「幼保一元化」といわれている中身は、実は複雑である。しかしながら、それは機会均等の概念に照らして、「すべての幼児に計画的・組織的な幼児教育と福祉の機会が、幼稚園においても保育所においても、それぞれの教育（保育）の中で平等に提供されることにある」といってよいであろう。そのための一元化は、次の点から考える必要がある。

①幼児教育（保育）制度としての一元化（施設・設備の一元化を含む）

現在、幼稚園は、満三歳から五歳までの幼児の教育施設になっている（学校教育法第一条、第二二条）。そして文部科学省の管轄になっている。一方、保育所は、原則として0歳から就学までの幼児を保育する児童福祉施設である（児童福祉法第七条、三九条）。そして厚生労働省の管轄になっている。

しかし、ここでいう「一元化」とは、幼稚園の保育所化とか、保育所の幼稚園化、それとも第三のものをめざすかという単純な形ではとらえられない。

②教育（保育）内容の一元化

現在、幼稚園は「幼稚園教育要領」で、保育所は「保育所保育指針」にもとづいて、園児の教育・保育をおこなっている。ここでいう「一元化」は、そのカリキュラムの統一を意味する。

③保育者養成制度の一元化

保育者養成制度については、幼稚園教諭は専門の養成校（大学・短大その他の養成校）で、所定の単位を習得して与えられるもので、専修・一種・二種の免許状がある。一方、保育所保育士は、専門の養成校（大学・短大・その他の養成校）を卒業して得られる場合と、試験によって資格が取得できる場合と二通りあり、いずれも保育士資格が授与される。このように、保育者の養成制度上の差異がある。

第1節　幼保一元化の歴史的背景

今日の幼保一元化の問題は、すでに明治時代の幼稚園設立直後から、問題視されていた。

戦前においては、「幼保一元化」という用語こそ使われていなかったが、一般労働者の家庭の子どもの保育をどうするかということが焦眉の問題となっていた。

以下、歴史的に概略をたどってみよう。

（1）東京女子師範学校附属幼稚園の開園——一八七六（明治九）年——

わが国で、本格的幼稚園の嚆矢とされるこの附属幼稚園の規則には、次のようにあった。

「小児ハ男女ヲ論セス年齢満三年以上満六年以下トス但シ時宜ニ由リ満二歳以上ノモノハ入園ヲ許シ又満六年以上ニ出ツルモノト雖モ猶在園セシムルコトアルヘシ」（第二条）とし、「入園ノ小児ハ保育料トシテ一ヶ月金二十五銭ヲ収ムヘシ但シ貧困ニシテ保育料ヲ収ムル能ハサルモノハ其旨申出ツヘシ事実ヲ訊問シテ後コレヲ許可スルコトアルヘシ」（第八

条）（傍点引用者）
しかしながら、貧困家庭の子どもの入園までは普及しなかった。

（2）文部省示諭
一八七六（明治九）年、東京女子師範学校附属幼稚園設立後、間もなく、文部卿代理九鬼文部少輔により示諭が出された。その中で、次のように述べている。
「富豪ノ子ニアラサレハ之ニ入ルコト能ハサルノ感アラシム然レトモ幼稚園ニハ又別種ノモノアリ都鄙ヲ論セス均シク之ヲ設置シ貧民力役者等ノ児童ニシテ父母其養育ヲ顧ミルニ暇アラサルモノ皆之ニ入ルコトヲ得ヘキモノトス此種ノ幼稚園ニ在テハ編成ヲ簡易ニシテ唯善ク幼児ヲ看護保育スル保姆ヲ得テ平穏ノ遊戯ヲナサシムルヲ得ハ即チ可ナリ
是レ尚ホ群児街頭ニ危険鄙猥ノ遊戯ヲナスルモノニ比スレハ大ニ勝ル所アリ其父母モ亦係累ヲ免レ生産ヲ営ム便ヲ得テ其益蓋シ少小ナラサルヘキナリ」と述べ、一般庶民のための簡易幼稚園の設置を指導している。

（3）女子高等師範学校附属幼稚園分室――一八九二（明治二五）年――
「設立」の趣旨
当附属幼稚園分室ハ東京市住民ノ生計上殆ト下級ニ近キモノノ児女保育スル場所ニシテ之カ経理上ニ至リテハ大ニ費用ヲ節シテ保育ノ効果ヲ収メンコトヲ講シ後来地方ニ広ク設置スヘキ幼稚園ノ模範タランコトノ希望ヲ有スルモノナリ」として、「保育時数ハ日ノ長短ニヨリ毎週三十三時以上四十三時以下トス但シ家庭ノ都合ニヨリ毎日保育時間中早帰遅参ハ随意トス（第二条）また、「保育料ハ之ヲ徴収セス」（第四条）として、一般市民に無料開放したものである。
分室に入園した幼児の親の職業は、次のようなものであった。人力車夫、煙草屋、料理仕出シ業、大工職、洋服裁縫職、酒屋、鍛冶職、古着屋、木屑売、提灯張り等であった。

すでに、ここに、今日の「幼保一元化」問題に直面した政府の施策をみることができる。

（4）幼稚園令——一九二六（大正一五）年の規定——

勅令をもって公布された「幼稚園令」の第一条は、「幼稚園ハ幼児ヲ保育シテ其シテ其ノ心身ヲ健全ニ発達セシメ善良ナル性情ヲ涵養シ家庭教育ヲ補フヲ以テ目的トス」と定められた。入園の資格は、従前と変わりなかったが、「特別ノ事情アル場合ニ於テハ文部大臣ノ定ムル所ニ依リ三歳未満ノ幼児ヲ入園セシムルコトヲ得」とした。幼稚園は、家庭教育を補完施設として重要であることを指摘し、次のように述べている。

「父母共ニ労働ニ従事シテ子女ニ対シテ家庭教育ヲ行フコト困難ナル者ノ多数居住セル地域ニ在リテハ幼稚園ノ必要殊ニ痛切ナルモノアリ（中略）随ツテ其ノ保育ノ時間ノ如キハ早期ヨリ夕刻ニ及フモ亦可ナリト認ム」として、外国のように「幼稚園ニ孤児預所」を附設している例をあげている（「幼稚園令及幼稚園令施行規則制定ノ要旨並施行上ノ注意事項」）。

ここでは、明らかに保育所（託児所）的な要素を含んだ幼稚園を目指していたわけである。しかし、戦前においては、「幼保一元化」への方向は、これ以上進展しなかった。

第2節　敗戦直後における幼保一元化論

一九四六（昭和二一）年四月、敗戦後の混乱の中で、新しい国会議員選挙がおこなわれ、この時、初めて三九名の女性議員が誕生した。

1　国会審議における幼保一元化論①

戦後最初の「幼保一元化」に関する議論は、一九四六年七月の衆議院帝国憲法改正案特別委員会において婚姻に関する条文に関しておこなわれている。
参考までに、後の憲法で確定した条文をあげる。

日本国憲法第二四条
婚姻は、両性の合意のみに基いて成立し、夫婦が同等の権利を有することを基本として、相互の協力により、維持されなければならない。
配偶者の選択、財産権、相続、住居の選定、離婚並びに婚姻及び家族に関するその他の事項に関しては、法律は、個人の尊厳と両性の本質的平等に立脚して、制定されなければならない。

愛知一区選出の越原はる（協同民主党、名古屋高等女学校〔現名古屋女子大学〕校長）は、幼保一元化に関し、母子の生活権の尊重の立場から次のような質問をしている。[1]

＊越原委員　私第二十二条（注＝憲法改正草案条項）ノ第二項ニ付テ御尋ネ致シタイト思ヒマス、第二項ニ、法律ハ個人ノ権威ト両性ノ本質ニ基ク平等ノ下ニ立脚シテ制定スルコトガ謳ハレテゴザイマスガ、私ハ婦人ノ本質トスル所ノ基本的権利ガ明確ニサレナイコトヲ、洵ニ遺憾ニ存ジマス一人デゴザイマス、（中略）凡ソ女性ハ次ノ時代ヲ背負フベキ子ヲ生ミナシ育クムト云フ造化ノ神カラ与ヘラレマシタ所ノ大キナ任務ヲ帯ビテ居リマス、此ノ貴イ女性ノ本質ヲ国家ガ保護シ、保障スルト云フコトハ、余リニモ当然過ギル程当然ノコトト存ジマス、私ハ茲ニ第二十二条ニ第三項ヲ設ケマシテ、母ト子供ノ生活権ハ之ヲ保障スルト云フヤウナ一項ヲ、挿入サレタイト云フコトヲ切ニ希望スルモノデゴザイマス、斯ウ云フヤウニ乳幼児、母子ナドニ付キマシテハ、モウ夙ニ「ワイマール」憲法並ニ現行「ソ」聯憲法ニ明カニセラレテ居リマスノデゴザイマス、私共ハ他ニ範トスルモノノアリマス時ハ、ソレ

ヲ採ルニ吝カデアツテハナラナイト存ジマス（中略）之ニ付キマシテ金森国務大臣カラ前ニ御尋ネニナツタ方ニ対シテ、サウ云フ項目ヲ挿入シナイト云フコトヲ仰セデゴザイマシタガ、ソレハナゼ挿入サレナイノデアリマスカト云フコトダケ私御伺ヒ致シタイノデゴザイマス

＊**金森国務大臣**　御話ニナリマシタ母子ノ尊重ト云フ原理ハ、固ヨリ大事ナコトデアリマシテ、此ノ憲法ノ狙ツテ居ル大キナ国家ノ理想実現ノ為ニ然ルベキコトト考ヘテ居リマス、（中略）此ノ憲法ノ建前ハ単ニ理想的ナル方向ヲ画クノデハナクテ、現実ニ社会制度ノ基本トシテ正確ニ把握スルコトヲ期シテ諸般ノ規定ヲ設ケテ居リマス、デアリマスカラ、今御話ニナリマシタヤウナ事柄ノ中味ヲ具体的ニスルノハ是ハ、法律ヲ以テ規定スルガ宜イ、各箇ノ法律コソ斯様ナ中味ヲ具体化スルニ適シテ居ル、而シテ根本ノ原則ハ、第二十三条（注＝現憲法二五条生存権、国の生存権保障義務）ノ如キ、社会ノ福祉、生活ノ保障ト云フヤウナ方面ノ此ノ立法標準ノ中ニ盛リ込マレテ居リマスルシ、又モツト広クハ第十二条（注＝現憲法第一三条個人の尊重、生命・自由・幸福追求の権利の尊重）ノ如キモノノ中ニ包容セラレテ居リマシテ随テ左様ナ規定ヲ此ノ憲法ノ中ニ盛リ入レナカツタノデアリマス（中略）

＊**越原委員**　此ノ母子ノ保護ニ付キマシテ、ソレニ関聯シタコトデ御伺ヒ致シタイト思ヒマス、ソレハ託児所、幼稚園ニ関係致シタコトデゴザイマス、幼児ノ保育教育コソ真ニ国民教育ノ基礎ヲ成スモノト存ジマス、ソレ故是マデノ幼稚園ハ主ニ文部省ニ、託児所ハ厚生省ニト云フヤウニ、生温イ二本建ニナツテ居リマシタノヲ、一本建ニ改メマシテ、其ノ内容ノ施設ヲ刷新致シマシテ、就学前ノ保育教育ヲ一元的ニ致シマシテ、サウシテ保育教育ノ完全ヲ期スル為メト、ソレニ併セマシテ婦人ノ各職場ヘノ進出ヲ容易ナラシメル為ニ、謂ハバ教育機能ト社会政策的機能トヲ総合具現致シマシテ運用致シマスヤウニ、新制度ヲ確立セラレマス御意思ハゴザイマセヌデセウカ、（中略）之ニ付キマシテ御意見ヲ承リタイノデゴザイマス

＊**田中国務大臣**　義務教育就学前ノ幼児ニ付キマシテ、所謂幼稚園制度ヲ義務的ニスルカドウカト云フコトニ付キマシテハ、研究ヲ要スル問題デアリマシテ、是マデ義務教育制度ガ拡張セラレテ居ル例ハ、私寡聞ニシテ聞カナイ

トデアリマス《ママ》、唯只今ノ御質問ハ厚生省関係――詰リ社会問題ノ解決ノ一環ト致シマシテノ母性ノ保護トカサウ云フモノト結付ケテ一元化スルト云フコトハ、是ハ教育ノ面ト（中略）色々違フ向キモアルカト存ジマシテ、是ハ大イニ研究ヲ要スル問題ヂャナイカト思ヒマス

ここで重要なことは、「凡ソ女性ハ次ノ時代ヲ背負フベキ子ヲ生ミナシ育クム」ことに対し、「此ノ貴イ女性ノ本質ヲ国家ガ保護シ、保障スルト云フコトハ、余リニモ当然過ギル」ことで、「母子ト子供ノ生活権ハ之ヲ保障スルト云フ」一項を設けることという重要な提案がなされている。しかしながら、これは、当時の金森大臣によって、下級法に設けるべきことであると答弁されている。

さらに、母子の保護に関連して、「幼児ノ保育教育ヲ……一本建ニ改メマシテ、（中略）就学前ノ保育教育ヲ一元化ニ統一致」すこと、「ソレニ併セマシテ婦人ノ各職場ヘノ進出ヲ容易ナラシメル為ニ、謂ハバ教育機能ト社会政策的機能トヲ総合具現致」すという提案がなされた。しかし、これについて大臣は、現状の困難さを指摘するのみで、改革への意欲は何も示していない。

越原はる（春子）の指摘は、「母子保護」と「女性の社会的進出」への対応とそのための「幼保一元化」の必要性を述べた先駆的見解として、銘記されるべきものであろう。

今日、「幼保一元化」を論ずる時に欠けている視点は、この「母子保護」の視点ではないだろうか。とくに、「長時間保育」問題は、このことをぬきにしては語れない問題である。

2　国会審議における幼保一元化論②

続いて、一九四六（昭和二一）年の帝国議会衆議院において、婦人議員クラブが支持する次のような建議案が出された。

その第二項目として、「乳幼児保育施設の一元化」に関して次のようなことが述べられている。[2]

乳幼児保育施設の整備拡充に関する建議（昭和二十一年十月十二日、衆議院）

新日本建設の支柱たるべき乳幼児の保育問題は、現下最も緊急を要する問題の一つであり、その一翼を負ふ乳幼児保育施設は、乳幼児の完全なる保護・教育・家庭生活の改善に裨益する社会教育的役割及び婦人の社会的活動を発展せしめるための保育の共同化等の任務を有する重要なる施設である。然るに乳幼児保育施設の現状は寔に遺憾の点多く、国家将来のため憂ふべきものがあり、これを緊急に整備拡充する必要が認めらるるので、特に次の諸点に関し強力なる施策の行なわれることを望む次第である。

一、乳幼児保育施設の普及
一、乳幼児保育施設の一元化
一、乳幼児保育施設の公営及び私営施設に対する国庫補助
一、保母養成機関の整備確立及び保母の待遇改善
一、乳幼児保育資材の確保

右建議する。

この建議案の第一、二、四項目について、衆議院の委員会で、政府側の厚生省勝俣事務官の答弁があった。[3]

第一ノ弁明ハ乳幼児ノ保育施設ノ普及ヲシロト云フ御話デアリマス、御尤モノ御趣旨ト思ヒマシテ、政府ト致シマシテハ十分ナ普及ヲ図リタイト考ヘテ居ルヤウナ次第デゴザイマス、（中略）

第二ノ乳幼児ノ保育ノ一元化ノ問題ニ付キマシテハ、保育ノ問題ハ厚生省ト致シマシテ十分ト責任ヲ持ツテ居ルヤウナ次第デゴザイマス、幼稚園ノ方面ノ教育ノ問題ニ付テハ文部省ノ関係デゴザイマシテ、之ヲ一元化シロト云フ御話デゴザイマスガ、此ノ問題ニ付キマシテハヤハリ乳幼児ノ教育、ソレカラ完全ナ保育、保健、保護ノモノハ既設保育所トカ色々多様ナ内容ヲ異ニシテ居ルノデ、各々其ノ特徴ヲ具備セシメヨウトシテ居ル為ニ現在ニ於テハ一元化シテ居リマセヌ、併シナガラ御説ノ趣旨モアル次第デゴザイマスカラ、関係官庁ト密カニ連絡ヲ取リマシテ、偏重シナイヤウニ致シタイト考ヘテ居ルヤウナ次第デアリマス（中略）

第四ノ保母養成機関ノ整備確立及ビ保母ノ待遇改善、是モ御尤ノ御趣旨デゴザイマシテ、現在ノヤウナ待遇デアリ、又養成制度ノ不備ノヤウデハ安ンジテヤツテ行ケルカト云フヤウナコトモ心配サレルノデアリマシテ、政府ト致シマシテハ之ヲ法制化シテ保母ノ資格ノ確立ヲ図リタイト云フノデ、是ハ目下考究中デゴザイマス

この建議案には重要なことが提案されている。すなわち、「乳幼児保育施設は、乳幼児の完全なる保護、教育、家庭生活の改善に裨益する社会的役割及び婦人の社会的活動を発展せしめたるための保育の共同化等の任務を有する重要な施設である」と述べ、乳幼児の保育が、たんに家庭での育児の段階をこえ、公共性をもつこと、及び、婦人の社会的進出のためにも保育の共同化が必要であり、そのために保育施設の一元化の必要性があると述べている点である。

そして、一元化に対して政府（厚生省）答弁は、「関係官庁ト密カニ連絡ヲ取リマシテ、偏重シナイヤウニ致シタイト考ヘテ居ル」というものであって一応前向きの姿勢を示しているのである。

3　日本教育会の幼保一元化論（一九四六年）

日本教育会は、戦前帝国教育会と称し、わが国最大の教育研究団体であったが、一九四六（昭和二一）年、新しい教育方針として、「幼児保育刷新方策（案）」を公けにした。この中で、一元化についての提案をしている。(4)

幼児保育刷新方策（案）

新日本建設に当り、学齢前の教育及保護に関する制度の総合的確立を図ることは、喫緊の要務である。

一、幼稚園令、幼稚園関係法規を改正すること（説明略）

二、幼稚園と託児所が異なる所管下に在って別途に取扱われたる幣を除き幼児保育施設を統一すること

イ、満四歳以上の幼児を継続的に収容するものは原則として就学前教育を主とする施設となし、之を凡て幼稚園（仮称）となすこと

ロ、満一歳以上満三歳以下の幼児を継続的に収容するものは社会的養護を主とする施設となし、之を保育所（仮称）となすこと

（説明）従来の幼稚園、託児所、保育所等は夫々異なる設立趣旨、沿革を持つとは云え、実際には凡てのものが教育と養護の両機能を持つこと、更に収容せられたる幼児を主体として考えれば、保育の平等がそこに確立せられて居らねばならぬはずである。又幼児の成長段階に応じて教育と養護の濃淡が自ら生ずることは自明の理にして、この点よりして年齢による統一が必要とされるわけである。

五、保姆の地位向上を図ると共に、養成方法を改善すること

イ、保姆の地位、待遇を学校職員と同等にすること

ロ、保姆養成機関を確立し、その学科目に統一基準を与えること

ハ、保姆は幼稚園保姆（現幼稚園教諭）と保育所保姆（保育士）の二つに分ち、夫夫の資格を定めること

ニ、保姆養成機関設置につき地域的配慮をなすこと（後略）

この提案の骨子は、「保育を受ける機会の平等」ということである。そのために、二に述べられたように「幼児保育施

設を統一する」必要性を述べている。しかも、満四歳以上の幼児を収容する幼稚園を義務化することと一元化とを統一的にとらえ、新しい幼児教育制度の構想が打ち出されているところに意味があると思われる。

また、保母（注＝保育士）養成の方法についても、学校職員と同等の地位とするというところに革新的な提案がある。

4　倉橋惣三の幼保一元化論

戦前から幼稚園教育で活躍していた倉橋惣三（一八八二―一九五五）は、終戦直後、新しい幼児教育の方向として「幼保一元化」について述べている。

次にあげるのは、彼が教育刷新委員会の委員として、種々見解を述べた折に書かれたもので、一元化の思想的根拠というものがうかがわれる。(5)

（年齢によって）幼稚園とか保育所とか、文部省所管とか厚生省所管とか地方庁によっては非常に分れた扱がされております。そういうものを一元的に総て文部省の所管として、その意味でしっかりと学校体系の中に入れるというわけであります。但し、満四歳以下のものにつきましては、是はいわゆる厚生施設として厚生省なり適当なる所管の下に管理充実さるべきものであろうと思う。即ち同年齢の者を横に切って二つの扱を区別することをやめて、年齢別を縦に切って満四歳以上は文部省所管の学校体系に入れる、それ以下は厚生施設として取扱う、こういう風にはっきりした方が明瞭であろうと考えます。

ここで倉橋が述べようとしたことは、四歳以上の子どもを、文部省所管の学校体系（幼稚園）に入れ、四歳以下の子どもは、厚生省所管の保育所へ入れるという案である。しかも、保護と教育の一元化という観点から、幼稚園が十分保護的機能をはたす必要を強調したのである。倉橋のこのような主張にもかかわらず、現状はどうであったのか。この間の事情について、城戸幡太郎は、「学校教育法の制定と保育の一元化」と題する論稿の中で、当時の一元化の動向について、次のように述べている。(6)

教育基本法が制定されようとしたとき、私は教育刷新委員会の委員であったが、この際、幼児教育の一元化と義務制を実現させるべきであると考え、同じ委員であった倉橋惣三氏と一緒に厚生省に話に行ったことを記憶する。しかし、厚生省ではすでに児童福祉法の制定が行われており、教育基本法に対して児童憲章の制定も意図されていたので、文部省との折り合いをつけることはむずかしかった。戦前から戦時中までは厚生省はむしろ保育の一元化には積極的態度を示していたが、戦後に児童福祉法が制定されたために、これを根拠として官庁のセクショナリズムはさらに強くなった傾向が認められる。

厚生省の一元化に対するこのような消極的態度は、以下の資料によって明らかにされる通りである。

5 「学校教育法」成立過程における幼保一元化論

一九四六（昭和二一）年三月、米国教育使節団によるいわゆる「ミッション・レポート」が提出されたのを受けて、それを円滑に実施するために、わが国に「教育刷新委員会」が設けられた。

第一回会合は、一九四六年九月七日に開かれたが、この段階では、文部省は幼児教育についての具体案をもっていなかったようである。そして、一二月二七日の会合において、第一回の建議事項の「学制に関すること」を採択した。しかし、ここで「幼児教育」に関して、委員会の記載もれがあり、翌一九四七年一二月に「追加」された。それは次のようなものであった。

1　幼稚園を学校体系の一部とし、それに従って幼稚園令を改正すること。
　尚五歳以上の幼児の保育を義務制にすることを希望する。

学校教育法は、このような背景の中で、制定され、幼稚園に関する条文は、次のようになった。（一九四七年三月制定）

第一条　この法律で、学校とは、小学校、中学校、高等学校、大学、盲学校、聾学校、養護学校及び幼稚園とする。
第七七条　幼稚園は、幼児を保育し、適当な環境を与えて、その心身の発達を助長することを目的とする。
第七八条　幼稚園は、前条の目的を実現するために、左の各号に掲げる目標の達成に努めなければならない。
一、健康、安全で幸福な生活のために必要な日常の習慣を養い、身体諸機能の調和的発達を図ること。
二、園内において、集団生活を経験させ、喜んでこれに参加する態度と協同、自主及び自律の精神の芽生えを養うこと。
三、身辺の社会生活及び事象に対する正しい理解と態度の芽生えを養うこと。
四、言語の使い方を正しく導き、童話、絵本等に対する興味を養うこと。
五、音楽、遊戯、絵画その他の方法により、創作的表現に対する興味を養うこと。
第七九条　幼稚園の保育内容に関する事項は、前二条の規定に従い、監督庁が、これを定める。
第八〇条　幼稚園に入園することのできる者は、満三歳から、小学校就学の始期に達するまでの幼児とする。

なお、この条文において、幼稚園の目的に関し、文部省原案にあった「家庭保育を補い」という文章が削除された。さらに、幼稚園の就学始期年齢が、文部省原案では満四歳からとなっていたが、これが三歳になった。が、この理由は必ずしも明らかではない。「恐らく文部省としては、教育刷新委員会における意向を基として、三歳以下は厚生省の所管する保育所において保育の対象とするよう意図したからであろう。しかし、この時点では、厚生省側において幼児教育の対象として三歳児を法制化する状態でないことが知られ、このため、従来の幼稚園令の例にならって、幼稚園での就園の始期を三歳に改めたものと考えられる[7]」といわれている。

以上が、敗戦直後における幼保一元化論のおもな見解である。

注

（1）第九〇回帝国議会衆議院帝国憲法案改正委員会会議録（第一五回）官報第六類第一号、一九四六年七月一七日、二七六ページ

（2）「乳幼児保育施設の整備拡充に関する建議」（一九四六年一〇月一二日、衆議院、児童福祉研究会編『児童福祉法成立資料集成』（上）、ドメス出版、一九七八年、六四二ページ）以下の国会関係の資料引用（ページ）は、同書（上・下巻）による。以下、『資料集成』とする。

（3）第九〇回帝国議会衆議院建議委員会議録第九回（昭和二一年九月一九日）、『資料集成』上、六四二―六四三ページ

（4）日本教育会「幼児保育刷新方策（案）」『幼児教育』一九四六年一〇月号、二二―二三ページ

（5）日本近代教育史料研究会編「教育刷新委員会特別委員会（昭和二十一年十月二十五日会議録）」『教育刷新委員会・教育刷新審議会会議録』第六巻、岩波書店、一九九七年、二八六―二八七ページ

（6）城戸幡太郎「学校教育法の制定と保育の一元化」植山／浦辺／岡田編『戦後保育所の歴史』所収、全国社会福祉協議会、一九七八年、一四―一五ページ。同様な見解は、中谷千蔵（当時の文部事務官）「学校教育法に幼稚園が規定せられる迄」『幼児の教育』一九四七年七月号、一〇ページ

（7）国立教育研究所編集発行『日本近代教育百年史』「6　学校教育」一九七四年、一三九九ページ

第3節　児童福祉法成立前における幼保一元化論

一九四六（昭二一）年一一月、日本国憲法が制定された。その第二五条には、「すべて国民は、健康で文化的な最低限度の生活を営む権利を有する」と述べられている。このことを受けて、同年一二月、中央社会事業委員会（委員長赤木朝治、中央社会事業協会理事長）に対し、厚生大臣より、児童保護事業を強化徹底するための具体策についての諮問があった。そして、同委員会児童福祉常設委員会の意見を参考にし、一九四七年一二月一二日、児童福祉法が制定されたのであった。

この法律の第一条から第三条において、児竜福祉の理念・責任がうたわれ、また保育所についても定められた。

児童福祉法

第一章　総則

〔児童福祉の理念〕

第一条　すべて国民は、児童が心身ともに健やかに生まれ、且つ、育成されるよう努めなければならない。

②すべて児童は、ひとしくその生活を保障され、愛護されなければならない。

〔児童育成の責任〕

第二条　国及び地方公共団体は、児童の保護者とともに、児童を心身ともに健やかに育成する責任を負う。

〔原理の尊重〕

第三条　前二条に規定するところは、児童の福祉を保障するための原理であり、この原理は、すべて児童に関する法令の施行にあたって、常に尊重されなければならない。

〔児童福祉施設〕

第七条　この法律で、児童福祉施設とは、助産施設、乳児院、母子寮、保育所、児童厚生施設、養護施設、精神薄弱児施設、盲ろうあ児施設、虚弱児施設、肢体不自由児施設、重症心身障害児施設、情緒障害児短期治療施設及び教護院とする。

〔保育所への入所の措置〕

第二四条　市町村長は、保護者の労働又は疾病の事由により、その監護すべき乳児、幼児又は第三十九条第二項に規定する児童の保育に欠けるところがあると認める時は、それらの児童を保育所に入所させて保育しなければならない。但し、附近に保育所がない等やむを得ない事由があるときは、その他の適切な保護を加えなければならない。

〔保育所〕

第三九条　保育所は、日日保護者の委託を受けて、保育に欠けるその乳児又は幼児を保育することを目的とする施設とする。

②保育所は、前項の規定にかかわらず、特に必要があるときは、日日保護者の委託を受けて、保育に欠けるその他の児童を保育することができる。

この法律の制定当時、保育所に関する第三九条「保育に欠ける」のことばは、入っておらず、後の改正によりこれが入って、後述するように種々論議をまきおこしたのである。この法律は、わが国の児童福祉法制定上画期的意義をもつものであったが、そこでは保育所はどのように位置づけられていたであろうか。

従来、託児所は、保護者が労働に従事する間、足手まといになる乳幼児を保護する所で、社会的には慈善事業形態でおこなわれたものが主流をなしていた。わが国の託児所は大正期以降、社会事業的性格をおび、児童保護事業としておこなわれてきたが、保護を必要とする弱者を救済する施設という思想から、「児童を主体として保育をするための保育所」として位置づける必要があった。[1] そのため、このような規定になったと考えられる。

1　全国児童福祉大会における幼保一元化論（一九四七年）

日本社会事業協会では児童福祉法の制定に先立ち、その促進をはかるため、一九四七（昭和二二）年五月一八日、東京の日本赤十字社で、「全国児童福祉大会」を開いた。

この大会では、児童福祉法の制定促進について、多くの議案が、各県代表から出されたが、「幼保一元化」についての要望も出されている。そのうち、愛知県・宮城県の両県のものは、幼児の健全なる育成のために、保育所の方に幼稚園を統合すべきであるというやや大胆というべきか、型破りというべき見解を提出している。[2]

幼稚園を廃止して保育所に統合せられたい（愛知県）

（説明）

学校教育法第七章によって幼稚園は依然として法的根拠を持つことと成っているが仝法第七十八条によって明示せられる所の幼稚園の性格は、保育所が現に実施しているものと何等変ることがないものである。唯それが違うところは幼稚園が教育的粉飾を冠しているのに反して保育所は社会的な要求を担っているというに過ぎないものである。新憲法治下に於いて同種のものが対立的に存立することは好ましくない事であるのみではなく児童福祉法の使命が民主的文化の温床として児童を成育の途上に於いて蒙るであろう、社会的又は経済的な差別待遇を撤去してこの国に産れた喜びと恵沢とを与える事を念願としている点より観ても学校教育法による幼稚園の規程は削除せられて本法に包括統合せらるべきものと思われる。

幼稚園と保育所の区別を撤廃されたきこと（宮城県）

（説明）

小学校へ入学前の教育を目的とする幼稚園と勤労大衆の子女の託児を目的とする保育所とは今やその実態において著しい相違を認め難い。よって速かに幼稚園と保育所の差別を撤廃しすべて児童は心身ともに健やかに育成されるために必要な生活を保障されその資質及環境に応じひとしく教育され愛護されることを原理とする児竜福祉施設とせられたい。

以上のものが、特徴的な見解であった。児童福祉大会という性格上、右のような提案が出されることは、十分考えられるが、すでにこのころ、一元化構想は困難な状況にあったことが推測されるのである。

2 「幼保一元化」に関する厚生省の見解（一九四七年）

児童福祉法制定へむけて、国も国民も関心が高まる中で、厚生省当局は、「幼保一元化」について、どのように考えていたであろうか。それは、国会審議において予想される質問に対して、「答弁資料」を準備していたことによってうかがい知ることができる。その内容は、以下のようなものであった。[3]

問　本法案発案の際、文部、司法その他各省との児童関係事項を何故一元化しなかったか。

答　文部、司法等各省の児童関係事務を本法に一元化することは、観念的には考えられるのでありますが、その実際の施行に当っての実効は、各々現に行っている各省施策を尊重しゆく方が、より効果をあげ得ると思うのであります。即ち、教育は、学校教育法による幼稚園、小学校、中学校、養護学校等において行うものに極力依拠し、これに、洩れる児童についてこの法律で考えようとするものであり、犯罪性の顕著な児童は、司法省所管の少年審判所、矯正院（注＝現少年院）の対象とするところで、犯罪性の顕著でない児童は本法による教護院（注＝現児童自立支援施設）の対象となるわけであります。このように各省のそれぞれの専門の施策と相俟って、相協力することにより、益々この法律の実効をあげうると思うのであります。

問　幼稚園と保育所を一元化しないのか。

答　幼稚園というのは、学校教育法に規定されている学校の一つであって、学校教育法による教育を行う機関であります。保育所というのは、これと観点が異りまして、児童を委託した保護者の負担を軽減し、考える暇さえもたないわが国の母親等に愉快に勤労する余裕を与えようとすることに主眼があるのであります。勿論、保育所においては、単に児童を預るというだけではなく、適切な環境と心身の発達に応じた躾、知識等を与えることはいうまでもないのでありますが、保育所と幼稚園とはその持っている社会的機能が異っていると考えざるを得ないのであります。

問　保育所は、単なる保護施設か。

答　保育所は、単に乳児又は幼児を一定時間預かり、これら児童が怪我をしない程度に収容する施設というだけでなく、勿論積極的に適正な環境を与え、心身の発達に応じた躾、知識等を与えることもいたすわけであります。しかし、幼稚園とはその機能を異にし、その児童を保護する母親等の生活的余裕を与えることに重点があるのであります。

最初の問に対する答には、厚生、文部、司法の各省の施策を尊重する方が実効をあげうると述べ、児童関係事項の一元化にはっきり消極性を示している。さらに、幼稚園との一元化については、両者の機能の違いを強調し、一元化については、その構想すらもたないことをはっきり述べている。それは、厚生省当局による「児童福祉法」の逐条説明によってもわかる。(4)（第三九条「保育所」の条項）

第三九条　保育所は、日日保護者の委託を受けて、その乳児又は幼児を保育することを目的とする施設とする。

「要旨」

保育所の目的及び機能を規定する。

「日日」

パート・タイムであることを意味する。昼夜間を通じての場合は養護施設又は乳児院となる。

「乳児又は幼児」

保育所に委託される児童は、乳児又は幼児であり、少年（注＝小学校入学から一八歳未満の児童）については、児童厚生施設が考えられる。

「保育」

学校教育法の現実による幼稚園の保育と、意味を同じくしない。保育所の保育内容は幼稚園のそれによる必要はない。しかし、保育所経営者が、幼稚園の保育内容によろうとするときは、保育所と幼稚園の二枚看板をかければよい。幼稚園が、第二十三条に規定するように、保護者の労働時間中、乳幼児をあずかろうとするときは、この法律による保育所の看板をかける。


右のように、この段階で厚生省当局は一元化問題にまったく関心をもたない様子がわかる。

さらに、九月一八日の参議院厚生委員会において、当時の厚生省児童局長（平沢常通）は、草葉隆円の質問に対し、次のように答えた。ここにも、（必ずしも急いで）一元化する必要はないという姿勢を示している。[5]

現在の段階におきまして私はやはり幼稚園というものもそれだけの存在の理由が十分あると見ております。又保育所につきましては、特に今日の戦後のいろいろな状態、或いは働く婦人の解放と申しますか、そういうふうな点から考えましても、保育所も亦これは非常に大きな理由を特に今日において深められておると信ずるのであります。でありますから、現在の実状において、私はここに保育所を法制的な面にまで取り上げまして、一つの今後の両者の解決点に向うものを考えるのでありまして、これをすぐ両者を一元化するというふうなことは、今日の状態では必ずしも急いでそこまで決定する必要はないのではないかというふうに考えておるのであります。

3 国会審議における幼保一元化論③

厚生省当局は、このように「幼保一元化」について、文部省当局と調整をとる意志を見せないままであったが、九月以後の衆参両院の厚生委員会には、文部大臣（森戸辰男）が呼ばれた。そして、幼稚園と保育所の関係について次のような質問が出され、それに対して文部大臣が答弁をおこなっている。(6)

山崎（道）委員　子供は一律平等に保護し、教育していかなければならないものだと理解いたしております。これにつきましては一方におきましては幼稚園があり、一方におきましては保育所がある。そして幼稚園は主として裕福な家庭の子供が行っております。保育所は一般の勤労大衆の子供が行く所になっておるというようなことでございますと、やはり子供のときから差別的な扱いをするということになりますので、できますならば私は子どもの問題は一本にしてまいりたいのでありますが、これに対しまして文部省のお考えを伺いたいのです。

いま一つ、近く幼稚園は義務教育になるということも一応決定しておるのでございますが、これは現実可能でございましょうか、その点もひとつお伺いしておきたいと思います。

森戸国務大臣　ただいまの山崎委員からの御質問でありますが、まことにごもっともな御質問でありまして、日本の将来は育っていく世代にかかるので、これらの人の保育教育というものが一本であることが最も望ましいことでありますが、現状においては多少これが、働いておる人々の方面では保育所、あるいはもとの名前で託児所というところに重点がおかれ、また富裕とは言えませんが中産的な人々の間では幼稚園に入れるというような事態が存在しておるのであります。しかし大体の傾向から言いますと、この状況は次第に統一の方向に傾いておるのでありまして、（中略）教育の制度ということから言いますと、すでに戦前におきましても幼稚園令にありますように、（中略）もとは小学校の一部として、それから幼稚園令におきましては小学校とは独立性をもった幼稚園ということが規定された。（中略）（戦争後は、）アメリカの教育使節団がすでにそのことを指摘しており、（中略）教育刷審委員会においてこの問題が取上げられまして、そうしてそこでは、決議、幼稚園を学校体系の一部として満五歳以上の児童の保育を義務制とすることを希望するということが、特別委員会並びに総会を通過いたしまして、これらのことを背景といたしながら学校教育法が前の議会を通過いたしたのであります（中略）さらにこの幼稚園はできれば義務制のものに早くしなければならぬ。こういうような大体の大きな方向をとっているのであります。ただ義務教育を五歳から六歳まで、一年前に延ばすということは、今日の経済上、また教師、施設の側面から、ただちには困難でありますけれども、事情が許すようになったらば、少くとも五歳から六歳という小学校教育に先だつ一年は小学校の教育とは違った形ではあるけれども、義務制として幼児を教育していくというような建前に、教育の大きな方針としてはなっておるのであります。（中略）さしあたりこの問題には双方が歩み寄って、施設の側からも一面では教育的なものを望んでおり、また他面ではそれぞれの何といいますか立場から、独立的な存在であることも希望されておるような次第でありまして、さしあたりこれをむりに統一するというようなことにはいろいろな困難と弊害が伴いますので、むしろ両方とも漸次接近の傾向にある、その傾向を助長しながら、義務制に到達いたす統一の準備期と考えたが適当じゃないかと存じておる次第であります。

大臣の答弁の中には、希望観測的なところもみられるが、その見解は最後の部分の「両方とも漸次接近の傾向にある、その傾向を助長しながら、義務制に到達いたす統一の準備期と考えたが適当じゃないか」という個所に集約されている。つまり、それなりに、文部省当局の見解としては、前向きの姿勢がみられたわけである。

注

（1）植山つる「保育所の位置づけ」浦辺史他編『戦後保育所の歴史』所収、全国社会福祉協議会、一九七八年、三三ページ
（2）全国児童福祉大会地方提出議案（昭和二二年五月一八日）、前出『資料集成』上、七三二―七三三ページ
（3）厚生省児童局『予想質問答弁資料』第一輯（昭和二二年七月三〇日）『資料集成』上、八六六ページ、同第三輯（昭和二二年八月、日付不明）『資料集成』上、八八六ページ
（4）厚生省児童局『児童福祉法案逐案説明（答弁資料）』、同『資料集成』上、八〇ページ
（5）第一回国会参議院厚生委員会議録第一三号（昭和二二年九月一八日）、同『資料集成』下、二〇六ページ
（6）第一回国会衆議院厚生委員会議録第一六号（昭和二二年九月二二日）、同『資料集成』下、一九―二一ページ。なお、河原ナツも参議院厚生委員会（昭和二二年一一月一三日）において、同様な見解を述べている。『資料集成』下、三〇〇―三〇一ページ

第4節　政府・審議会・教育団体における幼保一元化論

1　児童福祉法改正（一九五一年）をめぐる論争――「保育に欠ける」の解釈をめぐって――

一九四七（昭和二二）年一二月制定された児童福祉法は、一九五一年六月六日、保育所に関する条項が改正された。以下、比較対照してみよう。

「改正前」
第三九条
保育所は、日日保護者の委託を受けて、その乳児又は幼児を保育することを目的とする施設とする。

「改正後」
第三九条
保育所は、日日保護者の委託を受けて、保育に欠けるその乳児又は幼児を保育することを目的とする施設とする。
②保育所は、前項の規定にかかわらず、特に必要があるときは、日日保護者の委託を受けて、保育に欠けるその他の児童を保育することができる。（傍点引用者）

以上である。

改正後の第二項の追加条文は、一九四九年六月一五日の第三次改正によりおこなわれたものであるが、すでに社会的に問題になりつつあった、いわゆる「カギっ子」の問題に対応すべくなされたもので、彼らの保育の必要性を考慮してのものであった。

さて、第一項の「保育に欠ける」のことばの挿入の問題であるが、厚生省の主たる見解は、次のごときものであった。(1)

保育所入所の要件は、保護者の労働または疾病等の理由により、その監護すべき児童が「保育に欠ける」と認められることである。「保育」とは、保護養育のことであるが、監護をより事実的にとらえた概念であって、「保育に欠ける」とは、その児童にとって最小限必要なめんどうをみてもらうことができないことをいう。家庭が貧困であるかどうかは問わない。「保護者の労働または疾病等」とは児童が保育に欠ける主な理由を例示的にかかげたものであって、それ以外の理由であっても、社会通念上妥当と認められる理由により保護者がその監護すべき児童のめんどうを現実にみることができない場合には、本条にいう「保育に欠ける」に該当することとなろう。労働、疾病はその種類は問わないが、そのために児童のめんどうをみることができない程度もしくは態様のものでなければならない。（中略）

保護者が労働または疾病の場合であっても、祖父母、兄弟等の親族、家事使用人等ほかに児童の保育にあたりうる世帯員がいる場合には、その児童は保育に欠けるものとはいえない。また、保育所入所の対象となる児童は、保育に欠ける児童であって、幼稚園と異なり、小学校の入学準備をして、またはしつけをよくするため、もしくは集団生活になれさせるためというようなことは保育所入所の理由とはならない。保育所に入所すべき児童は、原則として乳児または幼児であり、とくに必要のある場合に限り、その他の児童をも入所させることができる。

これによって「保育に欠ける」の解釈は、非常に限定されたものになった。そして、この限定によって、厚生省は幼稚園との混同をさけるようにした[2]。裏をかえせば、それは、保育施設と保育内容の二元化を確認したことになるのである。

これに対し、厚生大臣の諮問機関である中央児童福祉審議会（以下、中児審とする）は、一九六三年七月の答申の中で、「保育に欠ける」状況の解釈を拡げ、次の七つの条件をあげている[3]。

こどもの心身の健全な発達にとって不可欠なものが、何らかの原因によって与えられない場合、現在または将来において身体的な欠陥や、社会への不適応といった悪い結果が現われることが予想されるのであるが、このように、こどもの心身の発達にとって不可欠なものを与えなくする状況を保育に欠ける状況と定義すべきであろう。

（中略）

保育に欠ける状況のうち、両親の状況としては次のようなものがある。これらのすべてにおいて、両親以外に保育適格者がその家庭にいないことが条件となる。

1　父母の欠損によるもの
①父がなく、母が働いていたりして家にいない
②母がない
③父母ともにない
2　父母の労働によるもの
3　父母や同居の親族の疾病または精神、身体障害によるもの
4　父母の人格的欠陥によるもの
①父あるいは母の性格に重大な欠陥があるか、もしくは無知である。
②父母の人間関係が崩壊、あるいは家族の人間関係が破綻している。
次に両親には特に問題がなくても、児童に問題のある場合がある。この場合は、通常の両親ではそのこどもの真に必要とする保護を与えられないという意味で、保育に欠ける状況にあるとみることができよう。
5　児童の心身の障害によるもの
①児童自身が未熟児、長期疾病、身体障害の状態にある
②児童自身が精神薄弱あるいは精神障害の状態にある
次に、保育者、こども本人以外の家庭の状況によって、標準的な家庭で与えられる保護が受けられない場合が考えられる。

6　保護者以外の家庭状況によるもの
①学齢未満の兄弟あるいは同所帯内に学齢未満が四人以上いるもの
②一人居住面積一・五畳以下の住居に生活している
③住居全体が仕事場になっていて、児童に日中生活の場がない
④父あるいは母の就労が夜間であるため、昼間休養をとる部屋が必要なのにそれがなく、児童の生活の場がおかされている
家庭以外の状況としては、次のようなものもあろう。
7　地域の状態が不適当であるもの
①近所に適当な遊び場がない
②事故多発地帯である
③連れ込み旅館、不健全な飲み屋など、風紀上このましくない営業が多い
④地域の住民の文化的、教育的水準が低い

「保育に欠ける」の内容を、厚生省のように二元行政の中で、限定的・消極的にとらえるのでなく、少なくとも中児審がとらえているように、保育のもつ現代的意味をふまえて、前向きに、積極的にとらえる必要があろうと思われる。
厚生省の「保育に欠ける」の限定的解釈は、「保育に欠ける」とは認めがたい子どもが入所し、入所の必要のある子が放置されているという現実があったから、幼稚園との混同をさけるための改正であったが、次のような財政的事情もあった(4)。

この改正は入所希望者の増加にたいして保育所の増設が追いつかず、対象児童を選別する必要に迫られた結果で

あり、同時に(昭和)二十四年のシャープ税制使節団の税制勧告によって、二十五年度から、保育所の措置費が、国庫負担制度から地方財政平衡交付金制度に組み入れられたこととも大きく関係していた。

しかしながら、同じ中児審の一九七六年一二月に出された「今後における保育所のあり方」(中間報告)では、「保育に欠ける」の解釈について中児審は大きく変化をみせている。(5)

保育所が登場した契機は、わが国についても、また、諸外国においても、家計を維持するため母親が就労することと等により生じる保育需要に対応するためであったが、近年においては、母親の就労は家計維持のために加えて、より高い水準の消費生活を志向するため、専門的技能を生かすため、積極的な社会活動の場を得るため等に極めて多様な動機に基づくものとなっており、この意味で現在の保育所に対する需要のなかで、主体的な選択によるものも含まれているといえよう。

また、このような母親の就労をめぐる状況の変化のほかにも、幼児の教育についての意識の変化、核家族化の進行に伴う両親の育児に対する不安感の増加等が従来とは異なった保育所に対する需要を生みだす要因となっており、また、乳幼児の生活環境の変化をその要因として見逃すことはできないであろう。さらに、これらの要因は、さまざまにからみあって現在の保育所への需要を形づくっているといえよう。

今後、保育所は、社会経済情勢の変化に対応して、その機能を充実させ、発展させていく必要があることは、当然であるが、現在の多様な需要の中には、他の方策により解決されることが適当と考えられるものもあろう。(中略)と同時に、これと併せて労働政策や他の福祉施設も含めた行政の立場からの係り方や地域住民の自発的活動による対応など多角的な対応策を検討し、これらを有機的に関連させる多様な選択が可能となるような方策の確立も検討される必要がある。

つまり、ここには、母親の就労を「家計維持のため」と、「(より高い水準の消費生活志向や、専門技能を生かすため、また、積極的な社会活動をするための)主体的選択」に分け、「現在の多様な需要の中には、他の方策により解決されることが適当と考えられるもの」もあるとして、保育所は、前者に対応すべきであり、後者は、労働政策や他の福祉政策、地域住民の自主的活動による対応によるべきだという発想があるように見受けられる。

これは、一九六三年の前記答申中の第二項や第六項のみに限定され、「保育に欠ける」状態が、従来の「家庭の貧困には関係ない」という見解からの後退である。障害児保育も含め現在あらためて「保育に欠ける」の解釈のしなおしが必要であると思われる。

2 文部省・厚生省の共同通達にみられる幼保一元化論(一九六三年)

(1) 中児審の答申(一九六三年・六四年)の投げかけるもの

前述したごとく、中児審は、一九六三(昭和三八)年七月の中間報告「保育問題をこう考える」の中で、保育問題の背景にあるものとして、次の五項目をあげている。(6)

①婦人の自立と欲求
②農村などの労働力の不足と貧困
③貧困感と消費生活向上への意欲の増大
④社会的保育への期待
⑤人づくりの要請

そして、このような背景にあるものを把えるために、「保育はいかにあるべきか」として七つの保育原則を提示している。その第七原則の中に「集団保育」の必要性をあげ、その中で保育と教育の関連について述べている。[7]

幼児の保育と教育を切り離して考えることはむずかしく、保育所に入所していることもについても幼児教育的な考慮がされなければならないことはいうまでもない。したがって、幼稚園における保育内容と保育所におけるそれとは、調整をとることが必要であり、保育所および幼稚園に入所していることものいずれを問わず必要な同一水準の幼児教育が与えられるべきで、そのための設備保育内容の充実などの配慮がなされる必要がある。以上のほか幼稚園の振興と保育所制度と幼稚園制度との調整については、早急に検討する必要があると思われる。

続いて、一九六四年一〇月八日の第二次中間報告「いま保育所に必要なもの」において、幼稚園と保育所の制度上の調整はその影響するところがきわめて大きいことを考えると慎重な研究が必要である、と述べるにとどまっている。

経済の高度成長という社会状態を背景にして、高度な保育要求にいかに対応すべきかを苦慮しつつも、その教育的対応については、「早急に検討する必要」性を認め、「慎重な研究が必要である」という姿勢になっている。

（2）文部・厚生両省の局長共同通達における「幼保一元化論」（一九六三年）

保育要求の増大、幼児教育の関心の高まりという社会的背景の中で、一九六三年一〇月二八日、文部省初等中等教育局長、厚生省児童局長名で、「幼稚園と保育所との関係について」の通達が出された。（関係部分引用）

1 幼稚園は幼児に対し、学校教育を施すことを目的とし、保育所は「保育に欠ける児童」の保育（この場合幼児の保育については、教育に関する事項を含み保育と分離することはできない）を行なうことをその目的とするもので、両者は明らかに機能を異にするものである。現状においては、両者ともその普及の状況はふじゅうぶんであるから、それぞれじゅうぶんその機能を果しうるよう充実整備する必要があること。

3　保育所のもつ機能のうち、教育に関するものは、幼稚園教育要領に準ずることが望ましいこと。このことは、保育所に収容する幼児のうち幼稚園該当年齢の幼児のみを対象とすること。

5　保育所に入所すべき児童の決定にあたっては、今後いっそう厳正にこれを行なうようにするとともに保育所に入所している「保育に欠ける幼児」以外の幼児については、将来幼稚園の普及に応じて幼稚園に入園するよう措置すること。

この通達のポイントは、保育所と幼稚園の機能の違いを配慮したうえで、第三項にある「保育所の教育機能は、幼稚園教育要領による」とした点である。これは、「保育内容の一元化」に向けての第一歩と評価できるのであった。

当時の児童局長黒木利克は、この間の事情を次のように述べている。[8]

共同通知を出した動機

保育所は保育に欠ける子どもを親にかわって保育する。この保育の中には教育も含む。つまりせまい意味の保育と教育とはきりはなせないで一体的にやらなくてはならないというのが厚生省の伝統的な方針であるし、私はそれを正しいと思っている。(中略)

厚生省の立場でいえば、保育所は幼稚園の代用はできる、大は小を兼ねると、しかし小は大を兼ねられない。幼稚園は幼児教育の機能しかないので、保育所の働きはできないのだという結論になる。

私は、保育所が保育所本来の機能を発揮していけば時代にも即応もできるし、決して心配はいらないと思う。

黒木の見解は右のようなものであった。

通達は、保育所における保育は、「教育」を含み、両者は不可分だという考えである。したがって、制度上は二本立てであるが、その制度上の制約を調整するために、保育の内容において「一元化」していくという姿勢を示したものと解釈できるのである。

3　二元化が固定――幼稚園教育要領の改訂と保育所保育指針（保育は、養護と教育の一体化）の作成――

この共同通達に相前後して、文部省と厚生省に大きな働きがあった。すなわち、文部省は、一九六一（昭和三六）年三月、小学校、中学校、高等学校の「学校指導要領」の改訂に伴って、幼稚園教育の学校教育上の一貫性の立場から、幼稚園教育要領の改訂を検討しはじめた。そして、教育課程審議会の答申をうけて一九六四年三月、「改訂幼稚園教育要領」を公示した。この「要領」では、幼稚園教育の意義と独自性が強調され、幼稚園教育の水準の向上のために幼稚園教育課程の基準が公示された。

一方、厚生省では、保育関係の代表者会議の要求や、一九六三年の共同通達の趣旨にそって、乳幼児保育要領の制定を検討しはじめていた。そして、一九六四年以降、中児審保育制度特別部会において審議され、一九六五年八月、各知事指定都市市長あてに通達された。

新しく作成された保育要領は、「保育所保育指針」と呼ばれ、二つの点に特徴があった。当時、厚生省児童家庭局の保育指導専門官であった岡田正章は、次のように述べている(9)。

何よりも「保育所保育指針」が演じた役割のなかでの最大のものは、保育所の世界だけでなく、保育行政担当者を始め広く保育・幼児教育にかかわる人びとに、保育所での機能のなかに「教育」という用語を定着させたことにあるといえよう。それは、その第一章総則に、次のような文があることによる。「保育は、常に乳幼児が安定感をもってじゅうぶん活動できるようにし、その心身の諸能力を健全で調和のとれた姿に育成するよう努めなければならない。したがって、養護と教育とが一体となって、豊かな人間性をもった子どもを育成するところに、保育所における保育の基本的性格がある」

従来、厚生省では、育成・人間形成ということばを用い、「教育」は一種の禁句的なことばであったが、この「指針」では、「養護と教育が一体となって」とし、以後、「教育」が定着するようになった。また、たんに子どもをけがさせないようあずかっておくだけという、古い保育者像を変革させることにもなったと述べている。

しかしながら、幼稚園教育要領の改訂と、保育所保育指針の発表により、幼稚園と保育所は制度上では、二元化され、固定した不動のものとなった。

しかも、皮肉なことに、以降、「幼稚園教育要領」においては、「教育」という用語に統一され、「保育」「養護」は一切使われなくなっていくのである。

4　中央教育審議会答申をめぐる「幼保一元化」論争――日本私立幼稚園連合会の見解（一九七〇年）――

中央教育審議会は、一九七〇（昭和四五）年五月、「初等中等教育の改革に関する基本構想試案」を発表した。その中で、幼稚園と保育所との関係について、「機能の調整は、その歴史的な発達の経過からみても、かなり困難な問題であるが、現行制度の二元的な行政指導が実態の混乱を助長していることにかんがみ、両制度の合理的な調整について改めて検討する必要がある」と指摘した。

これに対し、日本私立幼稚園連合会（日私幼）は、一九七〇年七月一三日、見解を発表し、中教審の姿勢を批判している。中教審は、前回の中間答申（一九六九年六月）の指摘をくり返すのみで、「抜本的学制改本に大きな期待をよせた国民的願望に応えなかった」ことと、さらに文部省・厚生省の両局長の「共同通達」に述べられた幼稚園と保育所の機能の相違の強調にとどまった点である。

そして、幼保一元化の例として、次のような点をあげている。[10]

幼唯園・保育所一元化の一例示

①保育所は、0~2歳児を対象とする。

②幼稚園は、3~5歳児を対象とし、教育と保護を統一的に行なう。この場合の幼稚園は、家庭的、地域的、社会的にも幼児の生活環境に応じ、多様な形態で運営を行なう。

③教員の免許、養成は一本化することは当然である。

④現行の厚生省の施設措置を廃止し、単純な経済措置に切換える。

⑤学童保育については、児童館等を中心に体系的に整備拡充する。

これを要するに「幼児の教育と保護は不可分なものである」という実態にかんがみて、「教育権の保障」と「生活権（保護）の保障」を財政的にも二重投資をさけて統一的に解決することである。

「共同通達」の解釈をめぐって幼稚園側もゆれ動いている面がある。しかし、ここでの「幼児の教育と保護は不可分」の考え方は、中児審の構想ともまったく同じものといえるのである。

中教審は、さらに一九七一年六月、最終答申を提出した。その中の「幼稚園教育の積極的な普及充実」の項で、一元化について、次のように述べている。[11]

保育所との関係については、経過的には〝保育に欠ける幼児〟にもその教育は幼稚園として平等に行うのが原則であるから将来は、幼稚園として必要な条件を具備した保育所に対しては、幼稚園としての地位をあわせて付与する方法を検討すべきである。

これに対する日私幼の見解（「中央教育審議会答申に対する見解と主張」）では、この点について、次のような批判と主張を述べている。[12]

日私幼の見解と主張

（1）日本近代史百年の中での第三の教育改革と自負する限りにおいては、まず第一に現行の二元化された幼稚園と保育所との合理的な一元化を提案すべきである。（中略）

（2）幼保一元化への過程として、当面の目標を示すのであれば、従来から行なわれていることを踏まえて、前進した具体案を提案すべきである。

保育所については、「幼稚園として必要な条件を具備した」ものには、「幼稚園としての地位をあわせて付与する」ことを検討すべきであるとしながら、幼稚園の〝保育に欠ける幼児〟についての措置について不問に付していることは、幼保一元化に逆行するものであって納得できない。具体的な幼保一元化への前提として幼稚園での〝保育に欠ける幼児〟の措置を強く要求する。

（3）幼保一元化は、現在の幼・保の施設の偏在・重複・不均衡を解消し、施設に対する二重投資を排除し、適正配置の実を挙げることになるという見地からも当然考えられる。また、幼児を家庭↓保育所↓幼稚園↓保育所↓家庭という目まぐるしい状況に追いこまないためにも幼保一元化が必要である。

日私幼の主張は、経済の高度成長、女性の社会的進出等による保育ニーズの増大、長時間保育等に対応した動きであり、果たして、これで一元化の実現が可能であるのか、はなはだ疑問の残るものであった。

5　中央児童福祉審議会の「幼保一元化」構想（一九七一年）

中教審の答申と同じ日の一九七一（昭和四六）年六月一一日、厚生大臣の諮問機関である中央児童福祉審議会保育対策特別部会（五島貞次部会長）は、「『保育』と『教育』はどうあるべきか」と題する中間報告をおこなった[13]。それは、中教審構想への批判ともなっている。

「中教審の報告は、四・五歳児から小学校低学年までを同一教育機関で教育を行なうこと、五歳児をできるだけ幼稚園に入園させるために市町村に幼稚園を義務設置にするといっていることは、保育における養護と教育の不離一体説と矛盾し、保育の機能を閑却するものであるとして反対が多く出ている」

と述べ、三つの基本問題をあげているが、そのうち、「幼保一体化」に関して、次のように述べている。

保育所と幼稚園の関係をどのようにすることが望ましいか

保育所と幼稚園は現在その設置目的から明確に分別されて、それぞれ必要な社会的役割を果たしている。幼稚園は学校教育法に基づく学校の一種として意図的に構成される教育カリキュラムによって幼児教育を行うところである。これに対し、保育所は、幼児教育を行なう点では同じであるが、児童福祉の観点から保育に欠ける幼児のために働く母親に代わって養護と教育を一体化して望ましい人間形成を促進するところに独自の性格と機能をもつものである。（中略）

したがって、保育所はこのような社会的要請に的確にこたえるために、その独自の性格と機能を損うことなく、教育の機能を充実していかなければならない。幼稚園と同等の設備条件をもつ保育所は、幼稚園としての地位をあわせもつべきであるという考えもあるがその妥当性については、児童福祉の立場からなお慎重な検討を要するものと考える。

これは、中教審、日私幼の幼稚園教育主導の一元化に反対するもので、両者の根深い対立がみられる。

さらに、同審議会保育対策特別部会は、同一九七一年一〇月五日、「保育所における幼児教育のあり方について」と題する答申をおこなった(14)。

それは、控え目ではあるが、保育所における「幼児教育」の必要性と重要性を確認し、なおかつ、保育の必要な幼児の存在している現状から保育所の独自の役割を次のように述べたものであった。

一、保育所および幼稚園の目的および役割

保育所における保育が、養護と教育を合わせて行なっているように、幼稚園においても教育だけでなく養護を行なっており、養教一体の密度が違っているにすぎないとしても、幼稚園において短時間の教育を受けて家庭に帰る幼児は帰宅後もその母親の養護を受けることができるのに対して、保育所の幼児に対する保育は、長時間にわたり母親に代わって養護と教育を不可分一体のものとして行なわなければならないことを特徴としている。

その意味で、保育所と幼稚園とは、本来その目的と機能を異にするものである。(中略)

二、保育所が幼稚園としての地位をあわせもつことについて

以上述べたように、保育所と幼稚園が異なった独自の性格をもっていることは、決して保育所における幼児教育を軽視してよい、ということを意味するものではない。むしろ、すべての幼児は平等な教育を受ける権利があるとするならば、保育所の幼児にも、幼稚園の幼児に対する教育と同じ教育がなされなくてはならないのである。ここ

で同じ教育がなされるべきであるというのは、長時間にわたる養護と教育の不可分一体としての保育のなかにおいて、望ましい幼稚園と同じ効果をあげ得るようにすべきである、ということである。そのためには、保育所における教育水準が幼稚園のそれより低くならないように、常に実態を再検討しながら、保育所の設備、保育用具等の改善向上を図らなければならない。

保育所が、幼稚園としての地位をあわせもつことは、児童福祉の点からは好ましくないとしながらも、保育（所）の改善向上のために、保育内容の充実、保育職員の資質の向上、幼稚園設置基準に定められている設備の整備をするとともに、児童福祉法最低基準を改訂する必要があると述べている。

6 「幼児の保育及び教育に関する行政監察結果に基づく勧告」――行政管理庁（一九七五年）――

行政管理庁（現総務省行政評価局）は、一九七五（昭和五〇）年一一月に、約一〇年ぶりに表題のような行政監察をおこなった。これは、一九七四年七月から九月にかけて文部省、厚生省、労働省（労働基準局）、二七都道府県、七六九の市町村、一七五の幼稚園（公立八七園、私立八八園）、保育所二二二園（公立一一七園、私立一〇五園）、無許可施設八七カ所を対象としておこなった。

監察内容のうち、幼保一元化に関係するのは、次の点である。

（1）幼保二元化の実態の指摘

幼稚園、保育所両施設の地域的偏在を、具体的数字をあげて指摘したことである。

（2）未設置市町村

また、保育所未設置市町村は約五％、幼稚園未設置市町村は約三％に及び、市町村によっては、いずれかの施設に片寄った整備がおこなわれている。これを都道府県市町村別、年齢別に具体的に指摘した。[15]

以上の問題について、「勧告」は具体的に、しかも問題点を厳しく指摘した。

文部・厚生両省は、昭和三八年に文部省初等中等教育局長、厚生省児童局長連名通知によって、幼稚園、保育所両施設の配置及び運営の調整を図りつつその充実整備を進めるよう都道府県知事及び同教育委員公等に指示しているにすぎず、その後有効な改善措置は講じられていない。

なお、文部省の附属機関である中央教育審議会及び厚生省の附属機関である中央児童福祉審議会においても、文部省の所管が幼児教育の対象幼児に、厚生省の所管が児童の福祉にそれぞれ限られていて、いずれも全乳幼児に係る問題を一元的に所管していないことを反映して、それぞれの答申において両施設の在り方について言及してはいるものの、問題の根本的な解決につながるような意見は出されていない。

以上のように、文部、厚生両省とも幼稚園保育所の運営を調整する上で十分な機能を発揮しているとはいい難い。

（中略）

したがって、家庭及び乳幼児全体の立場に立脚してこれらの福祉と教育とにまたがる基本的な問題を検討し、事態の展開を図るため文部、厚生両省は、その連携及び調整を密にするとともに、上述の審議会等両省の関係審議会の委員等で本問題について学識経験のある者を構成員とする協議の場を設ける等、総合的見地に立って問題の審議に当たらせる必要がある。

この「勧告」に対して、厚生省は、児童家庭局母子福祉課名で、翌年二月に回答を出している。

それによると、家庭及び乳幼児全体の立場に立脚し、乳幼児保育の基本問題について関係審議会の委員等による協議の場を設けることについて文部省と協議するとしている。

さらに、文部省は、同じ二月に文部大臣名で、幼稚園と保育所との関係について、厚生省と十分協議をおこなう旨の回答を出している。[16]

その後、この回答の線に沿って、「幼稚園及び保育所に関する懇談会」が設けられた。隔月に一回の割合で会合がおこなわれている。会の協議題として、次の三つがあげられている。[17]

（1）幼稚園及び保育所の整備計画の調整について（地域的普及格差の是正及び年令別入園入所の問題を含む）

（2）幼稚園及び保育所の教育・保育内容の連携について

（3）その他右記に関連する事項について

メンバーは座長に林修三（駒沢大学教授）、座長代理に平井信義（大妻女子大学教授）、岡田正章（明星大学教授）、五島貞次（武蔵大学教授）、坂元彦太郎（十文字学園短大学長）であった。

なお、文部省がおこなった「昭和五一年度、幼児教育関係施設の整備計画等に関する調査」の結果によっても、幼保の設備状況のアンバランス、幼稚園就園率、保育所就園率の格差が指摘されている。[18]

7　「保育基本法」案にみられる「幼保一元化」構想——日本保育協会（一九七〇年）——

日本保育協会は、関係識者の参加を得て、一九六六（昭和四一）年一二月、「保育基本法制定研究委員会」をつくり、討議を重ねてきた。また、私立幼稚園協会、日本保育学会等で説明会、討議の機会をもった。さらに、日本家庭生活問題研究協会の研究委託によって、憲法はじめ保育に関する法令を系統的に比較検討した結果「保育基本法」制定の必要性が理論づけられたとして、基本法案を公表した。[19]

児童福祉法では一二種の児童福祉施設を包括しているのであるが、保育所と他の一一種とが共通しているのは、共に児童福祉事業であるというだけで、対象とする児童の態様も福祉を実施する方法手段も異なっている。保育所にとってこのまま児童福祉法に同居していることは、政府予算の増加が望める以上には児童の福祉の発展は頭うちだと考えられる。

また学校教育法における幼稚園条文には教育という文字を用いず、幼稚園は「幼児の保育」を目的とするものと定めつつ、いつの間にか「幼稚園教育」という名の「教育」の垣根をめぐらすに至った。つまりこのことは学校教育法がもつ広くて全体的な精神とは逆に「子どもの生活の中から教育的部分だけを切りとった」結果となっている。保育政策の基本として、次の六点を満足させるものであることとした。

(1) 乳幼児すべてを対象とするものでなければならない。

ただし、精神的にあるいは肉体的に欠損をもつもののためには別に手厚い方策が講ぜられるべきである。

(2) 皆保育の立場で考えられねばならない。それはすべての幼児が正しく保育され得るような条件を国として保障することでもある。

(3) 保育内容、即ち家庭で保育するか保育施設で保育するかの選択は児童の保護者の意志とその児童の生長発達等の状態にまかせられるべきものである。

(4) 子どもに対する保護者と国及び地方公共団体の責任分担を明確に区分しなければならない。

(5) 保育施設の運営管理については公施設私施設共に同格同経費でなければならない。

(6) 児童に対する公の経費の支出は公施設あるものにも私施設あるものにも同額でなければならない。

以上のような考え方を基礎として、次のような新しい法律の生誕が期待されるのである。

条文（案）の重要部分を列挙すれば次の通りである。

保育基本法（案）

（前文）

われらはさきに日本国憲法において基本的人権の不可侵を定め、個人の生命の尊厳及び自由と幸福を追求する権利を確認した。

われらはその父はもとよりその母も勤労により国家建設と人類繁栄に貢献しているものであるとの認識にもとづき、児童は保護者の経済状態、家庭事情、社会環境等のために、その生活が一般状況より著しく低下せしめられ、あるいは苦しめられ、あるいは差別された取扱いをうけてはならないことを確認する。

第一章　総則

第一条　ここにわれらは児童が心身共に健やかに生まれ、且つ保育されるためにこの法律を制定する。

第二条　国および地方公共団体はこの法律の定めるところによりおのおのその責任を分担して、その保護者とともに児童の保育に当らなければならない。

第三条　学校教育法、児童福祉法その他関係法の定めにかかわらず、児童の保育に関する事項はこの法律によるものとする。

第四条　保健所・福祉事務所・社会福祉事業振興会・私学振興会その他公共団体の機関は従来の幼稚園又は保育園に提供していた便益はそのまま、この法律による保育施設に適用される。

この「保育基本法案」の意味するものは、何であろうか。その目的は、幼稚園教育、保育所保育のどちらにも阻みせず、一体化を意図したものであったが、行政・制度・関係団体・保育の現場等の問題はあまりに多く、現実的でなかった面は否めない。

注

(1) 穴山徳夫『児童福祉法、母子福祉法、母子保健法の解説』時事通信社、一九七三年(一九五一年初版)、一四七―一四八ページ、二五一―二五二ページ

(2) 同書、一六ページ

(3) 中央児童福祉審議会保育制度特別部会中間報告「保育問題をこう考える」全国社会福祉協議会編集発行『保育施策を考えるために――中児審、中教審答申集』所収、一九七六年、二一―二二ページ

(4) 鷲谷善教「『保育に欠ける』を問い直す」岡田正章他編『戦後保育所の歴史』所収、全国社会福祉協議会、一九七八年、二九一ページ

(5) 中央児童福祉審議会保育制度特別部会中間報告「今後における保育所のあり方」前掲『保育施策を考えるために』所収、一九一ページ

(6) 中央児童福祉審議会保育制度特別部会中間報告「保育問題をこう考える」前掲『保育施策を考えるために』所収、一七―一八ページ

(7) 同書、二六ページ

(8) 黒木利克「文部・厚生両局長の共同通知出す」前掲『戦後保育所の歴史』所収、一五二―一五四ページ。なお、この通達の翌年、日本保育学会では文部省の代表や福祉関係の代表を招いてシンポジウムをおこなっているが、話し合いは深まらなかった(「日本の幼児保育制度」『幼児の教育』一九六四年四月号、五八―六四ページ)。

(9) 岡田正章「『保育所保育指針』の発刊」前掲『戦後保育所の歴史』所収、一六四ページ

(10) 日本私立幼稚園連合会「『初等中等教育の改革に関する基本構想試案』についての意見書」(一九七〇年七月一三日)。日本私立幼稚園連合会編『日私幼要覧』七八ページ

(11) 文部省『これからの学校教育』一九七一年九月、大蔵省印刷局、八七ページ

(12) 日本私立幼稚園連合会、前掲「意見書」『日私幼要覧』八六ページ

（13）中央児童福祉審議会保育対策特別部会中間報告「『保育』と『教育』はどうあるべきか」前掲『保育施策を考えるために』所収、六七―六八ページ
（14）同審議会保育対策特別部会（答申）、同書、七二―七三ページ
（15）行政管理庁「幼児の保育及び教育に関する行政監察結果に基づく勧告」前掲『保育施策を考えるために』所収、一四八ページ。日私幼は、すでに一九六八年一一月の中教審答申中間報告に対する見解の中で、幼稚園、保育園の地域的偏在について、行政の不為を批判している。
（16）厚生省児童家庭局母子福祉課「幼児の保育に関する行政監察結果に基づく勧告に対する回答」（昭和五一年二月一〇日）。文部大臣永井道雄「幼児の保育及び教育に関する行政監察の結果について――回答」（昭和五一年二月一〇日）。前掲『保育施策を考えるために』一六〇―一六二ページ。この勧告案をめぐる諸見解については、全国社会福祉協議会編集発行『保育の友』一九七六年二月号に特集が組まれている。
（17）平井信義「幼保懇談会の発足――文部厚生両省の共同による」『日本保育学会会報』第四九号、三ページ
（18）文部省「幼児教育関係施設の整備計画等に関する調査」『内外教育』時事通信社、一九七七年一〇月二一日、六―一四ページ
（19）日本保育協会「保育基本法第三次資料」（パンフレット）一九七〇年四月、二―三ページ

第5節　政党・日本教職員組合の幼児教育改革案

一九七〇年代には、各政党が競って、幼児教育改革案を発表している。それが、今日どのような意味をもつのか、にわかに判断しにくいものがあるが、いくつかを掲げたい。

1　新自由クラブの「教育改革」試案（一九七七年）

新自由クラブは、一九七七（昭和五二）年七月、「教育改革第一試案」を発表している。ここで提案されたのは、六・三制を廃し、六・五制（一一年の義務制）にし、義務教育を二年延長し、四、五歳児は幼稚園、三歳児以下は保育園とするというものであった。[1]

幼児教育の改革

四、五歳児を幼稚園、三歳児以下を保育園とする＝①幼稚園と保育所の二元行政を改め、年齢によって四、五歳児を幼稚園として文部省所管とし、三歳児以下を対象に保育園とし、厚生省所管とする。②幼稚園教諭と保母の資格と待遇を統一し、養成制度を整備する。現職については二カ年計画で研修を実施しそれぞれの資格を付与する。③幼稚園においても必要と認められる幼児について、保育業務を行なうこととする。④保育園および幼稚園は、保健所と提携して、初めての妊婦とその夫に対して体系的な「母親父親教育」を実施する。

2　日本社会党の「教育改革」案（一九七八年）

日本社会党は、一九七八年一〇月一日、東京で聞かれた同党・社会主義理論センター主催「教育改革と民主主義」のシンポジウムにおいて、「八〇年代を展望する教育改革――あらたな教育の創造をめざして」という教育改革案を発表した。そのうち幼児教育に関する部分は、次のようなものであった。[2]

幼児教育の改革

①子どもが心身ともに全面発達するため、幼稚園、保育所の種別をなくし、両者を一元化し、「幼児園」（仮称）に

統合する。

②当面、幼稚園では希望する者に保育所と同時間の保育時間を保障し、保育所では人的、物的条件を整備して保育内容を充実し両者の差別解消をはかっていく。

③以上のため、希望者全員が入園できるよう施設を地方自治体に義務づけ（設置義務）大幅な国庫負担を行なう。

④零歳児からの保育、長時間保育、学童保育を働く親のために保障する。

⑤施設・整備を拡充し、保母・教職員を増員し一人ひとりにゆきとどいた保育を与える。

⑥保母と教諭の差別をなくし、地位と待遇をひきあげる。

3　自由民主党の「幼児保育基本法」案（一九七九年）

自由民主党においても保育問題に関して種々検討がなされている。同党幼児問題調査会の「幼保問題に関する小委員会」（石川要三委員長）では、一九七九年九月、「乳幼児の保育に関する基本法（仮称）案」を作成した[3]。

「乳幼児の保育に関する基本法」（仮称）

乳幼児は、良い環境のもと、等しく社会の保護と愛情の中で保育されなければならない。国と家庭は、そのための責任と義務を果たさなければならない。

時あたかも国際児童年にあたり、わが党は人格形成における乳幼児保育の重要性に鑑み「乳幼児の保育に関する基本法（仮称）」の制定を図り、もって総合的かつ有機的に家庭保育の充実、集団保育の充実及び社会環境の整備を期するものである。

基本法のめざすもの

（1）家庭における乳幼児保育の充実

乳幼児保育の原点は、家庭における両親との肌のふれあいである。とりわけ、0歳から二歳までの三年間程度は人間形成にとり重大な意義をもつものとして、その機会を保障するために万全の施策を講ずる。（説明略）

（2）集団保育の充実といわゆる一元化

子どもの発達段階に応じて、系統的に保育がなされるようにするため、幼保二元行政等の現行制度にとらわれず、広く諸外国に範を求め、また各界・各層の意見を聞き、もって幼児本位の望ましい集団保育の在り方についての総合的政策の策定を期する。

わが国の保育施設には、学校教育法に基づく幼稚園と「保育に欠ける」子どもを対象とした児童福祉法に基づく保育所があり両者は目的・所管官庁・保育の担当者・時間及び内容等、制度上別のものとなっている、そのため、たまたま「保育に欠ける」か「欠けない」かにより、保育の諸条件が異なるばかりでなく、国及び地方公共団体の財政措置も、幼稚園と保育所では格差があり、制度上大きな不公正が生じている。

いまや幼稚園・保育所を問わず、集団保育が、家庭での保育と相俟って、幼児の心身の発達を助長するうえで積極的意義を持つことには、異論のない処であり、その共通認識に立脚した諸施策の検討がなされなければならない。両施設の地域的偏在及び競合、地方自治体の財政圧迫、更には五歳児の九一％が、幼・保いずれかの施設に在籍しているという現状を見る時、これはまさに時代の要請とも言える。（説明略）

この基本法案については、全国保育協議会、日本保育協会、全国私立保育所連盟の三団体に対して、自民党幼児問題調査会から意見を求められており、それに対する具申書が出されている。

新自由クラブ、四、五歳児幼稚園案、三歳児以下の保育園案も、幼稚園での「保育」をどうするのかについては、具体的でない。

社会党の一元化案は、現在の幼稚園と保育所の種別をなくし、幼稚園での保育時間の延長をはかるとしている。そのための条件整備や、保母と幼稚園教諭の制度上の差をなくすというものであるが、これが実現すれば、「幼稚園の保育所化」を一方的に推しすすめることになるのではないか。

自由民主党の基本法案は、まず第一に乳幼児の家庭保育の重要性を訴えており、第二に家庭保育と相埃って集団施設保育の効果がある点を主張する。その点からみると現在の二元的保育制度には大きな問題があるので、これの改革を求めて、諸外国に範を求め、各界に意見を求める必要性を述べている。

「法案」としては、案文等構成上検討の余地が残されているが、他党に比べ具体的で、目標もはっきりしているところに特色がある。

4　日本教職員組合教育制度検討委員会の「保育一元化」構想（一九七四年）

一九七〇（昭和四五）年一二月に発足した日教組教育制度検討委員会は、三年半の歳月をかけて、「日本の教育改革を求めて」という最終報告書をまとめた。「幼保一元化」については、「保育一元化」として、「保育園」構想を公表した。(4)

私たちの「保育園」構想

（1）現行の保育所・幼稚園の二元的制度を廃止し、両者を「保育概念」によって統一し、保育園に改組し一本化する。それに応じて保育行放を一元化する。

（2）家庭保育をふくめて二四時間保育の原則を確立し、それにもとづく一貫した自主的保育計画をたてる。

（3）保育園では長時間保育を保障する。ただし、このことは、機械的に全児童に長時間保育をおこなうことを意味するものではない。

（4）保育園は前期・後期にわけて発達に応じた保育をおこなう。そのさい、年齢区分は固定的・機械的に考えるべきではない。年齢をこえた集団的交流を保障する必要がある。

（5）保育園は医療施設をもち、看護婦を常置し、専門の医師とつねに密接に連絡を保ち、病児に対して適切な処置がとれるようにするとともに、地域の育児相談所の機能をもつべきである。また身体に障害のある子どもの早期発見のための措置を組織化し、適切な療育・保育環境を用意する。

（6）自治体は希望者全員入園のための施設設置の義務をおい、保育園の適正配置をおこなう。そのさい、子どもの権利と母親の権利の同時保障という観点にたって、生活圏を標準化して設定し、それにもとづいて適正に配置する。

（7）保育料は、公立私立を問わず無償とする。

（8）保育には高い専門的力量が求められる。保育にたずさわる専門職員は、原則として四年制大学で養成される。養成課程での教育内容は、保育の原則にたって編成される。

（9）職場においては、労働条件は抜本的に改善され、研修の機会が充分保障され、不断の研究に裏づけられた保育がおこなわれる。

経過的・現実的な措置（一部略）

・保育の一元化を実現し、その内容を充実していくために、乳幼児の保育にたずさわる保母・指導員・教師・父母たちが積極的に交流し、意見の交換をはかる機会を保障すべきである。

・発達の段階とすじみちに応じた保育内容を創造するために、保母、父母、小学校の教師、専門研究者の協力による学問的な成果と経験的な知恵をふまえた保育計画づくりに積極的にとりくんでいく。なお乳幼児の保育を研究する学術的研究機関を設置し、保母、教師との継続的共同研究をおこなうことが必要である。

・住民の要求に応じ、地域と職場の実状に即して、大幅に公立保育所・幼稚園を増設する。とくに公立保育所の大幅増設が必要である。この場合、小学校の空校舎、空教室を転用することは原則として避けるべきである。

・幼稚園、保育所における長時間保育を、とくに幼稚園のそれを制度的に保障し、そのための保育者の増員、または交替制の実現のための要員を確保する。その他一定の割合で医師を委嘱し、栄養士、事務の職員、福祉議員などを確保する。

・保母と幼稚園教師の差別養成制度は早急に一元化される必要がある。さし当って保母養成学校の生徒にも奨学金を出すべきである。

・保育者の勤務条件を改善し、保母不足を早急に解消することが必要である、そのためには、保育者の労働基本権が保障され、幼稚園教師と連帯する組織活動が必要である。保育一元化へのもっとも確実な第一歩は、幼稚園教師と保育園保母の共同研究と連帯の運動である。

教育制度検討委員会の提出した「保育園構想」は、政党、行政府の提案とは比較にならないほど、全体的でしかも具体的である。多くの研究者の長年の努力の結果がはっきり表れていると思われる。

保育思想の確立、「保育」概念の再構築を通して、保育制の一元化＝「保育の一元化」をはかる。しかもその「保育の一元化」は、たんに制度上、行政上の一元化にとどまらず、「子どもの発達権」と、保母の諸権利、母親の権利の同時保障のもとにはじめて実現するものだという。さらに、ここにかかげられた構想は、他の一元化論にみられないものを持っている。すなわち、「二四時間保育の原則の確立」、「長時間保育の保障」、「保育の無償性」、「保育運動の必要性」等である。

しかしながら同時にまた、二、三の問題点もある。例えば、現在ある幼稚園をどうするのか、長時間保育体制を具体的には、どのようにつくるのか、保育料を無償化した場合の財政的保障はあるのか。今後の保育需要の見通しをどのようにとらえているか、保育園における教育機能をどうするのか、等々である。

いずれにしても幼保一元化の問題は、政党間、各保育団体、学会、研究者、幼児教育、保育関係者、保育士、幼稚園教諭の間で、相互に、真剣なる意見がなされること、また実験的調査・研究もおこない、政治問題化することなく、ねばり強い努力を積み重ねることが必要である。

注

(1) 新自由クラブの「教育改革第一次試案」時事通信社『内外教育』第二八七四―二八七五合併号、一九七七年八月五日、六ページ

(2) 日本社会党「八〇年代を展望する教育改革――あらたな教育の創造をめざして」『現代教育科学』一九七八年一二月号、一〇四―一〇六ページ

(3) 自由民主党幼児問題調査会幼保問題に関する小委員会「乳幼児の保育に関する基本法(仮称)に関する資料」一九七九年(パンフレット)、三―五ページ

(4) 日教組教育制度検討委員会/梅根悟編『日本の教育改革を求めて』一九七四年、一八七、一九四ページ

第6節 「幼保一元化」論――研究者の見解――

1 権利論からみた幼保一元化の主張

子ども、母親、保育者の権利論から、幼保一元化の必要性を主張したのは、持田栄一、鈴木祥蔵、近藤薫樹、一番ヶ瀬康子である。

共通することは次の点である。乳幼児の保育のあり方(保育一元化)について、子どもの権利(発達権、成長権)の保

障（そのための保育プログラムの整備）、母親の労働権の保障（そのための保育所の増設、長時間保育の保障）、保育者の研修権、労働権の保障、福祉行政、教育行政の民主化、地域社会における住民との保育運動の展開等、権利論・運動論に立ってなされている点に特色があるといえる。(1)

しかし、実施上の具体的構想については、何も述べられていない。

2　「児童省」の設置による幼保一元化――山下俊郎の見解――

日本保育学会会長であった山下俊郎は、文部厚生両省局長通達から約一〇年後、幼保一元化の現状について次のように述べた。(2)

私たちは、幼稚園も保育園もひとしく私たちの幼児を保育する施設であるから、そこで行なわれる保育には差異があってはならないことを主張してきた。ひとしく私たちの幼児を育てる営みが保育なのである。（中略）

このことは、いわゆる幼・保一元化の一つの論拠となるべき点であるが、昭和三十八年の文部省初中局長と厚生省児童局長の共同通達はすでにこのことを示している。（中略）

私たちは今まで幼稚園と保育所とは一元化さるべきものであることを考えてきたものであるが、その現実と理論とは現在すでにある程度まで進んできていると考えていいことは、今まで述べたことをもってしても、その通りであることが示されていると考えられるのである。

そして、次の提案をおこなっている。(3)

このようなことをいろいろ考えてくると、文部省と厚生省という役所のセクショナリズムがあるかぎり、現実妥協的な状況に落ちつかざるを得ないであろう、そこでわたくしの提案したいことは、すでに三十五、六年も前に提唱した文部、厚生両省を統合した児童省とでもいうべき役所を作り、幼・保一元化を促進するということである。このことはすでにアメリカなどの諸外国に先例があることであるから是非そうありたい。そして地方公共団体においてもそのような方向をとって、統合的な見地から保育施設の適正配置を考えるような委員会を作り、役所の部署を作ることが望ましいのである。

3　家庭教育の重要性と幼保一元化慎重論――牛島義友の見解――

牛島義友は、従来非常にユニークな論を展開した人である。牛島は、幼保一元化の問題を考えるにあたり、幼稚園、保育所、家庭の三者の関係、その独自性を認めることの必要性を説く(4)。

四才以上は幼稚園、三才以下は保育所と年令で区切ってみても問題は解決しない。幼稚園と保育所とは異質的なものであることをはっきり知ることが大切である。

保育所においては三才以下の乳児保育が一番欠けており、必要であると言われる。しかし、だからといって乳児保育を積極的に拡大し、希望者が簡単に子どもを託すことができるようにするのが果して望ましいのかどうか疑問になる。この年令の子どもは家庭で親が養育するのが最も自然であるので、この点で家庭と保育所とは対立してくる。

幼児教育を充実するということは、家庭教育を第一に考えるべきである。この家庭教育と幼稚園教育とは必ずしも両立するとは限らない。(中略)しかし幼稚園教育が非常に行きとどきすぎ、幼児期において必要なよいしつけも道徳的教育も情操教育も何もかも幼稚園でやるとなると家庭ですることがなくなってくる。幼稚園でやっていることを模範として家庭ではその通り実行せよというふうになってくると、幼稚園が主で家庭は従となり、なくもがなの存在となるかもしれない。

牛島の発想の根底にあるのは、幼児期における家庭教育重要論である。あるいは、家庭教育最優先論である。それは、中児審の中間答申（一九六三年）の考え方と共通するところがあるようにみえる。

牛島の発想にあるのは、「婦人は家庭にかえれ」式のものでなく、「本来子どもを教育するのは親の自然の義務であり権利であった」という教育の歴史的性格に由来している。

親が子どもを教育する権利と言っても学校教育を排除するのでなく、どのような教育を受けさせるかの教育選択権の行使が具体的な問題だという（親の教育選択権）。

したがって、「幼稚園、保育所、家庭はそれぞれ独立性があり、それを尊重しながら、共存させていく必要がある。早急な一元化ほど危険な、論はないであろう」として、一元化論を戒めた。これは、「共同通達」後の数多い一元化論に対して、親の教育選択権や、ともすれば忘れがちな幼稚園、保育所、家庭独自の機能の再認識を訴えた点で、他に例をみない内容のものであった。

4　幼稚園と保育所の関係についての基本的問題――岡田正章の見解――

幼稚園と保育所の関係について、原理的、制度的、行政上の考察を加えたのは岡田正章である。岡田は、現在のわが国の幼稚園と保育所の間にどのような相違点及び類似点があるか検討した。

岡田は、幼稚園と保育所の相違点の最大のものは、その目的と入園・入所資格であるという。前者の目的は、学校教育法七七条（現行法二二条）と児童福祉法（三九条）である。

目的

学校教育法第七七条（現行法二二条）

幼稚園は、（義務教育およびその後の教育基礎を培うものとして、）幼児を保育し、（幼児の健やかな成長のために）適当な環境を与えて、その心身の発達を助長することを目的とする。（カッコをとったものが旧法）

児童福祉法第三九条

保育所は、日日保護者の委託を受けて、保育に欠ける乳児又は幼児を保育することを目的とする施設とする。

②保育所は、前項の規定にかかわらず、特に必要があるときは、日日保護者の委託を受けて、保育に欠けるその他の児童を保育することができる。

入園、入所資格は、幼稚園の場合は保護者が保育を受けさせようと希望する自由契約である。保育所の場合は、市町村長が、保護者の労働または疾病などの理由で、その監護すべき乳児・幼児（必要に応じその他の児童）の「保育に欠ける」と認められたものである。

この二点が、幼稚園と保育所の違いの大きな決め手になっていると述べ、次に両者の関係を曖昧にしている実態として、次の点をあげている。(5)

①全国都道府県の保育所、幼稚園の普及状況に大きな差異がある。

保育所と幼稚園との関係という観点からみるとき、幼稚園修了者率が高く保育所修了者率が低い県（香川、兵庫、徳島等）と、逆に幼稚園修了者率が低く保育所修了者率が高い県（高知、長野、鳥取等）とがあって両群はきわめて対照的である。保育所修了者率と幼稚園修了者率の全国平均は、それぞれ二三・八％、四四・三％であり、保育所修了者率が二三・八％をはるかに越えている地域では、保育に欠けない幼児が入所させられており、保育所と幼稚園との基本的相異点を無視し、両者の関係が混乱させられているといわれる。
②次に従来、保育に欠けない幼児が保育所に入所しているということが、保育所の幼稚園化としてもっとも大きく問題視されていることを考察した。しかし、その逆の現象すなわち保育に欠けている幼児が保育所に入らないで幼稚園に入っていることにより、保育所と幼稚園との類似化が起っていることはないのであろうか。

このように述べたあとで、最後に、幼稚園と保育所を最も曖昧にしてきたものとして、児童福祉法を検討している。

児童福祉法は、法の基本理念を児童福祉の理念とし、同法第一条に次のようにかかげている。「すべて国民は、児童が心身ともに健かに生まれ、且つ、育成されるように努めなければならない。すべて児童は、ひとしくその生活を保障され、愛護されなければならない。」この理念に関する限り、児童福祉法はわが国のすべての児童の健全な育成を保障することを内外に宣言するものの如くである。しかし、保障事項を具体化するに当っては、ほとんどすべてが、恵まれない状況におちいっている児童・家庭に対する救済的な性格をもつ事業に限られている。

すなわち、前述のごとく、同法第三九条では、「保育に欠ける」乳児または幼児を保育するとあり、すべての乳幼児に門戸が開かれていないのである。

以上の状況をふまえ、岡田は、幼稚園・保育所のあるべき姿について、子どもを尊重し、すべての者にひとしく「教

育の機会」を保障することにおいて再編成されるべきだとして次のことを強調した。(6)

保育所、幼稚園は、ともにこうした社会の進運に適応し、かつ、その基本原理を、子どもを尊重し、すべてのものにひとしく教育の機会を保障することにおいて再編成されなければならない。このためには①保育所・幼稚園がともに、憲法第26条による教育を受ける権利を幼児に保障することを第一原理とすること、②したがって保育所が、ともすれば、子どもの発達課題を積極的に促進しようとすることに阻害となり勝ちな、生活保障的児童福祉の線を克服すること、③保護者の生活状況の如何にかかわりなく、その必要に応じて、すべての幼児が、同一施設において、継続的で計画的・組織的な教育を受けることができるよう両者の統合が図られるべきである。

以上が岡田の幼保問題及び一元化に関する見解である。この一元化案は、「教育の機会均等」に重点を置き、児童福祉の公平性にも言及した、従来みられなかった見解である。

5　幼保一元化への道——浦辺史の見解——

戦前からわが国の保育運動に携ってきた浦辺史（日本福祉大学名誉教授）は、最近の論稿の中で、「幼保一元化」への歩みを歴史的にみるとき、戦前戦後を通じて、六回「幼保一元化」が問題にされてきたという。(7)

大正八年幼稚園七〇七（うち私立四四五）にたいし保育所一七二（うち私立一六三）で、幼稚園が優位にたち、利用者の階層降下拡大をめざし、大正十五年幼稚園令を公布して、保育所を簡易幼稚園としてその傘下に一元的に統一化しようとしたが、内務省はこれに反対し治安並救貧対策として保育所を社会事業として歩ませ、一九三八年社会事業法をつくり届出をさせた。幼保二元化のスタートとなる。

第二回は戦時中昭和十三年教育審議会が「国民学校、師範学校、幼稚園に関する答申に際し、国民の基礎教育として幼保問題が討議され、昭和十五年の全国社会事業大会においても両者の一元化を要望した（昭和十五年幼稚園二〇八四、保育所一七一八）。

第三回は第二次大戦後民主日本建設を目ざし、幼稚園は学校教育法に、保育所は生活保護法→児童福祉法へと分化制度化されたが、戦時中の統一機運を反映して両者を統一運営する機運は教育刷新委員会においても論議され、文部省の保育要領試案（昭和二十二年）保育連合会（昭和二十二〜二十六年）、日本保育学会（昭和二十三年）などにみられた。しかしながら、その後の保育行政の推移は幼児教育の機会均等の大義よりは施設機能の差異のみが強調され幼保の差別化のみちをあゆむ。

第四回は昭和三十八年の幼保関係に関する文部・厚生両関係局長通知の波紋である。政府は経済成長のための人づくり政策として幼児教育問題をとり上げ、全社協保育協議会は保育一元化を打ち出したが、両省とも施設の振興拡充にとりくみ、幼稚園の教育要領にたいし保育所には保育指針を示し幼保関係問題は遷延された。（昭和三十八年幼八〇二一、保一万五五五九）

第五回は昭和四十五年中教審答申の就学前教育の普及に関する見解のなげた波紋である。中教審二枚看板論に対する中児審の反対、日教組の教育制度検討委員会の保育一元化構想、また自民党、保育問題協議会の保育基本法案がそれぞれ発表され、文部省は幼児教育施設の実態調査を発表し、関係団体がそれぞれ見解を発表した。（昭和四十五年幼一万七七九、保一万五六九）

第六回は昭和五十年一月行政管理庁の「幼児の保育及び教育に関する行政監察結果にもとづく勧告」である。これはインフレ不況下財政的見地からの施設見直しといえるが、幼保の偏在、保育所の代替性の現実を政府自体が指摘し、両者の整合、合理的なあり方の検討を勧告した点が注目をひく。（昭和五〇年幼一万三二〇八、保一万八〇八〇）

戦後において、幼保一元化について、政府審議会、教育団体をはじめ政党等から多くの試案が出されたが、「日本の幼児保育施設の現状に立った立論とはいいがたく、荒っぽすぎて実現可能なものとはいえない。一元化構想を実現する諸条件や難点に何らふれていないからである」と述べている。

では、どのようにしたらよいのか、浦辺史は幼保一元化への道は三つあるという。(8)

幼保一元化へのみちは三つある。一は保育所に入所中の幼児は保育所において生活に根ざして幼児教育を行っている事実を制度的に確認することである。厚生大臣と文部大臣が協議して、学校教育法第八十条の幼稚園入園資格を改正して、「但し保育所に入所中の幼児は保育所において幼児教育をうけるものとする」とし、児童福祉法三十九条保育所の規定に「保育所における保育は幼児教育をふくむ」を加えるなど法改正を行うこと。西独ヘッセン幼稚園法の第二条には「社会大臣は文部大臣との協定によって幼稚園における教育的活動に関する原則を定めることを授権される」(小川政亮氏による)とあるが、まずもって行政権限の委任措置を行って、今もなお保育所を託児所としかみれない偏見の除去が必要である。第二には、保育所保母資格を引上げて、幼稚園教諭と同格にし、年齢クラス別保育を可能にする保育室をおくなど、保育所の最低基準を幼稚園設置基準に近づけ、措置費の中に幼児教育費を加算するなどの改善措置にとりくむ行政努力が要請される。第三に保育者養成は原則として大学で行い、当面保育者養成施設を短大に引上げ、幼稚園教諭と保育所保母の同時養成のため科目の自主編成を行うこと、保育実践の場においては、まず幼稚園と保育所の保育者が地域に根ざした民主保育の共同研究をすすめることが幼保一元化を実質的におしすすめることになろう。

この提案のうち、第二、第三も重要な点であるが、第一の法改正が他の構想にみられない新しい点である。保育所入所中の幼児の「教育」はこの点で十分成果を期待できるであろう。

これによって「保育内容」の一元化への足がかりができるのではないだろうかと思われる。そして、保育者養成のレベル向上によりさらに実質的一元化への歩みがはじまるのではないか。

もちろん、前述したように、幼稚園・保育所の普及充実、そのための財政的裏づけ等の措置が論じられなければならぬことはいうまでもないことである。

注

(1) 持田栄一「幼保一元化――その構想と批判」持田栄一編『幼保一元化』所収、明治図書、一九七二年、一一ページ。持田栄一『幼保一元化』をどのようにとらえるか」持田栄一編著『幼稚園と保育所――幼保一元化』所収、チャイルド社、一九七三年、七一―七五ページ。持田編『幼保一元化』五八―六三ページ。なお、持田編著『幼稚園と保育所』は前者とほぼ同じ執筆者で書かれ、前者の縮刷版的な書である。鈴木祥蔵「中教審答申と今後の幼児教育」一番ヶ瀬康子編『保育一元化の原理――子どもの全面発達をめざして』勁草書房、一九七三年、八九ページ。なお、編者一番ヶ瀬も「児童庁、児童省」についてふれている（一八七ページ）。一番ヶ瀬康子編同書、一六七―一六八ページ

(2) 山下俊郎「幼稚園と保育所の問題を考える」『幼児の教育』一九七三年六月号、六ページ

(3) 同誌、九ページ

(4) 牛島義友「幼稚園・保育所・家庭」『幼児の教育』一九六四年五月号、四―五ページ

(5) 岡田正章「保育所と幼稚園との関係についての研究――その1 両者の相異点・類似化とその考察」日本教育学会編『教育学研究』一九六八年九月、二三―二六ページ

(6) 同誌、三〇ページ

(7) 浦辺史「保育一元化問題活発におこる」浦辺史／岡田正章／植山つる編著『戦後保育所の歴史』所収、全国社会福祉協議会一九七八年、二二五―二二六ページ

(8) 同書、二二九ページ

第7節 「幼保一元化」実践論

1 真の幼保一元化をめざして——北須磨保育センターの理論と実践——

北須磨保育センターは、一九六九(昭和四四)年四月、神戸市須磨区北須磨団地内に、守屋光雄・すま夫妻の構想によって兵庫県労働金庫の資金援助を得て設立された兵庫県労働者住宅生活協同組合の就学前保育施設である。園舎は一つであるが、図面上は幼稚園宿舎と保育園宿舎に分かれ、法的には、生活協同組合立北須磨幼稚園、北須磨保育園として別々に認可を得て発足し、運営されている。同センターでは、幼稚園・保育園に該当する部門をそれぞれ短時間部、長時間部と呼び、両者は一体化方式で運営され、二歳から五歳までの乳幼児が園内の異年齢クラスで保育を受けている。保育者は、幼稚園教諭免許状と保育士資格をもち、短時間保育部、長時間保育部の区別なく各クラスを担当している。

午前中の保育は、長時間保育児・短時間保育児とも同一内容でおこなわれるが、午後は、長時間保育児の保育が続けられる(図1)。

北須磨保育センターの初代所長を務めた守屋光雄は「幼保一元化」の理念を次のように述べている。[1]

わたくしは、「保育」と「教育」とを対立概念としてとらえず、「保育」を「乳幼児の発達を保障するための教育」と規定した上で、保育一元化を提唱している。

そもそも、保育一元化とは、既存の幼稚園と保育所の基本的生活を止揚して、両者の関係を変革し、新しい保育体制を創造することであり、決して既存の幼・保の体制を前提とした幼稚園の保育所化(幼保一元化)でもなく、また保育所の幼稚園化（保幼一元化）でもない。既存の幼稚園、保育所のもつ固定概念を棄却して、子どもの発達保障と保育者の研修権と母親の労働権（育児権）とを三立させる保育体制を創造することが志向されている。また、「幼保一元化」は、現在の幼稚園と保育所の基本的性格を止揚し新しい乳幼児の集団保育機関を創造することにあり、幼保一元化でなく、「幼保一元化を超克する立場」である。

次に、保育指針として、次のものをかかげている。(2)

（1）家庭保育と集団保育の特徴をよく理解し、特に集団主義保育を重視する。
（2）身心を積極的に鍛錬し、すぐれた体力と強固な意志を養う。
（3）机の保育から野外の保育へ
（4）教材園の活用
（5）廃品利用の造型活動
（6）カリキュラムの自主編成（「自由〔自由・協力〕遊び」、「体力づくり」「社会事象」「表現」等の柱で保育案をたてる。）
（7）親におもねり、子どもを犠牲にするような保育や行事は行なわない。
（8）保育者の研修権の確保
（9）集団指導の体制

等である。

北須磨保育センターの保育一元化の実践は、カリキュラム等に違いはみられるが、現行の「二元化体制」の中での一元化の実践という点で理想的な形でおこなわれているものである。子ども、母親、保育者の三者の固有の権利が認められて、はじめて真の「幼保一元化」が成り立つというのが、守屋の考え方であり、北須磨保育センターの理念になっているものである。

時間	子どもの活動		保護者にして頂く事
7：00	・順次登園　すみれ組		荷物の確認
	・長時間部　親子で登園		着替え補充
	・短時間部　徒歩、園バス１、２、３号		連絡事項伝達
	・片付け		
8：40	・各保育室に移動		
8：50	身辺整理　あゆみ帳にハンコ押し 手拭タオルコップ出す 連絡帳を出す		
	・自由活動　園庭　保健室		
9：30	・朝の集い　あいさつ、うた		
	今日の活動を知る		
	・自由活動　保育室		
	園庭遊び　園外散歩　行事参加		
11：30	・給食　当番活動		
	《形態》　各クラス、異年齢児、ランチルーム		
12：50	・集い		
	短時間部	長時間部	
	・降園準備	身辺整理	☆短時間部の降園時間は行事や学期によって変わります。
13：50	・降園	排泄、着替え	
	徒歩保護者と帰る	休息	
	・園バス１２３号		
	バス待ちで遊ぶ		
	・順時降園		
15：00	長時間部のみ　３～５歳児縦割り		
	・起床、排泄、着替え		
	・ランチルームにておやつ		
	・年長児はお当番活動		
	・降園準備をする（身辺整理）		
16：00	・自由活動　保育室、園庭		
	・順時降園		・必ず、職員に声をかけて帰ってください。
17：00			・3、4歳はウォールポケットの配布物などを確認してください。
	・片付け、入室		
17：30	すみれ組にて過ごす		
18：00	・特例保育		
19：00	・延長のおやつ		
	・保育終了		

図１　幼児デイリープログラム（北須磨保育センター「平成22年度生活のしおり」より）

北須磨保育センターの「運営理念」は、どのようなものであろうか。[3]（二〇一〇年度）

（1）保育一元化の中で子どもの育ちを保障し生きる力を養う。

（2）養護・教育が一体化する保育形態の中で、一人ひとりの子どもの育ちを保障する。

（3）遊びの保育を保障する。子ども自身が肌で感じ、心で感じ、頭で考え行動できる保育を提供する。

（4）家庭・地域との連携をはかり、健康・安全・情緒の安定の中で育つ環境を提供する。

ここには、「生きる力を養う」保育、「遊びの保育」「養護・教育が一体化」した保育や、現在、重視されつつある「家庭・地域との連携」という課題を掲げ、保育一元化の実践へ取り組む姿勢が打ち出されている。そして、「保育目標」は、次のようになっている。

・力いっぱい遊ぶ子ども
・水、土、おひさまと自然の遊びの中で、落ち着いて過ごす力強い子ども
・自分の言葉で、はっきり伝え、聞くことのできる子ども
・心でたくさん感じ、他人に優しい心も持てる子ども

を掲げている。

このような保育理念と保育目標を掲げて、北須磨保育センターは、すでに四〇年余の歴史をもつ。行政上また制度上、二分化されている理念の幼稚園・保育所の認可を別に受け、保育の実態は、一元化し、幼稚園児にも保育園児にも保育と教育を一元化して運営する北須磨保育センターのような形態は、わが国の先駆的実践例となった。

現在、幼稚園定員一八〇名、保育所定員九〇名、保育者は、幼稚園教諭と保育士の両資格をもっており、幼稚園長、保

育園長各一名、幼稚園教諭（専任六名、非常勤五名）保育士（専任一五名、非常勤七名）、調理員が常勤している。

2　大阪府交野市の幼保一元化の実践

(1)「幼保一元化」前史

交野市の自治体として「幼保一元化」の実践は、一九七二（昭和四七）年四月にはじまり、四〇年の歴史をもつ先駆的なものである。

交野市は、大阪府の東北部に位置し、昭和三〇年当時は、人口一万人ほどの農村であったが、高度成長期の急速な宅地開発により、人口が急増し、一九七一年に市制が施行された。

現在人口七万九〇〇〇人ほど、約三万世帯の都市である（二〇〇九年四月現在）。

「幼保一元化」に至る過程は、次のようなものであった[4]（『交野市幼児園概要』二〇〇九年六月）。

戦前からある四つの民間保育園は、農繁期には、季節託児所を運営していたが、児童福祉法制定（一九四七年）により、「保育所」の性格をもつようになった。

一九七〇年、総合計画の策定にあたり、生涯教育の教育から幼児教育の振興等と保育需要の基本構想が論議された。そして、「就学前教育の重要性と保育に欠ける幼児対策に重点を置くとともに、同じ地域の幼児が同じ施設の中で保育を受け、ともに手を取り合って同じ小学校へ就学させたいとの基本的思考を基に、公平な教育と保護の場を保障するために、『幼保不離一体』を基本理念として、本市の幼児教育を推進することが決定された」

北須磨保育センターの見学や、議会、教育委員会、福祉事務所等で検討を重ね、幼稚園と保育所の一体的運営ができる施設として「幼児園」が必要との結論に達した。幼保一元化への反対は強行であったが、府教育委員会と民生部から、次の条件を満たすことで許可が下りた。

①幼稚園と保育所の境界を明確にすること
②建物は防火壁で、外庭は塀で二分すること
③玄関、職員室は別に分離すること
④備品等については、幼稚園と保育所の経営区分を明瞭にすること

以上のようであった。

（2）幼児園の概要

「幼児園」の基となった「幼保不離一体」構想は、制度上、二元化されている幼稚園と保育所を「どの子も平等に教育を受ける」権利をもつという教育の機会均等の立場から出されたものである。就学前の二年のすべての幼児（注＝四歳児と五歳児）を同じ施設で、同一の保育をおこない、同じ小学校に就学させるという考えのもとに幼稚園と保育所を併設し、幼保一元化を実現したのである。

幼児園の運営は、保育所長および幼稚園長による「幼児園長」を配置し、幼児園長を中心に「幼児園カリキュラム」にもとづき、教育と保育をおこなっている。保育者は、保育士と幼稚園教諭の両方の資格をもつものを市の技術職員として採用している。

（3）交野市幼児園の保育目標

太陽と緑のめぐみを受けて

・生き生きとした強く明るい子どもに育てる
・考えてやりぬこうとする子どもに育てる

時間	園児 年齢	長時間（保育所）児 0	1	2	3	4	5	短時間（短時間）児 4・5歳児
7：00	早朝保育	○	○	○	○	○	○	
9：00	登園	○	○	○	○	○	○	◎
10：00	おやつ	○	○	○				
11：00	離乳食	○						（水）
	昼食	○	○	○	○	○		※ 11時40分
	〃						○	降園
12：00	午睡	○	○					（月・火・木・金曜日）
1：00	〃			○	○	○	○	＊　2時降園
2：00	〃							
3：00	おやつ	○	○	○	○	○	○	
4：00								
5：00	降園	○	○	○	○	○	○	
7：00	薄暮保育	○	○	○	○	○	○	

図2　1日の生活表　交野市幼児園（『交野市幼児園概要』2009年度）

・自然を愛する子どもに育てる

幼児園のカリキュラムは、0歳〜二歳児は保育所保育指針にもとづき、三歳〜五歳児は、保育所保育指針と幼稚園教育要領を組み合わせて作成している。

これは、一九六三年の文部省・厚生省両局長通達に、ほぼ沿った形で作成されているもので、「保育内容の一元化」の先駆的実践例としていえるのではないだろうか。

一日の生活時間と一元化の流れは、表のようである（図2）。

北須磨保育センターと同じように、幼稚園児（短時間児）と保育所児（長時間児）は、昼食時前までは、総合保育で共に生活し、短時間児は、給食後降園となっている。

自治体として、多くのハードルを越えて、今日に至る実践を続けていることは、敬服に値する。

しかしながら、長年、「幼保一元化」「保育一元化」「幼保一体化」が叫ばれる中から、なかなか普及しない要因も、この二つの先駆的実践の中に提起されているように考えられる。

第一は、タテ割り行政の厚い壁である。

許認可権と予算配分権をもつ行政が、法律を盾にするとき、「保育と教育」両方を充足させようとする「一元化」（「一体化」）は、その壁にぶつかることになる。

そこのところを、粘り強く交渉して、教育行政と福祉行政組織を動かしたわけである。

しかし、いくつかの妥協の産物が、北須磨・交野市の両施設に残されている。

交野市でいえば、認可条件第一にある「幼稚園と保育所の境界を明確にすること」で、あまだのみや、幼稚園の園庭に、高さ一メートルくらいのコンクリートの壁が不自然につくられていた。

北須磨の園庭にも、土で隠されていて園児には怪我の心配はないものの、レンガが園庭を横切る形で埋められている。

私は、かつて二つの施設を訪問し、実際に目にした時、誠に不自然に感じたものであった。

あまだのみや幼児園のコンクリート壁は、現在では撤去されており、幼稚園、保育所の別々であった職員室も一つにされている。

予算は、幼稚園は教育関係予算、保育所は福祉関係予算と経理区分はされているが、幼児園の運営上、まったく問題はないということである。

タテ割行政の中で、実質的な一元化を理想的な形で運営している自治体の模範例である。

北須磨保育センター、交野市の「幼稚園」の実践は、目下、問題になっている「子ども・子育て新システム」における「幼保一体化」のめざす「こども園」に多くの示唆を与えているのではないだろうか。

3　幼稚園・保育所の適正配置・長時間保育・幼保一元化問題

幼保一元化問題を考える際に、全国の各市町村に、幼稚園と保育所が、そのニーズに応じて適正に配置されていれば、当面の問題は解決されるわけである。残るは、幼保一元化の最大理念である「保育と教育」の一体化である。

ところで、現実には、幼稚園と保育所が、各市町村に適正に設置されておらず、過去にこれが問題となったことがある。

その一つをみてみよう。

(1)「幼児の保育及び教育に関する行政監察結果に基づく勧告」(行政管理庁、一九七五年)

行政管理庁(現総務省行政評価局)は、一九七五年一一月に、約一〇年ぶりに表題のような行政監察をおこなった。(本書一三五―一三六ページ参照)

(2)「児童福祉対策等に関する行政監査結果」(総務庁行政監察局による勧告、一九八八年五月)

総務庁行政監察局(現総務省行政評価局)は、一九八八年児童福祉全般について、厚生労働省、文部科学省に対する監察結果により、次のような勧告をし、それに対する両省の回答を求めた。[5]

勧告(要約)

1 低年齢児保育の推進

一九九六年までの保育所入所児童のうち、四歳以上児の入所数は減少しているが、低年齢児の入所は増加している。受入現状をみると、約一一パーセントにすぎない。全国の公私立保育所のうち、低年齢児の入所を制限したり、公立保育所の受け入れが遅れている。

これは、保育単価にも問題がある。年齢別の保育単価による支弁額は、四歳以上児の方が約二倍になる仕組みとなっていることも、低年齢児の受け入れが進まない原因である。

①低年齢児の入所制限を解消するとともに特に公立保育所における改善が図られるよう、都道府県を通じ市町村を指導すること。

②行政の保育単価を見直すこと。四歳以上児に対する支払額は、三歳未満次児の約二倍高くなる仕組みになっているので、経営上のメリットから、三歳未満児の受け入れが進んでいない。

説明

低年齢児の待機児童の解消については、一九九五年からエンゼルプラン(「今後の子育て支援のための施策の基本的方向について」)その他の事業策で予算措置を講じている。

保育単価については、0歳児、四歳児ともに応分の食費、人件費が同額支弁されており、四歳以上児を受け入れる方が、経営上のメリットはないと認識している。

また、一九八八年から、乳児に対する保育士の設置基準を三対一とした乳児保育単価を創設した。

2　三歳以上就学前児童に係る保育サービスの総合化

幼稚園と保育所は、法制上の位置づけは異なるが、三歳以上就学前児童については、ほとんど差異のないものと受け止められている。幼稚園は、通常の教育時間終了後の、預かり保育の普及により、保護者の意識の面からも相対化が進んでいる。

文部省は、拡大しつつある預かり保育児童については、幼稚園教育要領においても、その位置づけを明確にしておらず、預かり保育の基本方針を示していない。

従って、文部省及び厚生省は、次の措置を講ずる必要がある。

勧告（要約）

①文部省は預かり保育における幼稚園教育上の位置付け及び、保育等の内容の基本方針を明確にすること。厚生省は保育所における教育の実態を把握し、文部省の預かり保育の措置も踏まえ、保育所における教育について必要な改善を検討すること。

②相互に連携して、三歳児以上就学前児童の保育の総合性の確保を図るための教育の在り方並びに公的助成及び費用負担の担い方について検討に着手すること。

説明（要約）

一九九八年、中央児童福祉審議会保育部会において、三歳児以上の保育の教育部分について、幼稚園教育要領と整合性を図るよう検討している。また、「幼稚園と保育所の在り方に関する検討会」において施設の共用化、教育や保育の内容のあり方、幼稚園の預り保育、公的助成の在り方の検討をはじめている。

両省の関係者が参画して新しい幼稚園教育要領と保育所保育指針を二〇〇〇年から実施している。また、一九八七年「幼児教育に関する調査研究協力者会合」において預かり保育の推進を図る努力がなされている。

3　夜間保育所の推進

一九八七年現在、夜間保育所は中部、関西など一部地域に限られており、運営主体は民間の社会福祉法人となっており、公立の開設は遅れている。

認可外保育所による夜間保育所の実態からみて、夜間保育所のニーズは十分ある。

勧告（要約）

夜間保育所の保育時間について、ニーズに対応した運営をはかるよう夜間保育所の開設促進のための条件設備を図ること。

夜間保育推進のため、都道府県を通じ、市町村を指導すること。

説明（要約）

女性の社会進出や就業形態の多様化に伴い夜間保育へのニーズに応えるため、一九八八年「夜間保育所の設置認可について」（厚生省児家庭局長通知）により、従来の九時間を十一時間に延長し、最大十七時間の開所が可能となっている。

以上が、勧告の主なものであった。今回、新しい点として、地域や家庭の子育て機能の低下にたいして、児童相談所及び児童家庭支援センターの機能を充実するよう勧告をおこなっている。

児童家庭支援センターについては、中央児童福祉審議会の勧告を受け、一九九七年六月児童福祉法を改正し、地域密着型の相談支援をおこなうとともに、児童相談所と連携調整をおこなう児童福祉施設として「児童家庭支援センター」という名称にしたが、その機能が十分果たされていないとして、その実施の具体的な指針を作成するよう都道府県に勧告していた。

また、児童相談所の機能が十分果たされるよう児童福祉士の専門的援助の向上方策についても検討するよう勧告した。今回の行政監察では、要保護児童施設の機能の充実を図るため、乳児院、児童養護施設、情緒障害児短期治療施設、児童自立支援施設の機能の充実についても勧告している。

以上の二つの行政監察にもとづく勧告をみると、次の点が浮かび上がってくる。

第一は、一九七五年の勧告で指摘された点であるが、幼稚園・保育所の地域的偏在の問題である。これは、三五年以上経過した今日でも、十分には解消されていない[6]。

文部科学省資料によれば、全国の市町村は約八〇%が、幼稚園・保育所を設置しているが、保育所のみの市町村は約一八%あり、両方とも未設置が一・六%(二九市町村)があり、保育所未設置は三・二(五九市町村)であり、いずれも、人口五千人未満の小規模市町村に偏っている。

全体の勧告からみて、幼稚園・保育所の未設置市町村は少ないにも関わらず、保育ニーズが充足されているとはいいがたい。

しかし、全国的に待機児童が解消されていないことを考え合わせると、その絶対数が不足していることが推測される。

第二は、長時間保育、夜間保育が行政によって推し進められ、それが常態化していることである。

第三は、低年齢児(三歳未満児)に待機児が集中していることである。

第四は、幼保一元化(一体化)は、もはや避けがたい時代の趨勢であるということである。

いずれも、わが国の保育制度の根幹にかかわる問題が提起されている。

4 「認定こども園」の発足

現在の「幼保一元化」に一つの回答を与えたのが、いわゆる「認定こども園」制度であるといわれるが、そこに至るまでの行政施策の流れを追ってみよう。

一九九六(平成八)年、地方分権推進委員会の第一次勧告により「幼稚園・保育所の施設の共同化等、弾力的な運用を確立」することが提案された。

さらに、文部・厚生両省は、一九九八年、「幼稚園と保育所の施設の共同化等に関する指針」を打ち出した。しかし、地方自治体のタテ割行政のカベに阻まれ、小中学校の空き教室の利用案が叫ばれていたが、現在に至るまで、ほとんど実現していない。

一九九八年五月、総務庁行政評価局による「児童福祉対策等に関する行政監察結果報告書」は、前節で詳述したように、幼稚園・保育所の両施設の機能と国民のニーズはほとんど相違がみられないと指摘し、今後は、低年齢児保育、夜間保育、保育サービスの総合化等をどのようにしていくべきか検討するよう勧告をしている。

さらに、同年六月には、文部・厚生両省は「教育・児童福祉施設連携協議会」を立ち上げ、「子どもと家庭を支援するための文部省・厚生省共同計画」を策定した。ここでは、保育内容の整合化、保育者の研修の合同開催、保育者養成における履修科目の共通化、子育て支援事業の実施等が示された。

さらに、二〇〇五年四月、全国三五園において、「就学前の教育と保育を一体として捉えた一貫した総合施設」のモデル事業が開始される。これが、二〇〇六年一〇月、いわゆる「認定こども園」として、スタートした。

(1)「認定こども園」の制定

「認定こども園」といわれるものは、二〇〇六年「就学前の子どもに関する教育、保育の総合的な提供の推進に関する法律」にもとづいて設置された施設である。

女性の社会進出、労働形態の多様化、家庭及び地域を取り巻く環境の変化や待機児童の増加に対処する社会的必要性に迫られ、初めて国として、「幼保一元化」を打ち出したものである。(1)(同法第一条)

認定こども園は、三歳以上児については、標準四時間は幼稚園教育、その他の時間は保育所における保育を組み合わせたもので、教育・保育及び子育て支援を総合的に提供する者とされ、次の四つのタイプの園が想定されている(同法第三条)。

①幼稚園型

認可幼稚園が、保育に欠ける子どものための保育時間を確保するなど、保育所機能を果たすもの。
②保育所型
認可保育所が、「保育に欠ける子ども」以外の子どもを受け入れるなど、幼稚園的な機能を果たすもの。
③幼保連携型
認可幼稚園と認可保育所が一体的な運営をおこなうことにより、認定こども園としての機能を果たすもの。
④地方裁量型
幼稚園・保育所いずれの認可のない地域の教育・保育施設が、認定こども園として必要な機能を果たすもの。

しかしながら、「認定こども園」は、当初の政府の設置数が予想通り進まず、二〇一一年四月現在、七六二園である。一方で、待機児童数は、増加しており、その解消に役立っていない（全国三七七市町村の待機児童数四万八三五六人、うち、三歳未満児が四万二四一〇人で、実に八七％を占めている。二〇一〇年一〇月現在、厚生労働省二〇一一年三月発表）。

（2）「認定こども園」が普及しない理由
認定こども園が、当初、予想していたように普及しないのはなぜだろうか。
それについて、特定非営利活動法人「全国認定こども園協会（代表若盛正城）」による「認定こども園調査」（二〇一〇年三月）によると、次のような三つの理由があげられている。
①認定こども園へ移行するための財政支援が不十分である。
②省庁間や自治体間の連携が不十分である。
③会計処理や認定審査手続き等の事務手続きが複雑である。

①については、まったく根本的問題への配慮が欠如していたということで、これで大きくつまずいたといえる。

②については、多くの県では「認定こども園」に関しては「健康福祉部」が担当しており、幼稚園は公立、私立（法人）で担当部局が異なり、保育所は民政局扱いとなり、「認定こども園」はさらに新しい部局扱いで、現にタテ割行政の弊害そのものが解消されていない。

（3）「認定こども園」に対する見解

「認定こども園」について、各種団体、専門家から、慎重論、消極論、反対論等が出されているように、根拠を十分に把握しないうちに法則化に踏み切ったことが浮き彫りにされている。それが認可数の伸び悩みに表れている。慎重論、消極論を提出しているのは、次の団体である。

幼児教育・保育関係団体として

全日本私立幼稚園連合会、全国国公立幼稚園長会、全国私立保育園協会、全国保育協議会、日本保育協会

地方官系団体として、全国知事会、全国市長会、全国町村会、日本商工会議所等である。

これらの団体意見を集約すると、次の点があげられる。

①地域の幼稚園・保育所の設置状況を踏まえ、全国一律に制度を統一すべきではない。

②保育士、幼稚園教諭の制度も含めた幼保一元化が必要で、「認定こども園」は経過的なものである。

③財政的優遇措置が不十分である。

④保育所・幼稚園、小学校の一貫性を考えた一元化体制を実施すべきである。

その他、日本経済団体連合会、日本労働組合総連合会など、独自の見解が出されている。

現在、全国の市町村の中で、幼稚園・保育所を設置しているのは、一四五七市町村（七九・一％）と、約八割は両方設置している。幼稚園のみ設置は三〇市町村（一・六％）、保育所のみ設置は、三二七市町村（一七・七％）で、幼稚園・保

育所共に未設置は、二九市町村（一・六％）である（二〇〇六年五月現在、文部科学省資料）。

このように、両施設の設置が十分でなく、つまり、必要に応じて設置されていないのが現状である。両施設が設置されている市町村において、その数が保育ニーズに十分対処できているかどうか。

「幼保一元化」を実施する際の根本精神は、「子どもの最善の利益」を実現することである。そのために、私が本章冒頭にあげた三本柱――保育制度、保育内容、保育者養成制度の一元化は、その最低条件である。そして、守屋光雄が、北須磨保育センターを創設した際の、子どもの権利、保育者の権利、母親の権利という三権を基本にした一元化が、現在実現しうる最良のものといえるのであろう。

二〇一二年八月、民主党・自由民主党・公明党の三党合意により、「子ども・子育て関連三法（「子ども・子育て子育て支援法」「認定こども園法」改正、「児童福祉法」改正）のいわゆる「子ども・子育て関連三法」が成立した。

この三法の実施主体は、内閣府・文部科学省・厚生労働省であるが、本格的施行は、二〇一五（平成二七）年度からとされている。この法律の改正の趣旨は、次のようである。

1、認定こども園制度の改善（幼保連繫型子ども園を改善し、学校及び児童福祉施設としての法的位置づけをする）

2、認定こども園、幼稚園、保育所を通じた共通の給付及び小規模保育等の給付

3、地域の子ども・子育て支援の充実

以上の趣旨をふまえ、質の高い幼児教育の提供、待機児童の解消、地域の子育て支援等により、子育ての孤立感・負担感の解消、放課後児童クラブ（小一の壁）支援、M字カーブ（三十歳代で低い女性の労働力率）の解消、子育てへの給付対等改善（家族関係社会支出の対GDP支出の低さ、日―一・〇四％、英―三・二七％、スウェーデン―三・二五％）を目指している。

しかしながら、施行までに二年間で、充分な対策ができるのか、疑問点も出されている。[7]

1、新幼保連携型認定こども園は、学校教育と保育及び家庭の養育する一体的に提供する施設で、教育・保育の資格

者を「保育教諭」とする

2、右の施設のカリキュラムは、「幼保連携型認定こども園保育要領」とする

「保育教諭」の資格への移行、併有（幼稚園教諭・保育士資格）の促進、その財源及び任命権、設置・運営主体案、未決定課題が多く残されている。

幼保一元化は、長年の課題であり、待機児童解消も遅々として進んでいない。諸外国では、幼児教育の無償化が進んでいる（アメリカ、イギリス、フランス、韓国等）。また、OECD諸国の中で、幼児一人当たりの就学前教育費は、二五か国中一九位、就学前教育費対GDP比は、〇・二一％で二五か国中二四位と低レベルである。[8] これらの事柄を考えると、わが国の就学前教育・保育は、あまりに遅れており、教育政策・社会政策の中で抜本的な、しかも早急な改革断行と実施が望まれる。

注

（1）守屋光雄「北須磨の実践」浦辺他編『戦後保育所の歴史』所収、全国社会福祉協議会、一九七八年、二三二ページ

（2）守屋光雄「幼保一元化をこえて」（二）『幼児の教育』一九七三年一一月号、第七二巻第一一号、一八―二二ページ。北須磨保育センターを知るものとして、守屋光雄『子どもを生かす保育』（筑摩書房、一九七六年、第一章）。守屋光雄監修、永田昭夫写真・文『光と水と土の保育』（新読書社、一九七六年）がある。

（3）北須磨保育センター　平成二二年度「生活のしおり」

（4）交野市こども室「交野市幼稚園概要」二〇〇九年度版

（5）総務庁行政監察局『児童福祉対策等に関する行政監察結果報告書』一九九八年五月

（6）文部科学省『全国市町村の幼稚園・保育園の設置状況』に関する資料（二〇〇六年五月現在）

（7）「新システム三法案政府説明資料」二〇一二年七月、十一月）「保育情報」注、二〇一二年十一月号、二〇一三年1月号

（8）文部科学省「幼児教育無償化の論点」二〇〇九年三月

第4章　「長時間保育」問題——少子化対策と待機児問題——

第1節　長時間保育の社会的背景

二〇一一（平成二三）年現在、各地の幼稚園・保育所（認可、無認可を問わず）で、規定時間以上の保育をするところが増加しつつある。本章で取り上げる「長時間保育」は、一般に一日の保育時間が八時間を超えるものをさす。

わが国で、長時間保育が問題とされはじめたのは、一九六〇年代の後半で、「人づくり国づくり」論が政府によって叫ばれたころで、日本経済が高度成長期の盛りのころであった。すなわち、大量の労働力、婦人の労働力が必要とされるようになり、いわゆる「婦人の社会的進出」とともに、長時間保育、乳児保育が社会問題として登場してきたからである。

それは、「産休明け、0歳児、長時間保育」という形でクローズアップされ、母親（婦人）の労働権とのかね合いでも主張されるようになった。

周知のように幼稚園・保育所の一日の保育時間の基準は、次のように定められている。

幼稚園は、

　幼稚園の一日の教育時間は、四時間を標準とすること。ただし、幼児の心身の発達の程度や季節などに適応に配

慮すること（幼稚園教育要領、文部大臣告示）

保育所ついては、

保育所における保育時間は、一日につき八時間を原則とし、その地方における乳児又は幼児の保護者の労働時間その他家庭の状況等を考慮して、保育所の長がこれを定める（児童福祉施設最低基準第三十四条、厚生省令）

となっている。

長時間保育問題は、わずか二〇年足らずの歴史ではあるが、その問題点が多くかつ複雑で、まだ根本的な解決ははかられていない。

「長時間保育」とは、一般には、一日に八時間を超す保育をさすが、幼保一元化の問題が、たんに幼稚園、保育所の一元的な関係にとどまらず、教育行政・福祉行政のワクをこえる広範囲の問題であると同じように、長時間保育の問題もまた、子ども（乳幼児）の発達と教育、保育にたずさわると同時に労働者としての保育者、親の三者に関係する教育行政、福祉行政、労働行政等の複雑にして広範囲な性格の問題を含んでいる。

今日までの段階で、多くの見解が提出されているが、「子どもの成長・発達にとって長時間保育がどのような意味をもつか」という幼児教育及び児童福祉の視点は、残念ながら非常に希薄である。そもそも、長時間保育は、「子ども中心主義」的発想から生まれたものでなく、核家族化、女性の社会的進出、労働形態の多様化そして、男女共同参画社会の実現等の社会状況の変貌により派生してきた問題といえる。

したがって、以下においては、「子どものための長時間保育とは何か」という視点を踏まえて考察を加えていきたいと考える。

現在、保育所不足による待機児問題が、前章末尾で述べたように、焦眉の問題となっている。

二〇一一年一〇月現在、待機児童総数は、四万六六二〇人で、とくに三歳未満児の待機児童が四万一一三七人で、全体の八八%を占め、政令都市（一九都市）一万四一〇八人（三〇%）、中核都市（四一都市）五一九八人（一一%）で、両者合わせて、全体の四一%を占めているのが特徴的である。

一九七〇年代後半から、親の就労形態の多様化、長時間通勤、勤務時間の延長等により保育ニーズが多様化し、保育時間の延長を求める声が増大した。しかし、「ベビーホテル」等認可外保育施設で死亡事故が相次ぎ、一九八一（昭和五六）年一〇月、延長保育対策事業が制度化された。これにより、通常の保育時間八時間を超えて、午後七時までの延長保育に対して保育単価の加算が認められた。

さらに、午後八時までの延長から午後一〇時までの事業もモデル化された。

また、一九九五年度からは、午後一〇時ないし午後一二時と夜間延長保育は拡がりをみせ、夜間保育が一般化してきている。

一九九八年からは、保育所が保護者のニーズに柔軟に対応できる事業所として位置づけられ、夜間保育の開所時間を午前一一時から午後一〇時までの一一時間とする方針が打ち出された。

そして、新エンゼルプラン（二〇〇〇～二〇〇四年度）にもとづき、特別保育事業実施要綱より、延長保育促進事業及び長時間延長保育促進基礎整備事業が本格的に進んでいる。

二〇〇八年二月「新待機児ゼロ作戦」が策定された。希望するすべての人が子どもを預けて働くことができるためのサービスの受け皿を確保し、待機児をゼロにする。一〇年の目標として、三歳未満児の利用割合を現在の二〇%から三八%にすること、「安心プラン」として、待機児の多い首都圏、近畿圏、沖縄等の保育所の緊急整備をする策が規定された。

二〇一〇年一月、「少子化対策会議」の規定により、「子ども・子育て新システム検討会議」が発足した。

会議の目標は、
＊すべての子どもへの良質な成育環境を保障し、子どもを大切にする社会
＊出産・子育て・就労の希望がかなう社会
などがかかげられている。

いわゆる「新システム」とは、
＊幼稚園・保育所一元化
＊多様化な保育サービスの提供
＊待機児童の解消
が、かかげられた。

さらに、二〇一〇年一一月、「待機児童ゼロ特命チーム」がつくられ、「国と自治体が一体的に取り組む待機児童解消『先取り』プロジェクト」なるものが策定された。

これら、「新システム」については、作業グループが検討に入っているが、幼保一元化に関して「認定こども園」構想についても、発足当初から、保育所関係団体、幼稚園関係団体や専門家からも反対意見が出されており、政権が変わるたびに、種々の構想が打ち出されてきたが、十分な理解が得られないまま、現状は混沌としている。


（資料）

子ども・子育て新システム検討会作業グループ「待機児童ゼロ特命チーム」プロジェクト概要（保育研究所『保育情報』二〇一一年一月、四一〇号）

第2節　長時間保育の現状と諸問題

1　初期の長時間保育問題——シンポジウム（一九六八年）——

雑誌『社会福祉研究』は、一九六八（昭和四三）年シンポジウム「現代における保育所の意義と役割——長時間保育を通して」の特集をおこなった。これは、わが国における長時間保育に関して本格的に論じた最初の部類に属するものではないかと思われる。

出席者は、藤田照子（労働者クラブ保育園園長代理）、持田栄一（東京大学）、一番ヶ瀬康子（日本女子大学）の三名であった。以下、当時どのような見解が出されたかをみるために、藤田と一番ヶ瀬の見解を要約して紹介したい。

藤田は、「施設における長時間保育の諸問題——労働者クラブ保育園の運営を通して」のまとめとして、長時間保育を実現する当面の課題を五点あげている。[1]

①保育所の役割の再検討（保育所の役割は子どもの健全な育成と婦人労働のため）。
②子どもの保育のために、父母、保母がよく話し合うこと。
③長時間保育が子どもに与える影響について（長時間の子どもでも差別しないこと）。
④二重保育の不安をなくするため、母親の労働時間が短縮できるよう、父母、保母が一致して運動をすすめること。
⑤働く婦人としての保母の八時間労働が保障されるように、労働条件の改善、保母の完全二交代制の実現。

藤田は実践からの体験にもとづいて、長時間保育のさまざまな問題を指摘している。とくに保育の中身に関する①〜

③は、基本的な問題であろう。④の問題も、母親の労働時間短縮の必要性は考慮されるべきものだと思われる。しかし、⑤の保母の完全二交代制を実現した場合、その保母の子どもの保育はどうなるのかという問題と、④で指摘されたような二重保育の中で、幼児が多くの保育者とめまぐるしく接触した場合におこる人格形成上の諸問題はどうなるのかという問題がある。守屋光雄のように「長時間保育を必要としない体制づくり」とは基本的に異なる発想がみられる。

一番ヶ瀬も、藤田と同様の立場から次のように述べている。[2]

今日、子どもを長時間放り出してまで、母親は働くべきでない、「母親は家庭に帰れ」という説がある。だが、これは暴論というより他はない。まず第一に、婦人が働くのは、憲法に保障された権利である。また第二に、現実の生活条件で、母親は家庭に帰れるであろうか。驚くべき日本の労働者の低賃金ではとも働きをしなければ生活できない。加えて物価の上昇と住宅問題、児童手当の未制定などなどの条件を考えると、それは、児童の生活にとっても、好結果をもたらすとはいいきれない状況である。働く母親にかんする諸調査によると、約八割ちかくのものは、以上のような生活条件のもとで、家に帰りたくても帰れないような条件であることも、私どもは忘れてはならないと思う。

以上が一番ヶ瀬の見解であるが、他にも、重要な問題を指摘している。例えば、保育所の適正配置の問題、保育所の施設・設備の問題である。

一番ヶ瀬のいうように、共働きをせざるを得ない（父親の）低賃金という現状が一方にある。しかし、その低賃金を改善するという方向にむかわず、婦人の労働権の拡大という形でとらえられる時、子どもの教育の権利、福祉の権利はどうなるのであろうか。父親の低賃金、婦人労働の問題は、日本経済の問題であり、労働行政の問題である。それが福祉行政とかかわるとしても、一応別個の問題としてとらえる必要があるのではないか。

また、雇用促進事業団職業研究室においても、一九七二（昭和四七）年から「働く婦人の保育問題」というテーマで各分野の専門家を集め、研究をおこなってきている。その中で、保育の歴史的・社会的変化の様子を次のようにとらえ、保育の社会的責任の必要性を述べた。[3]

2　働く婦人の保育問題

労働者の保育の援助には、他面、労働力の保全という社会的必要性から発展している。婦人の労働力を有効に活用し、同時に将来の労働力としての子どもの健全な発育を助けるということである。（中略）社会経済の発展と生産の維持という側面からみれば、労働力の再生産に必要な育児の責任の一端は当然使用者が負い、また、社会全体としても働く母子の援助をするのが当然であろう。

そして、保育時間の延長の問題について次のようにも述べている。[4]

乳幼児をもって働く婦人が、ここまで定着しているにもかかわらず、いまだに保育時間が九時～五時では保育所の価値を減少させる。こうした時間を設定する発想が、婦人労働をパートタイマーや臨時雇員など条件のわるい雇用に結びつけ、婦人労働をして労働力の調整弁とみなす使用者側の安易な姿勢の継続に力をかすことになる。
保育時間延長を要求するとき、必ず議論をかもし出すのが、長時間保育の子どもへの影響である。長時間保育は子どもの情緒不安定や欲求不満や集中力の欠如、さらに持久力の問題にもふれ、乳幼児の心身の発達に好ましからざる影響を与えるという伝統的母親保育論である。九時～五時の保育をしている以上、あといくばくかの時間（母

親の通勤時間にあたるもの）を附加するかしないかにこの論法を持出してもあたらない。（中略）

従来、0歳児保育を行政が進めてこなかった理由には、子どもは実の母親が育てるのがよいという信条や、ごく小さいときの集団保育施設での保育問題などがあってのことだが、母性機能の中心である授乳が、母乳から人工乳に代っている時代では、血縁的母親であることに固執しなければならない根拠はない。（中略）

保母との結びつきを強くしての少人数保育をめざすなら、集団保育施設にあっても問題ないと思う。

保育所の役割は、「保育に欠ける」乳児、幼児の保育をすることにある（児童福祉法第三七条）が、以上のような発想から、乳幼児保育・長時間保育が考えられるならば、子どもの保育（権）は、常に、父親の労働と母親の労働権の拡大＝婦人の社会的進出の間でゆれることになるのではないだろうか。

「母親保育論」あるいは、「三歳児神話論」への批判でもある。

3　0歳児長時間保育論――日本教職員組合教育制度検討委員会報告書（一九七四年）――

幼保一元化の章でも述べたように、日教組教育制度検討委員会は、その報告書の中で、「乳幼児の発達」を「母と子の権利の同時保障」という権利論から出発している。そして「保育園」構想の中で、「二四時間保育、長時間保育の確立」を主張している。(5)

＊家庭保育をふくめて二四時間保育の原則を確立し、それにもとづく一貫した自主的保育計画をたてる。

＊保育では長時間保育を保障する。ただしこのことは機械的に全児童に長時間保育をおこなうことを意味するものではない。

ここで、問題とすべきは、次の事柄である。

(1)なぜ「集団保育は、0歳児にとっても、核家族の閉鎖的環境よりも望ましい」のか、また、それは「家族は、子どもの発達に対して、家族にふさわしい第一義的役割をおうべきもの」であることとは矛盾していないのか、という点である。

(2)なぜ、「母親の就労の問題も、……そのまま教育的な意味をもつ」のか、そして、それが、なぜ、「閉鎖的母子関係の克服」につながるのか。

(3)なぜ、「保育施設が不充分であれば、母親の労働権は制限されるばかりでなく、文化的に生存する権利、さらには市民的活動の権利も制限」されるのか、等々の問題である。「保育施設が不充分であれば、母親の労働権は制限される」ならば、母親の権利の拡大のために、子どもを保育所へ委託すればよいのか、つまり、冒頭の部分で、「施設による0歳児保育が人間育成の観点からみて、すべての乳幼児にとって望ましく、必要なものであるかどうかという問題になると、まだ若干見解がわかれている」にもかかわらず、母親の労働権拡大のために0歳児・長時間の施設保育をすることが、なぜ全面的に合理的だといいきれるのかどうかという問題が残ると思うのである。この点は、一番ヶ瀬の述べたことと同様であり、守屋光雄の見解と異なる点である。

「0歳児長時間保育論」の主眼は、母と子の権利の同時保障であった。しかし、保育所の保母(保育士)の権利には、まったくふれられていないのは、どうしたことであろうか。

4 「討論 長時間保育」における論争――『思想の科学』誌(一九七三年)における討論――

『思想の科学』誌は、一九七三年一一月号において、「討論・長時間保育」を特集した。[6] この討論会の出席者は、鎮目恭夫（司会・評論家）、寺脇隆夫（東京都政調査会勤務・妻＝教員）、増野珂奈江（保母・夫＝日雇い労働者）、村上麗子（保母・既婚）、山王丸ノリ（労働省勤務、夫＝会社員）の五人であった。

討論は0歳児長時間保育の是非、保母の労働内容、労働時間、勤労婦人（母親）の問題と多面であったが、増野と他の四人、とくに、寺脇、鎮目と増野の間に意見の相違がみられ、最後まで平行線のままであった。

以下、対立の主要点だけを紹介してみよう。

まず増野は、現状の保育所における保母（保育士）の仕事について述べている。

増野　自分は通勤時間一時間半なりかけて九時〜五時と働いていて、いったい自分と子どもとの人間的な繋がりはどうするのか。子育てを、根本的に人間回復する意味での権利として、育児時間の獲得をめざし運動することが必要と思う。（中略）

長時間保育になっていった場合、今でさえ変則勤務と精神的緊張感、肉体労働で疲れきっているのに、二交替制の導入によって一層子持ち保母は排除されてしまいます。（中略）

二交替制にたえられる保母さんは、独身で、子どもがいなくて健康だということです。交替制勤務のもつ問題を考えてください。（中略）

施設保育で集団保育をする場合、長時間保育、交替制勤務を導入する形での保育を私はいいと思わない。婦人解放が、男なみにがんばって働きつづけることによってえられると考えていくことに反対なんですよ。

増野は、保育者が、0歳児・長時間保育者によって犠牲になっている現状を批判した。

これに対して、寺脇は、次のように答えている。

寺脇　長時間保育というのは、労働者が労働者として働くのにあたりまえの時間なんです。自分をあたりまえの労働者として維持し、「あの人は子どもがいるから」と言われないようにするためには、そのための施設と保育時間が保障されなければ、勤めきれないわけでしょう。これは保母として働く場合だって同じだと思います。（中略）

そういう一般的、抽象的な話は別として、子どもは長時間保育園に預けられようと、充分な条件の下で社会全体で育ててゆけばよいんですよ。保育園の条件が悪ければそれは直せばいい。どうして施設に預けられていたら、なぜ子どもにとって牢獄みたいだと言うのです。

そして最後に次のような形の討論をしている。

寺脇　個人が一人でも闘う勇気や自主性はとても大事だと思う。しかし、子どもを持つ保母さん自身が働き続けられないから辞めちゃうような状況を保育園の中で再生産していては駄目なんだ。一番決定的なのは、長時間、産休あけ保育がないからです。

増野　子持ち保母が辞めるのは、苛酷な保育労働が一番の原因ですよ。保育内容も問題よ。

寺脇　保育労働のきつさやきびしさは改善しなければ……。その点でまだたくさんの課題があるのはわかる。しかし、そのことと公立が産休あけをやらないで条件の悪い無認可に押しつけてるのは好ましいことではない。

増野　よりましなということで、根本的な問題から目をそらしてしまう。

討論は最後まで平行線のままであった。しかしながら、そうであればこそ、われわれはここから多くのことを考えさせられ、学ぶことができるように思う。

率直にいって、増野は、長時間保育の現状を非常に的確にとらえている。働く母親の要求で、長時間保育をすることが、実は、保母の超過勤やパート保母の採用という形で、同じ労働者を圧迫するだけでなく、保育の内容そのものを歪めてしまうことに気づいている。

したがって、母親の労働者としての権利や地位の保障をする体制づくり＝運動の必要をとく。そして、育児時間が確保され、母と子のふれあいももてるというものである。

それに対して、寺脇や鎮目は、「保育の社会化」を主張し、労働者の権利の拡大ために母親が安心して働けるための乳児の長時間保育が必要不可欠だとしている。長時間保育をして、母親が働くことが、政府の母親育児絶対論、施設保育否定論に対抗することになるのだという。

だが、ここでいう「育児の社会化」「保育の社会化」とは何であろうか。育児観・保育観を根本的に問い直してみる必要があるのではないだろうか。

さらに重要なことは、この討論会では、子どもの成長・発達に関する論議がまったく欠けていたことが残念でならない。長時間保育の乳幼児に及ぼす影響を何よりも優先して論ずることが、「長時間保育」を論ずる時の姿勢ではないだろうか。増野の主張の中には、保育観の問題にふれる発言がみられたが、この問題をぬきにして、保育士や母親の労働、福祉の点からのみの発想は、母親の幸福どころか、子どもの幸福すらだめにしてしまうのではないか。

5　中央児童福祉審議会答申――「長時間保育」慎重論（一九七四年）――

中央児童福祉審議会は、一九七四（昭和四九）年一一月二八日、「今後推進すべき児童福祉対策について」答申した。その中で、家庭外での保育に対する需要の増加（婦人の職場進出、核家族をとりまく近隣社会の変化、地域社会における人間関係の希薄化、家庭外保育に対する認識の高まり等）と、その意義、役割および家庭保育の意義と役割を述べている。[7]

（1）家庭での保育の意義と役割

乳幼児期は、将来の人間形成の基礎づくりが行われる最も重要な時期であり、この時期における保育のあり方いかんは、乳幼児の心身の発達に直接影響するから、家庭での保育にせよ、家庭外の保育にせよ、いかなる場合においても、児童の健全な人格の形成という究極の目標を達成するために適切な保育が行なわれなくてはならない。これが児童福祉の基本原理である。

家庭保育を乳幼児の発達にとって不可欠の要素、条件とみなし、保育所での保育は、「家庭での保育を補充」するものという基本見解を示したうえで、最近、需要の多い「保育時間（八時間）の延長」について、次のように述べている。[8]

（2）保育時間の延長

ア、保育所の保育時間が、児童福祉施設最低基準で一日につき原則として八時間と定められているのは、乳幼児の心身発達の特性や、保育者の指導能力等を十分考慮、検討のうえ、保育効果を低下させないようにするためであるから、それ以上に保育時間を延長すると、乳幼児の心身発達上、情緒不安定等の心理的問題の徴候、集中力、持久力の機能低下等の身体機能的問題徴候を引き起こしやすいことは、厚生科学研究の結果等によって明らかにされているところである。

イ、このような点を考慮すれば、乳幼児の福祉を最優先する立場からは、保育時間を大幅に延長し、特に夜間にまで及ぶような長時間保育を、公的な制度として広く一般化し、推進することは、これを奨励する意味にもつながり、長時間にわたる母子分離によって、家庭の育児に対する意欲と努力を減退させる結果を招くことも懸念されるので慎重に対処しなければならない。このことをまず確認する必要がある。

そして、今後婦人労働のあり方、育児に対する父親の協力等、家庭における人間関係のあり方等と関連させながら、乳幼児の福祉を最優先させるための具体的な方策について、さらに究明しなければならないが、当面、看護婦その他の職種で母親が夜間勤務に従事する場合等に対処できるようにするため、乳幼児に与える悪影響を最小限度に止めるとともに、事故防止の対策を徹底させるような方法を考究しながら、限定的な事業として乳幼児を保護する方策を具体化することも必要である。

以上が、中児審の見解である。つまり、乳幼児福祉を最優先する立場からみて、保育時間を延長し、長時間保育をおこなうことは公的制度としてできない。ただし、当面、特殊な職種（看護婦等の夜間勤務のあるもの）について限定的におこなうことが必要であるというわけである。

6　行政管理庁勧告における「長時間保育・夜間保育」（一九七五年）

一九七五（昭和五〇）年一一月、行政管理庁は「幼児の保育及び教育に関する行政監査結果に基づく勧告」において、今日の幼稚園・保育所の行政上の諸問題を指摘したが、その中で、「行政の限界領域の問題」として、長時間保育及び夜間保育、無認可保育所・幼稚園、事業所内保育所をあげている。

そのうち、「長時間保育及び夜間保育」について、次のように述べている。(9)

（1）長時間保育

保育所の保育時間は、最低基準（児童福祉施設最低基準、昭和二三年一二月二九日厚生省令第六三号をいう。以下同じ）第五四条により、一日につき八時間を原則としている。

これは乳幼児を八時間を超えて保育所に入所させることについて、当該乳幼児の精神の発達上問題があるといわれていること及び保育所の要員管理上困難な問題が多いこと等のためである。

しかし、実際には保護者の通勤時間の確保のため、長時間保育に対する需要が高まってきており、調査対象保育所の中には、長時間保育を行っているものもあるが、一方、長時間保育を行っていないために、乳幼児が降所後無認可施設、知人宅等に託されているものがみられる。

(2) 夜間保育

夜間保育については、一部の市において市単独の助成により認可保育所でこれを実施している事例及び夜間勤務者からの夜間保育所設置の要望により需要はあくのための実態調査を行っている事例があるが、いずれも例外的である。

現在の保育所の制度は夜間保育の実施を予定しておらず、厚生省は夜間保育需要の実態を十分はあくしていない。夜間保育については、中央児童福祉審議会が昭和四九年十一月に当面の措置として特定職業に従事する母親のための乳幼児保護方策の具体化の必要性を答申したばかりであり、その趣旨が厚生省の施策に十分反映されるには至ってない。

勧告案は以上のようであるが、長時間保育については、「乳幼児の精神発達上の問題と保育所の要員管理上」の問題をあげている。夜間保育についても、需要のあることは認めている。しかし、それをいかに実施するかについては、まだ実態把握すら十分でなく、苦慮している状態である。

7 だれのための長時間保育か――守屋光雄の長時間保育論批判――

兵庫県にある北須磨保育センターの所長である守屋光雄は現在問題になっている長時間保育について、いろいろな疑問を投げかけた。

まず、守屋は、母親の労働のために、保育所をたくさんつくり、長時間保育をすることが、同じ労働者である保育者を犠牲にし、また子どもの犠牲の上に成り立っている点をどうするかと問う(10)。

> 保育園は、母親のはたらく権利を守るための施設だから、子どもは、生まれてからできるだけ早く、できるだけ長く、いつでも、あずかれるようになっていなければならない、今は、そのための保育園が少ないから、ポストの数ほどどんどんつくれ、保育時間が短いから、もっともっと長くしろ、休みが多いから、休みをもっと少なくしてほしい、……保育料が高いので、やすくしてくれ……。はい、はい、ご要求ごもっとも、乳児保育所もどんどんつくりましょう、保育者の二交替制や時差出勤で、長時間保育もやりましょう……。いわゆる革新首長が安請合いして、こうした要求を実現したとします。果たして母親のはたらく権利がほんとうに守れたことになるのでしょうか、女性がほんとうに解放され、独立できるのでしょうか。
>
> 母親がきつい仕事を、長い時間、やすい賃金ではたらかされているあいだは、子どもは、保育者の少ない、設備も悪い施設に、長いあいだ、あずけられていて、子どもの心身の発達が阻害されるようなことがあれば、母親の労働は子どものギセイの上でなされていることになりますし、保育者に長時間労働や時差出勤や二交替制を強いたりすることになると、同じはたらく仲間（それも女性が大多数です）をギセイにする中でなりたつことになります。自分がパートになったり、首を切られないために要求した「産休明け、0歳児、長時間保育」も、保育園側にパート保育者をやとうことになったり、子持ちの保育者は、交替制や時差出勤はできなくてやめねばならない結果を招いたりもします。

これでは、真の意味の働く権利の確保もできないし、女性の解放もありえないという。
問題はまず児童福祉法にあるという。

児童福祉の理念をうたった児童福祉法の冒頭（第一章）には、「すべて国民は、児童が心身ともに健やかに生まれ、且つ、育成されるよう努めなければならない」（第一条）とあり、「すべて児童は、ひとしくその生活を保障され、愛護されなければならない」（第一条の②）と、児童育成の責任が明記されています。そこには、「保育に欠けた」特殊の子どもだけを対象にしなければならないという発想はみられないのです。ところが、児童福祉法の保育所の項（第三章、第三九条）には、「保育所は、日日保護者の委託を受けて、保育に欠ける乳児又は幼児を保育することを目的とする」となって、特定の子どもを対象とするようなムジュンがでてきています。

つまり、いぜんとして、「保育に欠けた」気の毒な子どもを、いつでも、長くあずかることが保育園のいちばん大事な機能ということになると、子どもの発達や教育のことはどうしても二の次になり、子どもを教育する保育者というより、子どもを長時間、無事にあずかる番人ということで、お粗末な「保母資格制度」が温存されることになり、保育者の研修なども重視する必要がなくなり、未熟な保育者が、平均二年たらずの寿命で、入れかわり、立ちかわり補充されているというわけです。

このような反省に立って、北須磨保育センターでは子どもの発達も、専門職としての保育者の研修権も保障される「産休明け、0歳児、長時間保育を必要としない体制」を前提として進んできたという。

そして、守屋は、解決策として次のことを示している。

（1）労働者（母親）の労働条件の改善（労働日数、時間の短縮、産休、育児休暇の増加、または延長など）

（2）保育条件の改善（保育者の大幅増員、保育所最低基準や保育単価の根本的改革など）

（3）子どもの発達を保証し、保育者の研修権を守り、働く母親の働く権利を保育一元化の集団保育の場で確立すること（三権三立論）。

そして、守屋は、

「０歳児からの（超）長時間保育こそ、はたらく女性の権利を守り、女性を解放するものである」ということが偽進歩派の議論であり、「長時間保育を必要としない三権三立こそ必要である」という。

守屋が、「長時間保育を必要としない」体制を唱えるのは、保育者の研修権の確保とさらには、長時間保育が乳幼児の精神発達に及ぼす影響に関するさまざまな研究成果にもとづいているからである。

8　長時間保育に関する研究①――「過度な依存欲求」――

次に、長時間保育に関して、その効果についての研究を取り上げてみたい。

成田錠一（兵庫教育大学）、飯田良治（市邨学園短大）は、一九七〇（昭和四五）年から共同研究「長時間保育児に関する研究」を発表している。対象として取り上げた「長時間保育児」とは、次の三つの条件を備えているものである。[11]

①長期間（五年以上）保育されたものであること。

②長時間（土曜日を除き八時間以上）保育されたものであること。

③親（両親健在の場合は両親とも）が家庭外で勤務していること。

以上の条件を充たす一二名（A群）を対象とした。

比較群（B群）として、

①短期間（一～二年保育）

②短時間（一日七時間以内、土曜日は四時間以内）

③母親は家庭内における内職を主とするもの

以上の条件を充たすもの二六名を選んだ。この両群に、三種の調査をした。

①就学直前における園の行動態度の評定（担任保母による三段階評定）
②就学直前の家庭における行動態度の評定（幼児の父母による質問紙を使用）
③幼児（対象）にＰＦＴ（絵画欲求不満テスト）を実施（熟練した検査者による）の三つを行ない、Ａ・Ｂ両群の間に差が認められるかどうか調べる。
〔結果〕両群に以上の調査を行なった結果、長時間保育児に次のような特徴がみられた。
①保育所でも、家庭でも（特に保育所において）自主的・自立的行為が欠除している（給食や帰りのとき、うながされないと出来ない、生活発表の時いやがる等）
②集団内の未成熟な社会行動（行動がにぶく、未成熟、集団内の孤立的行為、非協力、集団ルールへの不適応等）
③大人（両親、教師）への度のすぎた依存行為を示す（何事につけ両親の手をかりたがる。わがまま、先生の顔色をうかがう等）

このような調査結果から、成田・飯田は、次のような仮説をたてている。[12]
「幼児が真の自主性、独立性、自律性をかくとくする為には、乳児期における適切な依存欲求の充足が必要である」
この研究から、「長期間長時間保育」は、乳幼児期に必要な適度な依存欲求が足りない（欠除している）のではないかということになる。

9　長時間保育に関する研究②――長時間保育に問題あり――

日本総合愛育研究所（現日本子ども家庭総合研究所）の松島富之助らが一九七〇（昭和四五）年におこなった研究でも同様な結果が示されている。[13]
それによると、長時間保育をおこなうことが、幼児の心身にどのような影響が現れるかについて、保母を対象に調査したところ、返信のあったアンケート八〇七通のうち、長時間保育が影響ありとしたもの三一三通（三八・八％）、影響なしとしたもの二六九通（三三・三％）、いずれとも回答しなかったもの二二五通（二七・九％）であった。悪い影響ありと回答したその内容は、欲求不満、情緒不安定、淋しそう、甘える、落ちつきがない、乱暴する、よく泣く、いらいらする、であった。

愛育研究所が、一九七四年におこなった長時間保育に関する研究では、次のような結果であった。[14]この研究は、厖大な調査データと、保育士、母親の評価項目を取り入れた貴重なデータを提供しているものである。

調査対象は、東京都、川口市、倉敷市の公立保育所と神奈川県下の私立保育所の四歳児と二歳児、合計五四〇名で、長時間保育児（九時間以上保育を受けている幼児）と正規保育児の二群の降園、帰宅、夕食、入浴等々の生活の具体的場面での子どもへの生活の配慮を、担任保育士と母親の両者に評価してもらう方法をとった。

結論的には、保育士と母親で、長時間保育児群と正規保育児群で、評価に差のないものもあったが、長時間保育児群に問題行動が多くみられ、保育時間が、八時間、九時間、一〇時間となるにつれ、不安傾向（「親がいないと不安を示す」など五項目）、攻撃性（「ケンカをして人に噛みつくことがある」など五項目）、社会性（「内弁慶で引込思案」など五項目）、家族への適応（「両親の片方に叱られると片方に甘える」など五項目）で、問題行動の出現が多くなる傾向がみられる。

次に、長時間保育児（二年以上）と二年未満児を比較した結果、長時間保育児に、顕示性（「時々うそをつく」など五項目）、退行性（「甘えたことばづかいや赤ちゃんぽいふるまい」など五項目）、攻撃性、家族への適応の領域において問題行動の出現が多くなる傾向がみられた。

担任と母親では、評価に違いがみられたが、「正規保育群では、家庭で母親に対する時は、緊張を解き、甘えや要求を出すが、集団生活では緊張や構えもあり、より適応した行動を示すことができるか、長時間保育群では、緊張、リラックスの関係が現れず、常に不安定な状態が持続されているようである」

さらに、「保育時間が長くなる程、問題の出現が多くなる傾向をみせていることからも保育時間の延長は望ましくないと云うことができよう」と結論づけている。ただし、長時間・長期間保育群に、問題出現が多い原因は、「保育期間の長さ」が問題なのか、あるいは、「0才〜2才の早期から集団生活に入ること」が問題なのかは、明らかでないので、今後の検討課題としている。

ここでの結論は、「長時間・長期間保育は、望ましくない」という今日の長時間・長期間保育への警鐘として、とくに、「0才〜2才の早期から集団生活に入ること」の指摘は、乳幼児の発達、情緒性の発達や、アタッチメントの問題提起という意味で受けとめるべきものを含んでいる重要な研究データである。

10　長期間保育に関する研究③——長時間保育は、「保育の質」の問題——

安梅勅江グループによって、おこなわれた研究に「長時間保育が子どもの発達に及ぼす影響に関する追跡研究」がある。[15]

研究の目的は「一歳児の五年後の発達について、長時間保育を含む保育形態、育児環境属性等の影響を明らかにすること」で、全国の認可保育園の保護者と担任保育専門職に質問紙と訪問面接調査を実施、うち九一名の追跡調査をおこなったものである。

保育時間は、一一時間以上利用を「長時間保育群」、それ以外の「通常保育群」の二群とした。保育時間が四時間から一九時間の幅があり、長時間保育群が一三・四%、通常保育群が八六・六%であった。

子どもの発達状況は、運動発達（粗大運動微細運動）、社会性発達（生活技術・対人技術）言語発達（コミュニケーション、理解）であった。

結論は、次のようなものであった。

「五年後の子どもの発達への有意な関連要因として、保育時間はいずれの分析でも有意とならないことか示された」。つまり、認可保育園という保育の質が保障された環境では、五年後の子どもの発達と社会適応に関して、保護者へのサポートがあるかどうか、子どもの発達に見合う働きかけがなされているかが有意に関連し、保育時間の長さは関連していなかった。子育て支援においては、今後さらに長時間保育を含む多様なニーズに柔軟に対応し、相談機能の充実等、保護者の子育て機能を支える地域に開かれたサービスの充実が期待されるというものであった。

つまり、子どもが、保護者とくに母親と過ごす時間の長さではなく、家庭での養育の質と保育所の保育の質、保育士（社会的親）のかかわりが重要であるということであった。

これは、愛育研究所の研究データと「長時間保育」の時間設定に違いがあるとはいえ、長時間・長期間保育の影響について正反対の結論となったことは興味深いものがある。

つまり、問題は長時間・長期間保育に関するデータが、問題の重要性には少ないことで、今後、「保育の質」といわれるものの具体的詳細な分析、保育者と子どもの関係分析、保育カリキュラム、家庭保育の分析が必要とされるところである。

近年、アメリカにおいても、長時間保育に関して、大規模な、そして長期にわたる共同研究がおこなわれている。

アメリカ合衆国 国立衛生研究所（NIH＝National Institute of Health）の中にある国立児童発達研究所（NICHD＝National Institute of Child Health and Human Development）による長期共同研究でも、保育の質を強調している。[16]

低所得家庭、母性的養育の欠如、親の養育力低下による家庭保育を補うものは、父親・母親や祖父母による質の高い保育や質の高い施設保育の方が子どもの発達にとってよりよいと結論づけている。

子どもの家庭での保護・養育と施設（保育所）での保育者と貧困問題が関連づけられている点は、わが国のデータとの相違はあるが似たような結論が出されている点は興味深いものがある。

文部科学省は、幼稚園の原則四時間の教育時間を超えるものを「延長保育」といわず子育て支援策の一環として、「預かり保育」という奇妙な名称を用いている。ちなみに、現在、「預かり保育」を実施している全国の園は、私立園（七三五三園　八八・八％）公立園（二四九三園　四七％）

全体（一万〇〇五八園、七五・四％）で預かり保育が実施されている（二〇一〇年度）。一方で幼稚園の定員充足率は七〇％を割っている（六九％　二〇〇九年度）。

もし、マイナス面の研究結果が積み重ねられれば、「長時間保育」はその社会的必要性という点と子どもの発達的影響という点から、根本から再検討する必要に迫られることになるであろう。したがって、乳幼児保育も、時間的長さの問題よりも、保育内容の「質」が問われる段階に入るであろうし、さらに保育者の長時間労働問題、資質・権利等の問題が検討されなければならない。

注

（1）藤田照子「施設おける長時間保育の諸問題――労働者クラブ保育園の運営を通して」『社会福祉研究』鉄道弘済会、一九六八年、四号、二七ページ

（2）一番ヶ瀬康子「働く母親と子供の権利」同誌所収、三四―三五ページ。他に、この時期に長時間保育を論じたものに次のものがある。東京保育問題研究会『保育問題研究』一九六五年九月号、一四―一五ページ。上のものは、短いながら、長時間保育の基本点の問題提起がなされている。

（3）大羽綾子「婦人の労働権と保育責任」婦人雇用調査研究会編『働く婦人と保育』所収、学陽書房、一九七七年、二二ページ

（4）稲毛教子「保育条件からみた集団保育施設」同書所収、二六八、二七〇ページ

（5）日教組教育制度検討委員会『日本の教育改革を求めて』勁草書房、一九七四年、一八〇―一八二ページ

（6）「討論・長時間保育」『思想の科学』思想の科学社、一九七三年一一月号、六四―七六ページ。鎮目恭夫の見解としては、「育児科学論序説」（『性科学論』所収、みすず書房、一九七五年）

（7）中央児童福祉審議会「今後推進すべき児童福祉対策について」（答申）『保育施設を考えるために』所収、全国社会福祉協議会編集発行、一九七六年

（8）同書所収。

（9）行政管理庁「幼児の保育及び教育に関する行政監察結果に基づく勧告」一九七五年一一月

（10）守屋光雄『子どもを生かす保育』筑摩書房、一九七六年、一一一－一一二ページ、一一三、一五一ページ

（11）成田錠一「長期保育児に関する研究Ⅰ」『名古屋市立保育短期大学幼児教育研究所報』七号、一九七〇年、一八－二〇ページ、二一五－二一七ページ

（12）成田錠一「長期間保育児に関する研究Ⅱ」『名古屋市立保育短期大学幼児教育研究所報』八号、一九七一年、四ページ

（13）松島富之助／野田幸江他「長時間保育が児童の心身発達に及ぼす影響に関する研究」「日本総合愛育研究所紀要」第五集、一九七〇年、一二六ページ

（14）望月武子他「保育所における長時間保育実施上の諸条件に関する研究」日本総合愛育研究所紀要、第一一集、一九七五年。全国保育団体連絡会編『保育白書』草土文化、一九七九年。清水民子他著『保育所を考える』ミネルヴァ書房、一九八〇年。国立市公民館保育室運営会議編『子どもをあずける』未来社、一九八〇年。岡田正章「幼稚園・保育所の保育時間延長の動向研究」同著『これからの保育所・幼稚園』所収、全社協、一九七六年。

なお、「集団保育と家庭保育」について、松田道雄氏と黒木利克氏（元厚生省児童局長）との間におこなわれた論争がある。この論争は「毎日新聞」一九六三年九月五日付夕刊から、一一月四日夕刊まで前後五回にわたって掲載され、当時の「人づくり政策」や中児審答申（保育七原則）が背景にあった。今日でも参考になるものである。黒木利克『日本の児童福祉』（良書普及会）に全文紹介と本人のコメントが、また守屋光雄『保育心理学』（誠信書房、一九六五年）にも、全文紹介とコメントがのせられている。

（15）安梅勅江他「長時間保育が子どもの発達に及ぼす影響に関する追跡研究」厚生労働科学研究報告書、二〇〇四年。安梅勅江『子育ち環境と子育て支援——よい長時間支援のみわけかた』勁草書房、二〇〇四年

（16）NICHD Early Child Care Research Network, Early Child and Children's Development Prior to School Entry: Result from the NICHD Study of Early Child Care, *AERA*, vol.39 No.1 2002.
Jay Belsky, Early Child Care and Early Child Development: Major findings of NICHD study of Early Child Care,

European Journal of Develop mental Psychology, 2006, 3(1)

他にも同様の研究がある。芦田宏他「保育所における長時間保育について」姫路工業大学研究報告（第四号、二〇〇二年）も、安梅レポートと同様の結果を報告している。

なお、少子化社会における「乳幼児保育と三歳児神話」について、次の報告書がある。

平山宗宏代表『少子化についての専門的研究』厚生省、平成九年研究報告書、一九九八年

第5章　幼児教育義務化問題——就学年齢引き下げ論・幼稚園義務化論——

就学前幼児の義務教育化論（幼稚園義務化論と小学校の就学年齢の引き下げ論）についての議論は近年まったくみられない。しかし、敗戦後から一九七〇年代まで、かなり活発な議論が展開された。将来、少子社会の中で、国民の意識も変わり、財政上のゆとりができれば、再び義務化の議論が活発になるかもしれない。

第1節　幼児教育義務化論の概観

1　幼児教育義務化論の内容

戦後の幼児教育の義務化に関する見解をひもといてみると、そこにはさまざまのものがあることがわかる。

(1) 学制改革を意図したもの

これは、幼児期から小学校低学年、中学校、高等学校、大学に至る全般的な教育制度の改革をめざしたもので、この見解が、もっとも多くみられる（ただし、中には、主目的が高等教育制度の改革にあって、そのために制度全体をかえるというものもみられるので、「幼児教育の改革」が主目的ではないものもみられる）。

具体的には、

①小学校の義務就学年齢を一年引き下げ、五歳児から小学校へ入学させるというもの。
②現在の小学校低学年と幼稚園の四歳児以上を一つの学校体系の下で一貫した教育をおこなおうとするもの（例えば、一九七一年の中教審答申にみられる「幼児学校」構想）
③幼稚園就園を義務化するもの
　1　五歳児の就園を義務化するもの
　2　四歳児からの就園を義務化するもの
①の場合は、五歳児は、すべて幼稚園に就園し、保育所は四歳児以下の幼児の保育にあたる。

（2）教育行政上の改革を意図したもの
これは、すべての五歳児が就園できるように全国の市町村に幼稚園の設置を義務づけようというものである。

（3）教育内容上の改革
これは、前掲の二つの改革に関連するが、小学校就学年齢を一年引き下げるか、幼稚園就園を義務化するか二つの方向がある。

この教育内容上の問題、すなわちカリキュラムをどうするかという問題は、幼児の精神発達の問題とかかわって非常に大事な問題であるが、この面から検討したものは意外に少ないように思われる。

現在、幼・少一貫教育、幼・保・小連携が叫ばれているが、本格的理論および実践研究は少なく、模索の段階である。

2　幼児教育義務化論の時代区分

戦後の義務化についての論議を以下のように三期に分けて検討したい。

第Ⅰ期（敗戦から一九六二〔昭和三七〕年ごろまで）
この時期は、ミッション・レポート提出から数年の間に集中して、諸々の幼児教育改革案が出されている。
第Ⅱ期（一九六三〔昭和三八〕年から、一九七一〔昭和四六〕年の中教審答申前まで）
この時期は、一九六三年の荒木文相の五歳児就学発言がきっかけになり、再び、義務化論が盛んになった時期で、ここで教育団体・研究者の側から、かなりの見解が提出されている。
第Ⅲ期（一九七一〔昭和四六〕年の中教審答申から現在まで）
いわゆる「第三の教育改革」といわれる中教審答申案をめぐり、教育諸団体、産業界、研究者から多くの見解が提出された。
以下、この区分にしたがって検討を進めていきたい。

第2節　幼児教育義務化論第Ⅰ期（一九四六年—一九六二年）

1　幼児教育刷新方策案——日本教育会の幼稚園義務化案——

戦後の幼稚園教育義務化案のうち、最も古いものは、一九四六年（昭和二一）年一一月に発売された日本教育会保育部会の「幼児保育刷新方策」にみられるものであると思われる。

日本教育会は、一八九六（明治二九）年に組織された帝国教育会がその前身であり、戦後一時、大日本教育会と称した全国的規模の教育団体である。

同会は、その刷新方策案の中で、幼稚園は満四歳以上の幼児を収容する就学前教育施設とし、保育所は満一歳以上満三歳以下の幼児を収容する施設とし、幼児保育施設を統一（一元化）することを述べたうえで、義務化について次のよ

うに列記している。(1)

幼稚園(仮称)保育を義務制にすること

イ、保育の機会均等を実現すること

ロ、国庫による問題は補助金制度を確立すること

ハ、学齢低下に関する問題は幼稚園保育との関係に於いて解決すること

(説明)幼稚園保育の義務制は、社会による幼児教育、幼児保護の強化を意味し、保育の平等の前提条件である。右は当該年齢の幼児に対する家庭保育を幼稚園保育によって代行せしめんとするものではなく、前者は飽くまでその優位性を保つべきである。

夫にも拘ず幼稚園保育の義務制を要請する所以のものは、実際に於て家庭の教育が万全を期し得ず、更に少なからざる家庭に於て施設による保育が不可欠なる事実を超えて、実に次の事由による。

(一)凡ゆる幼児に対して保育を受ける機会を与える。

(二)幼児の社会性涵養、協同生活指導等の如く、家庭にては、乃至家庭のみにては不可能なる、而もこの年齢児に極めて重要なる教育が存在する。

(三)適宜且十分なる遊びの場所の提供、偏食矯正、栄養等を目的とする給食等は施設を俟って初めて可能である。

(四)公民性の基礎教育、科学教育基礎指導等とも関係する学齢低下の問題も、むしろ幼稚園保育と国民学校最低学年に於ける保育的教育方法の徹底によって解決せられる問題であり、換言せば、初等教育制度の改革は之亦幼稚園保育の義務制を前提としてのみ可能である。

ここでは、幼児に対する家庭教育の独自性を認めたうえでなおその不足を補うことを強調している。すなわち、

①幼児期における社会による幼児教育、幼児保護の必要性
②幼児に対する保育（教育）の機会均等
③社会性、協同性、健康維持は集団（施設）保育によってのみ可能である。

その方策案は、「子どもの権利条約」にいう「子どもの最善の利益」に通じる今日的視点からみて、新鮮な視点がみられるが、「義務化」については、時代的制約により、無理であった。

2　アメリカ教育使節団に対する日本側教育委員会報告書の「一〇年制義務化」案（一九四六年）

敗戦の翌年、すなわち一九四六（昭和二一）年三月、第一次アメリカ教育使節団が来日し、日本教育の実情の調査、研究ののちＧＨＱ（連合軍総司令部）あてに報告書を提出した。

それに先立ち、日本側文部省では、ＧＨＱの指令にもとづいて、同使節団に協力する「日本側教育（家）委員会」を組織し、わが国官民の教育家二九名が委員を委嘱された。

委員会は、代表に南原繁（東大総長）がなり、他に天野貞祐（第一高等学校校長、のち文部大臣）、務台理作（東京文理大学長）をはじめ著名な教育家がならび、後に倉橋惣三（東京女子高等師範学校教授）、城戸幡太郎（国立教育研修所主任）らが委員として加わった。

委員会は、日本側としての意見をまとめ、報告書を提出した。この日本側の委員会の見解及び報告書が、ミッション・レポートにどのように反映しているかについて、占領軍による「新教育・六三制」押しつけ論がでてくるのであるが、南原繁・天野貞祐・海後宗臣をはじめ文部省もこれを否定している。(2)

これは、戦後の学制改革論の中で、幼児教育の改革について述べ、就学年齢についてふれた最初のものであろうと思われる。正式名は、「米国教育使節団に協力すべき日本側教育委員会の報告書」である。(3)

内容は、一、教育勅語に関する意見、二、教権確立問題に関する意見、三、学校体系に関する意見、四、教員協会又は教育者連盟に関する意見、五、教育方法問題に関する意見、六、国語国字問題に関する意見の六章から構成されている。

そのうち、第三章「学校体系に関する意見」では、従来のわが国の教育体系が、「能力に応じて進学に、又生活向上の上に機会を与える為には不利な制度」であり、それを改め「我が国民の教養の程度を一層向上せしむるとともに教育の上に均等民主化を一層促進せしむる意味に於て学校体系の問題」について述べ、次のような提案をおこなっている（第一案と第二案があるが、中学校段階において、やや差がみられるが、幼児教育段階は同一内容である）。

第一案

（一）満四歳より六歳に到るまで二ヶ年間を幼稚園の期間とし、満五歳より六歳に至る一ヶ年間を出来るならば義務制にすること。

（二）満六歳より六年制の小学校に入学せしめこれを義務制とすること。

（三）小学校の上に三年制の初級中学校（単に中学校としてもよい）を置きこれを義務制とすること。但し、初級中学校に於ては職業別の学校種別を設けず、主として普通教育を行なう学校とすること。（以下略）

ここでは、義務教育年限を九年（第二案では八年）とする考えを提案している。

幼稚園は四歳からとし、できれば、五歳から六歳の一年間を義務制にしたいという「幼稚園義務制」をうたっている。したがってこの段階では、義務教育年限（九年）とは別に「一年の就園義務制」一〇年制義務を提案しているわけである。

3　アメリカ教育使節団報告書にみられる幼児教育制度論（一九四六年）

第一次アメリカ合衆国教育使節団は、一九四六（昭和二一）年三月、ＧＨＱあてに報告書を提出した。その中で日本の教育の民主化について強く訴えている。

報告書は、第一章「日本の教育の目的及び内容」、第二章「国語改革」、第三章「初等及び中等学校の教育行政」と続き、第三章で次のように述べている。[4]

子供の成長と発展についての健全な原理に照して、より年少の子供たちにも学校活動を拡げてやるべきである。正規の公立学校制度において必要な変革がなされ、しかるべき財源的措置がとられるに応じて、われわれは、保育園や幼稚園が増設され、またその小学校への組み入れが進められることを勧告する。

戦前においては、幼稚園はあくまで「家庭教育を補うもの」と法的にも規定されていたものを、学校教育制度の体系の中へ組み入れ、正規の教育としての考え方を明らかにした点で、従来にない斬新な考え方であったといえる。ここには、義務化ということは述べていないが、将来において幼稚園段階の教育を学校教育へ組み入れる、すなわち教育制度上「学校」として扱うことを述べたものであるというふうに解釈することができる。

次に当時この報告書に対してみられた意見を取り上げてみたい。

倉橋惣三は、ミッション・レポートの幼児教育に関する部分について、それを幼児教育の義務化と関連してとらえていた。[5]

学校教育の下への延長といふことは、語として、所謂「義務教育就学年齢の引下げ」の論に対し、相通ずるところあるは明かであり、それが幼児期教育尊重の上からの理想であることも論を俟たぬ。しかし、この論述の先づ目ざすところは、必ずしもそこに及ばない。就学年限として義務制が直に行はれると否とに拘はらず、施設的幼児教育の尊重が、学校（その新観念による）教育の刷新向上の必須的一条件内容であることを強調するにある。

倉橋は、ミッション・レポートの中に、幼児教育の義務化への見通しを読みとり、五歳児の義務化を考えていた。しかしながら、この年一九四六年の五歳児の全国就園率は七・五％と全体の一割に満たない数字であったことを考えると、「義務化」は不可能であったといわざるを得ないものであった。

4　教育刷新委員会の幼児教育義務化論（一九四七年）

教育刷新委員会は、一九四六（昭和二一）年八月、内閣総理大臣の諮問機関として設けられた。同委員会は、ミッション・レポートの主旨を教育改革に生かすために「日本側教育家委員会」が発展して設けられたもので、戦後の日本の教育改革の性格を決定する大きな力となった（なお、この教育刷新委員会は一九四九年、教育刷新審議会となり、一九五二年、現在の中央教育審議会に改組された）。

同委員会は、一九四六年九月の第一回総会から、一九五一年一一月に至るまで、一四二回の総会を開き、三五の建議をおこなった。これにもとづいて、戦後のわが国の重要な教育法規、すなわち、教育基本法、学校教育法が制定されていった。

教育刷新委員会第二特別委員会の第七日（一九四六年一〇月二五日）の委員会において、わが国の幼児教育の父といわれる倉橋惣三は、要約次のような提案をおこなった。(6)

一、四、五歳児の教育をおこなう幼稚園を学校体系の中に加えて、教育機会の拡充と均等という点から考え、できれば、五歳児を義務制にしたい（従って、幼稚園令を改正する）。
二、満四歳以下の幼児は保育所で保育する。
三、それに伴い、現状の幼稚園、保育所の二元制度を一元化し、さらに、行政面も一元化して、四歳児と五歳児の幼稚園は文部省、それ以下は厚生省の所管とする。

以上のようなものであった。倉橋は、ここで五歳児の就園義務化を提案しているのであるが、委員会として、格別の論議もなかったといわれる。その後の委員会においても、委員の間に若干の意見の違いがみられた（五歳児就園消極論、反対論、小学校入学一年繰り下げ論等）が、「将来の方向としては、満五歳以上の一年間の保育を義務制とすべきである」ということが、総会に提出されることになった。その内容は、「幼稚園を学校体系の一部として、それに従って、幼稚園令を改正すること。尚五歳以上の幼児の保育を義務制とすることを希望する」というものであった。

しかるに、内閣総理大臣への建議（「学制に関すること」）にこの事項は盛り込まれず、ようやく、一九四七年一二月八日付で、第八回教育刷新委員会で「追加」事項として、建議され追加された[7]。

それが次のものである。

幼稚園を学校体系の一部とし、それに従って幼稚園令を改正すること。
尚五歳以上の幼児の保育を義務制とすることを希望する。

ここでいう五歳以上の幼児の保育の義務制とは、幼稚園の就園義務をさすわけで、日本側教育委員会の見解と一致し、ミッション・レポートの精神にも添うものであると解釈できるのであるが、この迷走ぶりをみると、教育刷新委員会としての姿勢がどこにあったのか疑問が残るものであった。

5　文部省の幼児教育に関する見解（一九五〇年）

一九五〇（昭和二五）年八月、文部省は、「日本における教育改革の進展」と題する報告書を、第二次米国教育使節団に提出している。

その中で、就学前教育について次のように述べている。(8)

就学前教育

学校教育法において、幼稚園は、学校として取扱われ、正規の学校教育体系の一環として、満三歳から小学校に入学するまでの幼児の教育を行なうことになった。このようにして、幼稚園に対する社会一般の認識も高まり、また一方において、最近著しく発達した心理学が、人間の一生における性格の基本的な型がこの幼児期において形成されることを証明して以来、とくに就学前教育の重要性の認識が深まってきた。

（中略）最近は、新制中学校の完成した市町村において、幼稚園の増設の必要が認められてきている。しかし、（中略）公立の幼稚園は、私立の幼稚園にすべての点で劣っており、その数においても、全体の約五五％を私立幼稚園が占めている。また、公立小学校で幼稚園を併置するものは、わずかに四％に過ぎない実情である。

他方、児童福祉法に基いて、一歳から小学校就学の始期に達するまでの乳児または幼児を保育することを目的とする保育所が市町村に設置され、保育の対象となる者の数も、一九四九年一月には二一五、九二〇にのぼり、大部分が幼稚園の幼児と年齢と同じくしている。そのため幼稚園と保育所の関係は、きわめて微妙なものとなり、就学前教育の重要性にかんがみ、両者の一元化を希望する声が高まっている。

ここでは、学校教育法の施行により、幼稚園が正規の学校教育体系の一環として位置づけられたこと、教育刷新委員会が五歳児の就園義務制を打ち出したが、施設設備の関係で実施できなかったこと、幼稚園・保育所の普及に伴ない、就学前教育という点から一元化の要望があることを指摘している。

しかしこの段階では、文部省は就園義務制問題に関しては、統一した見解を提出していない。

6 幼児教育研究者の見解――長田新・山下俊郎・荘司雅子の義務化論――

一九五六年(昭和三一)年におこなわれた鼎談の中で長田新(当時日本教育学会会長)、山下俊郎(当時日本保育学会会長)、荘司雅子(当時日本保育学会副会長)は、義務化について、見解を述べている。[9]三者は、いずれも、幼児教育の義務化の必要性を述べ、山下・荘司は、「幼稚園の義務化」をはっきり述べている。長田は、はっきりしていないが、山下・荘司と同じであったと考えられる。

荘司も、山下とほぼ同じ線上にある考え方を示している。この山下・荘司の考え方は、日本保育学会初代会長の倉橋惣三の考え方を受けついだもので、日本保育学会という全国の幼児教育研究者、幼稚園教師の研究団体の中心的考え方になっているものであるといってもよい。

注

(1) 日本教育会「幼児保育刷新方策」(案)、『幼児の教育』一九四六年一〇月号、二一―二三ページ

(2) 伊ケ崎暁生／吉原公一郎編・解説『戦後教育の原点2　米国教育使節団報告書他』(解説)現代史出版会、一九七五年、二五―二六、四〇―四三ページ

(3) 同書、一四四―一四六ページ

(4) 村井実訳『アメリカ教育使節団報告書』講談社(文庫版)一九七九年、六五―六六ページ。前注の伊ケ崎／吉原編

の「報告書」訳では、「……適当な経費が支給される時が来たら、育児場や幼稚園をもっと多く設けて、これを小学校に組み入れるように勧める」（九四ページ）とある。ちなみに原文は次のようである。As needed changes are made and adequately financed in the regular public system, we recommend the establishment of additional nursery schools and kindergartens and their incorporation in the primary schools.

(5) 倉橋惣三「米国教育使節団報告書の幼児教育に関する提言と学校教育の下への延長」『幼児の教育』一九四六年一一月号、六ページ

(6) 日本近代教育史料研究会編「教育刷新委員会特別委員会（昭和二十一年十月二十五日会議録）」『教育刷新委員会・教育刷新審議会会議録』第六巻、岩波書店、一九九七年、二八六―二八七ページ

(7) 教育刷新委員会（昭和二十二年十一月二十一日会議録）同委員会会議録、第六巻、四八七―四八八ページ。近代日本教育制度編纂会編纂『近代日本教育制度史料』第一九巻、講談社、一九五九年、二六七ページ。教育刷新委員会における五歳児の就園義務化に関する論議の経過については、次の著書に詳しい説明がある。山内太郎編『戦後日本の教育改革5 学校制度』（東京大学出版会、一九七二年、二一一―二一六ページ）。

(8) 伊ケ崎他編前掲書、一八〇ページ

(9) 長田新／山下俊郎／荘司雅子『日本の幼児教育――その問題点をめぐりて』フレーベル館、一九五六年、一四四―一四八ページ

第3節　幼児教育義務化論第Ⅱ期（一九六三年―一九七一年）

この時期は、戦後の新教育制度のさまざまな問題が表面化した時で、幼稚園の義務化について、もっとも多くの議論が展開された時期である。その背景となる社会情勢の主要な動きを追ってみれば、次のようである。

一九六二（昭和三七）から六三年にかけて、わが国経済は高度成長期にさしかかった。そして、一九六三年一月、経済審議会は、「経済発展における人的能力開発の課題と対策」を答申し、人的能力論の先がけをなした。同月、池田首相は、

国会において「人づくり」論を表明した。七月、文部省はその具体策として、「学校における道徳教育の充実方策について」の通達を出している。ここに、「国づくり」は経済（産業）で、「人づくり」は、教育（道徳）でという形での国の政策が動き出したわけである。

幼児教育においても、同年九月、文部省から、「幼稚園振興七か年計画」が出され、一〇月、幼稚園と保育所の内容的一元化をめざすための文部・厚生省局長通達「幼稚園と保育所の関連について」が出された。

このような点で、一九六三年は、エポックをなす重要な年であるといえる。以後、文部・厚生両省及び、その関係の諸機関から、幼稚園、保育所の内容改善、調査行政財政面からの報告が多く出されている。

一九六四年三月、文部省から、現行「幼稚園教育要領」が告示され、一一月に「わが国の教育水準」が発表されている。この間、時の文部大臣が、三度にわたり、就学年齢の引き下げについて発言をおこなっている。一九六六年一〇月、中教審は「期待される人間像」の最終答申をおこなった。

そして、一九六九年に中教審は、「今後における学校教育の総合的な拡充整備のための基本的施策について」（いわゆる第三の教育改革）の中間答申をおこない、一九七一年六月、最終答申をおこなった。この答申については、後に述べるように、「幼児学校」構想をめぐって、さまざまな意見が闘わされることになるのである。

また、この第Ⅱ期は、政府（文部省）側の発言、産業界の要請がはっきり出され、同時に、研究者、教育現場からの発言も数多く出された時期でもある。

以下、これらを順次検討していきたいが、一応次のように分類して論を進めたい。

（1）政治的社会的要請による幼児教育義務化論（就学年齢繰下げ論、幼稚園義務化論）
①文部大臣の見解
②政党の教育政策

③産業界の要請
④教育団体の見解
⑤教育研究者の見解

（2）幼児教育義務化慎重論
①教育団体の見解
②教育研究者の見解

1　政治的・社会的要請による幼児教育義務化論

（1）荒木・灘尾両文部大臣の入学年齢引下げ論（一九六三年）

一九六三（昭和三八）年三月一九日、参議院予算委員会において、荒木文部大臣は、幼稚園を義務化ないし準義務化してはどうかという鈴木一弘氏（当時の公明会）の質問に対し、義務制は、将来の課題であるとしながらも、次のように答弁した。(1)

ゆくゆくは義務制にしてよろしい条件が整う時期がくるものと思いますが、もっと普及しました時期に、義務制にもっていくという考え方で前進しておるわけでございます。年次計画で何年後にそうするとは申し上げかねますけれども、方向としては、ご指摘のような方向をたどるべきものと心得ております。

と述べ、幼稚園義務制の問題について口火を切った。

続いて、同年八月三日、灘尾文部大臣が、小学校の入学年齢を一年引下げるとよいと語っている。これは、教育制度の再検討論をうけたもので、就学前の問題は文教行政の課題の一つでもあった。その根底には、戦後の経済成長が軌道に乗り、高度成長期を迎えた池田内閣の「人づくり」政策があった。

灘尾文相の発言は、これらのものを受けたとはいえ、当面は、「幼稚園振興七か年計画」の実施により、幼稚園の増設をはかり、内的充実をめざしていたと考えられる。したがって、義務制については将来の問題として考えていたと思われる。それは、次に述べる文部・厚生両局長通達にはっきり表れている。この段階では、幼稚園の義務制なのか、就学年齢を一年繰下げて義務教育を一〇年にするのかという具体的検討は何らなされていない。

（2）文部・厚生両省の義務化についての将来構想——文部省・厚生省両局長通達（一九六三年）——

一九六三年一〇月二八日付で、文部省・厚生省は、それぞれ初等中等教育局長・児童局長名による「幼稚園と保育所との関係について」の中で、義務化について触れた。この通達の主要目的は、幼保一元化に対処するために、ここにはじめて行政側が共同通達を出したわけであるが、全文六項目のうち第二項で、次のように触れている。[2]

2、幼児教育については、将来その義務化についても検討を要するので、幼稚園においては、今後五才児および四才児に重点をおいて、いっそう、その普及充実を図るものとすること。この場合においても当該幼児の保育に欠ける状態があり得るので、保育所は、これをじゅうぶん果たし得るよう措置するものとすること。

さらに、同日付の「文部省・厚生省間の了解事項について」の中で、義務化ついて、第二項で詳しく触れている。[3]

2、わが国における幼児教育の重要性にかんがみ、「保育に欠ける幼児」以外の幼児のうち三才ないし五才の幼児は幼稚園において教育を施すことができるように努めること。

また、児童の福祉を増進させるために「保育に欠ける児童」は保育所において保育を行なうことができるように努めること。

特に幼稚園については将来幼児教育の義務制を目途として、今後五才児および四才児に重点をおいて教育を行うこととするが、幼稚園と保育所は相協力して幼児教育にあたるべきものであり、将来幼児教育を義務制にする場合などにおいても「保育に欠ける児童」についてはさらに保育の必要があることはいうまでもない。

とくに後半の部分にみられるように、「将来幼児教育の義務制を目途として」と、幼児教育の義務制を施行することを意図していることをはっきり表記している。

この二つの通達が、にわかに、現場内外に義務化論争のうずをまき起こしたことは想像にかたくないところである。ところで、義務化の年齢であるが、ここでは四歳からのように理解できる点を考えると、これが、一九七一年の中教審答申の「幼児学校」構想につながったのではないかとも考えられる。

2　政党の幼児教育改革案——日本社会党の「幼児学校構想」(一九六六年)——

日本社会党は、政党の中では比較的早く教育改革案を発表した。これは、党の政策審議会の教育文化政策委員会で「学制改革の基本構想試案」(いわゆる山中試案)として出されたものである。

ここでは、従来の六・三・三制を「四・五・五制——四年制義務幼児教育・十年制義務普通教育体制」に再編する必要を述べて注目を浴びた。山中は、その試案について次のように述べている。(4)

現行幼稚園（または保育所）の二か年を現行小学校第一、第二学年と合体して、就学義務制の四年制幼年学校（仮称）とする。

（一）幼年学校に収容する幼児は、満四歳から七歳までの四か年とする。この四か年の発達段階は、人間の全面発達の基礎を形成する重要な人間形成期である。この認識のもとに幼年学校は分化した教科教育を前提としている「普通教育期」に、先行する、未分化な全人教育を前提とする「幼児教育期」を想定している。

（二）幼年学校の運営は、「ホーム・ルーム」の思想に支えられて、学校と家庭、親と教師の共同責任体制のもとに行われる。したがって、すべての幼年学校には、「両親学校」が併設される。

（三）幼年学校の教育目標は、現行幼稚園の保育目標と、現行小学校の第一、第二学年の教育目標に相当するものを総合した目標とする。現行小学校第一、第二学年に教育は、現実に社会科も理科も、分化した教科教育は行われていない。国語の読み方の授業の中でも、科学としてでなく子どもの自然の欲求に従って総合的未分化な教育を行っているのである。したがって、小学校第一、二学年は、普通教育としてでなく、幼児教育として、そのまま「幼年学校」の教育目標とすべきである。

以上が、日本社会党の「学校改革基本構想」の「幼年学校」に関する部分の山中の発言である。

この山中試案は、いわゆる「第三の教育改革」といわれる一九七一（昭和四六）年の中教審答申より五年前に出されているが、内容的には同じであるといってよいものである（中教審四・六制、山中試案四・五・五制）。しかし、その思想的根拠は同じでないことをくり返し述べている。山中案の根底には、日本国憲法第二六条の「国民の教育権」思想があるという。この点は、高く評価されてよい。

さらに、現行の学校教育法にいう「学校」における「幼稚園」の位置の限界性を批判し、六年制の小学校の発生した歴史的根拠を批判した。

しかし、次のような問題点があった。

（1）幼稚園と保育所の関係をどうするか。四年制の幼児学校をつくる場合に、現行の保育所をどのようにするのか、また新設の幼稚園がどのくらい必要なのか、という教育行政上、財政上の問題、教諭・保育士をどうするのかという問題がある。

（2）公立・私立の幼稚園・保育所の施設数の差（地域的偏差）、教育内容上の格差をどのように是正するか。

（3）幼年学校構想における、四、五歳児の教育は、現行の幼稚園の保育目標に相当するものだとしても、いわゆる「学校化」にともなって、受験競争が下降化する恐れはないか。

以上のような問題が、幼年学校の実施にともなって、すぐ具体的な課題となることが予想される。「理想は高く、政策は現実的に」のことばの通り、政策は、現実から出発するものであり、現実性、実現可能性が問われるわけである。

日本社会党政策審議教育文化政策委員会はさらに、一九六九年一一月「七〇年代の教育改革政策」を発表した。しかしながら、ここでは、四・五・五学制構想は、表面的に姿を消している。

これは、日教組の六・三・三学制堅持の立場を配慮してのことと言われる。そこでは、「幼稚園・保育所を増設し」「将来幼児教育義務化の制度を確立する」ことが課題として提起されている。(5)

3　経済界の幼児教育義務化論――経済団体の五歳児就学論――

一九六〇年代の後半には、経済界からも、教育制度改革案が、相次いで出された。これは、中教審の中間報告に対する一つの対応とも受け取れるものである。

（1）経済同友会の五歳児就学論（一九六九年七月）

一九六九年（昭和四四）七月一八日、経済同友会（代表木川田一隆東京電力社長）は、「高次福祉社会のための高等教育制度」と題する意見書を発表した。この意見書は、同会教育問題委員会において一年がかりでまとめられたもので、長文のものである。

この教育制度の改革案は、六・三・三・四制を改造して、就学年齢を一年引き下げて、五・四・四・α（アルファ）制の学制の提案をしたものであった。(6)

戦後の六三三四制の教育が、教育の機会均等、進学率の向上など日本の戦後社会の民主化と発展に大きく貢献し、新教育制度が社会階層の上下移動のチャンネルとして役割を高めて国民的エネルギーを解放して戦後日本経済のダイナミックな発展の大きな動因となった点は高く評価されるべきである。

現行六・三・三・四制を五・四・四・α（アルファ）制に改編する。これに伴って次のような措置を取る。

①就学年齢を一年引き下げる。

②児童、生徒の学習進捗度に応じた進級、進学を認めるようにする。

③五・四・四の後半の四年間、すなわち現行の高等学校段階を「前期高等教育」とし、思い切って多様化する。

④前期高等教育の後半の二年間に、現行の大学の一般教養課程を移行する。

⑤この後に、「後期高等教育」機関として、現行の大学の専門課程に相当するものとして、教育面を重視した学部大学をおき、その修業年限を（アルファ）年とする。また、大学院大学を別個に地域的配慮の下に設置する。就学年齢を一年引き下げることと、初等教育年限を五年間にすることは、児童心理学など純学問的な見地から詳細に検討する必要があるが、テレビの影響など今日の幼児、児童の心身の発達過程からみて、子どもたちに過度の負担を与えることになるとは考えられない。また就学年齢の一年引き下げは、幼稚園教育の急速な普及とそれに伴う父兄の負担増大の現状から考えても、望ましい措置と考える。就学年齢引き下げは画一的なものとはせず、それぞれの子どもの発達程度に応じて就学させる配慮も必要である。

戦後教育の欠陥の原因がすべて六・三制という制度自体にあるわけではないが、六・三制をゆがめているのが、入試制度（受験教育）にあり、それが、暗記教育と画一的人間形成を生じているゆえ、制度の改変が必要であるとしたのである。

（2）日経連の五歳児就学論（一九六九年九月）

一九六九年九月一八日、日本経営者団体連盟（代表桜田武日清紡会長）は、教育の基本問題に対する産業界の提言として、戦後の六・三・三・四制の単線型教育制度を批判し、就学前教育への見解を発表した。(7)

就学前教育について　学校教育の前段階としての幼児の就学前教育の重要性についての社会的関心を高めるとともに家庭教育の場と幼稚園、保育所等の社会的機関の場を通じて、しつけ教育や情操教育、音感教育等に主眼を置いた、幼児の人格形成をはかることが必要である。

家族構成の変化、都市化現象、住宅事情等による教育環境のさまざまなひずみのもとでは、とかく子どもに自己中心的な行動形態が生じやすく、ひいては、社会的なものへの順応が不十分となるおそれがある。これらの点に留意した新しい就学前教育が実施されるべきであろう。（中略）

一般的にいえば、幼児の知能的な発達が進みつつある状況にあるので、都市地域等では、五歳児を就学させることが可能となってきつつある。また産業界としても、学校教育に関しては、できるだけ早期教育を行なっていくことが望ましいと考えるが客観的な条件整備の問題や幼稚園教育との関係等を考慮しなければならないので現在の段階で画一的に五歳就学を義務づけることには問題があろう。さし当っては小学校への就学は五歳児についても可能とすることに改めて幼児の心身の発育状況に応じて、一歳早く就学させる機会を与えることが望ましい。（後略）

以上が、経済界の有力団体による見解である。そこに共通してみられるのは、幼児教育（幼稚園）の義務化という発想でなく、小学校就学年齢を一年早めるという、いわゆる五歳児就学論である。

産業界が、学校教育に関して上級学校への関心と共に、「早期教育としての幼児教育」にも関心をもっていることがうかがえるわけである。しかし、五歳児の就学一年引き下げが、両団体とも憂慮している受験競争に、より拍車をかけるのではないかという心配については、何らふれられていない。

4　教育諸団体の幼児教育義務化論

（1）全日本中学校長会の五歳児就学義務化案

教育関係団体の中で、五歳児就学について賛成論を打ち出したのに全日本中学校長会（福島恒春会長）がある。同会の関東ブロック特別専門部会は、一九六九（昭和四四）年一二月、「中学校教育の本質と現行学制の再検討」（草案）を発表している。その中で、五歳児就学を前提とした五・四・四・α（アルファ）制を打ち出した。[8]

（2）日本PTA全国協議会の四歳児就園・五歳児就学義務化案

日本PTA全国協議会も学齢一年引き下げ案を発表した。それによると四歳児からの就園を義務づけ、小学校六年（五〜一〇歳）、中学校四年（一一〜一四歳）、高等学校三年（一五〜一七歳）、大学四年（一八〜二一歳）の六・四・三・四制という改革案を発表している。(9)

（3）文部省教育モニター報告にみられる「幼稚園義務化」論

一九七〇年三月、文部省は、「幼稚園教育ついて」という全国教育モニターの意見結果についての報告を発表した。この調査は、全国モニターへの送付数五八八通に対し、回収数四九三通（回収率八三・八％）であった。調査対象者の職業内訳は、専門的技術的管理的職業、事務職、農村漁業労務職、販売サービス職、報道関係、教職員主婦、学生等あらゆる階層にわたっておこなわれた。

質問の内容は次のようなものであった。(10)

「四十四年度当初において幼稚園に在園している幼児はおおよそ百五十五万人、保育所に在籍している乳幼児はおよそ百万人で、四十四年四月に小学校第一学年に入学した児童のうち、四人中三人以上は幼稚園か、保育所を経由している現状である。そこで幼稚園の現状について報告を求め、いっそうの振興をはかるための参考にしようとするものである」

これに関して一〇項の設問がなされた。

義務化に関するものは、設問八である。

設問八　幼稚園教育を義務化すべきであるとか、小学校の就学年齢を一年下げるべきであるなどとよくいわれますが、これについてあなたのご意見を聞かせてください。

この設問では、「小学校の就学年齢の引き下げ」と「幼稚園教育の義務化」との質的な違いについて、区別していないと思われる意見がきわめて多く、たとえば「就学年齢を引き下げて幼稚園教育を義務化すべきである」の意見にみられるように、両者を同じものと考えている意見さえあった。

1　幼稚園教育の義務化に賛成　一五二人

・在園率の高さからみて義務化されたのと変わらぬ実態であるし、また義務化は可能である。
・五歳では小学校教育に耐えられない児童もあり、これについては教育内容を別に考えなければならないから、小学校教育は無理である。
・幼稚園と小学校の教育目的は違うのだから、就学年齢を引き下げては幼児教育にならない。
・就学年齢の引き下げは、学校教育全般にわたる大改革とならざるを得ないので無理である。
・幼稚園を経由した子どもと経由しなかった子どものあいだには、小学校入学時に差があらわれているから。

2　就学年齢の引き下げに賛成　一三七人

・知能、体位の向上はめざましく、小学校教育にじゅうぶん耐えられる。
・教育は早くはじめるほどよい。
・社会の進歩に適合した教育を行なうため、早教育の必要がある。
・就学年齢の引き下げによって一年早く社会に出れば、それだけ園益に寄与する。
・六歳就学では、子どもの知恵の伸びを押さえつけているようなものだから。
・義務教育が九年間ではじゅうぶんな学力がつかないから。

・学齢児童が年々減ってきて、今がチャンスだから。

3　就学年齢の引き下げや幼稚園教育の義務化の方向に進むべきである　四六人（注＝両者の違いについて区別していないと思われる回答が大部分である）

・子どもの知能
・体位が年々向上しているから。
・社会が進歩し、高度の教育を要求しているから。
・父兄負担が軽くなるから。
・早くからの教育を希望している親が多いから。

4　現状のままがよい　九七人

・この時期の子どもはできるだけのびのびと育てたいから。
・（漠然と）時期尚早。
・この時期の子どもには、家庭教育の方が望ましいから。
・父兄負担がますます大きくなる。
・親が、子どもに過大な期待をかけ、健全な発達を阻害する。
・二十年の歴史をもっている現在の学制の評価がじゅうぶん行なわれていないのに、軽々しい思いつきのようなものでは困る。
・早生まれとおそ生まれの子どもの能力差が大きくなりすぎるから。

5　いずれをとるにしても慎重にすべきである（いちがいにいえない）　一四人

6　そういうことはしなくてもよい　四人

7　以上のほかに、「就学年齢の引き下げ」にはまったくふれず、「幼稚園の義務化」に対してのみ反対する意見が次のとおり二八あった（これらも、両者の違いについて区別していないと思われる回答が多い）。

・（特に理由なく）義務化の必要はない。
・のびのびと育てたい。
・施設・教員の確保などの問題があって義務化は無理である。

8　論旨不明　一四人

9　無記　二人

これをまとめてみると次のようになる。
①幼稚園教育の義務化に賛成　約三一％
②就学年齢の一年引き下げに賛成　約二八％
③就学年齢の引き下げや幼稚園義務化の方向に進むべきだとするもの　約九％
④現状のままがよい　約二〇％
③の回答については、①と②の回答の違いについて区別していないと思われる部分がみられるが、以上の三者を、現

在の教育制度の改革派と考えるならば、全体で六八%になり、現状維持は二〇%にすぎないわけである。ただ、幼稚園教育の義務化と就学年齢の引き下げとは基本的に異なる問題であるので、両者を一緒に考えるのは問題があると思われる。さらに、この両者についての回答内容を詳細に検討する必要があろう。

(4) 時事通信社「学制改革に関する世論調査[11]」(一九七〇年六月)

対象は、全国から無作為に抽出した一〇〇七名の成人男女である。今、その調査の中から就学年齢引き下げ、幼稚園義務化に関する部分の結果をあげると次のようになっている。

〔問い3〕

小学校の就学年齢を六歳から五歳に引き下げるという意見について賛成か、反対か。

①賛成　三二・六%、②反対　四〇・五%、③わからない　二六・九%

一九六六年九月調査では、

①賛成　三一%、②反対　五〇・九%、③わからない　一八・一%であった。

両者を比較すると、「反対」が約一〇%減り、賛成がわずかながら増えている。

〔問い4〕

幼稚園を義務教育とするという意見について賛成か、反対か。

①賛成　三八・八%、②反対　三九・一%、③わからない　二二%

一九六六年調査では、

①賛成　四二・九%、②反対　三八・七%、③わからない　一八・四%であった。

両者を比較すると、義務化賛成が四％減り、反対がわずかに増えていることがわかる。

文部省のモニター調査と時事通信社の調査結果は、当時の国民の意見を反映しているものとして興味深い。とくに「就学年齢の一年引下げ」賛成の割合が似通っている点である。

5　幼児教育義務化論①――研究者の義務化論・教育制度論――

(1) 幼稚園義務制を――小川正通の見解――

日本保育学会副会長も務めた小川正通は、幼稚園と保育所の普及発達の現状、幼保二元化是正の必要性からみて、学齢低下より幼稚園義務制の実施が必要であると述べている[12]。

幼稚園と保育所とに入園入所する四、五歳児はもちろん、すべての四、五歳児を新しい国・公・私立「幼稚園」(文部省) へ入園させる。そして従来の就学前教育における複線型を打破する。他方、三歳未満の「保育に欠ける」乳幼児は、すべて新しい「保育所」(厚生省所管) において、保育を受けられるようにする。また一般の三歳児は、希望により幼稚園へ入園することができる。そして幼稚園の保育時間は、幼稚園へ「保育に欠ける」幼児も入園してくるのであるから、地域と家庭事情に適応させる。また必要に応じていわゆる「学童保育」も、小学校とともに分担する。以上のようにしてまず五歳児の幼稚園義務制を定め、これを保護者に義務づける。次の段階でそれを四歳児へ進めていく。しかもそれらに対しては、詳細周到な年次計画を立て、それに基づいて進めていく。そしてわが国幼稚園創設一〇〇年に当たる昭和五一年の記念事業として、五歳児幼稚園義務制を完成させたらというのが、私の提案である。

「保育に欠ける」幼児の幼稚園入園は、今日の「預かり保育」や「認定こども園」構想とも、重なるところがみられる。

(2) 四歳から七歳までの幼年教育——羽仁説子の見解——

「日本の子どもを守る会」会長の羽仁説子は、「学制」の問題について、「私は、はじめから、六・三制には不満でした」と次のように言う[13]。

私には、三十年主張してきた幼年教育の課題があります。学齢を二年下げて満四歳からとし、学齢後二年までを幼年教育という一つの分野として学制を考えるべきだとしてきたからです。それは、子どもの認識の発達からみて、すべての子どもに教育効果を上げるためには、どうしてもこの考慮が必要です。私は人間の成長の中で、もっとも端的に、生活の喜びとか責任とか習慣とかいうことが、子ども自身に結び付き、学びとられるのは幼児期だと思います。

羽仁は、四歳から七歳までの一貫した幼年教育を主張する。それは、幼児に知識のつめ込みをするためにではなく、生活の教育、情操の教育の重視の上にたっての主張である。この点は、同じ「幼年学校」構想でも、他の論者と発想を異にしている。

(3) 四歳から義務化し、義務教育は、一二年に——国分一太郎の見解——

戦前、北方性教育に打ち込み、戦後も、生活綴方教育に変らぬ情熱を注いできた国分一太郎の見解は、他の人とは、少し異なっている。それは、就学前教育二カ年を義務制にし、小学校六年、中学四年（初級二年、高級二年として、高校を廃止する）の一二年間の義務制という考え方である[14]。

就学前教育二カ年を義務制にし、国・公立とする。ここでは日常の生活訓練、遊びや芸術的活動の指導をし、集団生活になれさせる。ほかに音声による日本語指導、実物による初歩の数量生活の指導をする。現在、小学校に入ってから、四、五月ごろにする生活指導などはここでしてしまう。そうすれば、いま入学初期の一年生が、幼稚園・保育所に行っている子どもより早く帰宅してくるようなことはなくなる。「学童保育」なんていうことも、あとに述べることとあわせてなくすことができる。

小学校は六年間、一年生入学当初から教科の勉強にはいる。一、二年の間は、国語と算数の時間をうんと多くとる。国語では日本語の発音、カタカナ、ヒラガナ文字、初歩の漢字の読み・書きに力を入れる。

私の考え方の出てくる根拠は、

①に働く母親たちのじゅうぶんな活動を保障し、いわゆる「カギッ子」などの存在をなくすためである。

②に十二年間の学齢前・初等・中等教育機関を、能率的でムダのないものにするためである。

③に就学期間が次第に長くなるにつれて、思春期に向かう子どもたちに、健全な指導を加えるためである。

④に義務教育期間が長びく国際的傾向に沿う一方で、国民(親たち)の教育のための負担を、できるだけ軽くするためである。

一方、五歳児就学論を主張したのは、心理学者、関計夫である[15]。(最近の乳幼児の発達の加速現象という点からみて)「わたしは、小学校入学の始期は満五歳にしてもいいのではないかと考えている。どうも今の制度では、子どもが十分小学校に入るレディネスをもっているのに、むりに足ぶみさせているように思う」と述べ、五歳児入学論を展開した。

研究者は、全体として、四、五歳児の幼稚園就園、小学校就学義務化に反対ないし、慎重であり、政界、産業界から、かなり活発に出された小学校義務化案とは対照的である。

6　幼児教育義務化論②——教育団体の義務化慎重論——

（1）「幼児教育の義務制」について——日本保育学会シンポジウム（一九六四年）——

日本保育学会（山下俊郎会長）は、一九六四（昭和三九）年五月の第一七回大会で「幼児教育の義務化をめぐる諸問題」と題するシンポジウムをおこなった。

このシンポジウムでは、心理学（守屋光雄）、公立幼稚園（山村きよ）、私立幼稚園（友松諦道）、保育園（佐藤利静）、歴史と行政（高橋さやか）の各立場から意見が述べられた。最終的に、シンポジウムのまとめ、学会としての見解という形になってはいない。しかも、各論者が、各々に所属する団体の意見を必ずしも代表しているとはいえず、個人の資格で発言した面が強いように思われるが、一応の参考として、次にあげたい[16]。

守屋（心理学）　此度の義務化論は今の政府の政策からでたものとも考えられ、そうであれば賛成しかねる。子どもの教育を受ける権利を守るためには義務化は大切なことであり、幼童無差別の教育、発達の可能性を伸ばすための系統的具体的プランのもとにおける指導という点から、就学前教育を一貫して考え、幼年期の一元化（幼児と小学校一、二年生）を考えなければならない。就学年齢を機械的に下げることには疑問があり、専門の立場からの研究にもとづいた義務制でなければならない。

山村（公立幼稚園）　幼稚園が義務制になってよいことは先生の身分が安定することである。（中略）更に教師養成に対して国家がほとんど面倒をみず、私立校に任されている現状だが幼稚園が義務制になることによって養成施設への援助もなされようし、現状義務教育ではないからという理由でとりはからわれていない点の多くが改善されるものと期待できる。

友松（私立幼稚園）　アンケートの結果、就学年令の一年切り下げに賛成が六四・八％もあったが、問題がよく理解されていないようである。六歳児就学を五歳児就学にするのか、五歳児教育の義務化なのか、またそうであれば保育所、私立幼稚園はどうなのかの問題、或いは、市町村の幼稚園設置の義務化なのであるか明らかでない。また国際的にみても五歳児就学は、一、二の国を除いては行なわれていない。

佐藤（保育所）　保育所に入れない子どもが百万または三百万人いるといわれており、義務化の問題より、放り出されている子どもをなんとかすることの方が先ではないか。（中略）現在小学校の教育も受けられないものがいることなどから、形のみでなく、全員が安心して学校に行ける状態になってから幼児の義務化を考えるべきであろう。

高橋（歴史と行政）　社会の歴史の流れや今日の社会の状態、社会的ニードなどの観点からは義務制が望まれる状況があると考えられるが、幼児教育界、政治、幼稚園、保育園、先生たちなど関係者の観点から義務化に関する認識は悲観的である。（中略）教育内容、教育課程が上級のものをやさしくしておろすというのではなく、下からもち上っていくという形で義務化されなければならない。

以上の発言内容をみると、山村・高橋以外は義務化に反対している。ただ山村も市町村の設置の義務化であり、あくまで行政レベルでの発言で、就園の義務化ではないということである。反対論にしても、条件整備がなされれば、義務化を進めたい（友松、佐藤）という意見もあり、必ずしも正反対の意見ではない。

守屋は、学問的立場からの検討を主張しているし、高橋も、義務化に際して、幼児教育の持ち上がりを主張している点がユニークである。これは、幼児教育の独自性の認識という点で示唆にとむ考え方である。

（2）日本私立幼稚園連合会の「幼稚園義務化」案についての見解（一九六六年五月）①

日本私立幼稚園連合会（日私幼）特別委員会では、一九五九年の全国大会以来、「幼児教育制度の検討について」討議し、一九六三年まで、第三次草案を発表している。しかるに、一九六三年以後、文部省側（文部大臣）の幼稚園義務化、学齢一年引き下げ発言が相次ぎ、幼児教育振興七カ年計画が出されたこと等をうけて、一九六六年五月、「幼児教育制度のあり方について」（試案）を発表した。

結論的にいえば、幼児の心身発達、幼児教育の世界的動向、種々の宣言、憲章、憲法、教育基本法等の法規の問題から、現状では困難であるというものである。

まず義務化に必要な条件として次の五項目をあげている。[17]

幼稚園教育を義務化するということは、①満三歳からの幼児の保護者に対してその幼児を就学させる義務を負わせ、②市町村にこれらすべての幼児を就学させるに必要な幼稚園を設置しなければならない義務を負わせ、③国公私立においては授業料を徴収せず無償とし、その費用を公費負担するとともに、④経済的理由で就学困難と認められる幼児の保護者に対して必要な援助をしなければならない義務を負わせ、⑤教職員の給与等を国及び都道府県が支弁、負担する、ということであって、そのうちの一つを欠いても、現法制下での義務教育化とはいえないのである。

以下、この五点について問題点をくわしく検討しているが、結論的に次のような義務化への慎重論を展開している。

「幼児教育の義務化」ということばの意味するもの、内容及び「それぞれの問題点」を検討してきた場合、文部・厚生両省の局長通達に使われた「幼児教育については、将来その義務化についても検討を要するので」ということばを、どのように理解してよいか、どのようなことを想定して使われたか明らかではないが、現法制下での五要件すべてをそなえての幼稚園教育の義務化がいかに困難なものであり、また、一つ一つを取り上げてもいかに問題の多いものであるかが解明したものといわなければなるまい。

したがってこの種の問題は、教育の機会均等、教育の義務化とはいかなるものであるかという、より本質的・抜本的な問題の解明とあわせ考えられなければなるまいが、われわれは、この問題以前に当然検討すべき問題のあることを指摘しないわけにはゆかない。

以上のようなものであった。義務化五原則は、綿密な検討がなされたものと考えられた提案である。しかし、非常に困難な問題であることがわかる。

（3）日本私立幼稚園連合会の「幼稚園義務化」案ついての見解（一九七〇年）②

一九七〇（昭和四五）年四月二日、日本私立幼稚園連合会は、「今後の就学前教育制度のあり方について」の見解を発表した。これは、前記一九六六年の日私幼の試案、一九六九年の中教審の中間報告をうけて出されたものである。

ここで、一九六六年試案を、さらにはっきりさせ、「現状の三歳から五歳をくぎりとする就学前教育制度を維持し、その改善、向上発展を期すべきであるという立場」を明確に打ち出している。

この見解の基底になっているのは、幼児期の教育と保護は表裏一体のものである。と同時に、0～三歳は、保護が教育に優先するのに対し、三～五歳は教育が保護に優先するという考えと、幼児期の教育は、性格陶冶、情操教育、社会性の発達が中心であって、あらゆる画一的、教科的指導は排除されなければならないという考え方があると思われる。

義務化に関して、次のように提案した。[18]

＊学校体系と年齢のくぎり方について

就学前教育の始期と年限は、保育所より入学していると推定されている約二〇％の「保育に欠ける」五才児ならびに現在の学童保育の実態と関連して、三〜五才をくぎりとするこの年齢段階の幼児固有の発達課題を達成させるにふさわしい現行の制度（既に九三年の歴史をもって定着している制度）を維持することが望ましい。

＊就学義務について

就学前教育施設への就園は、個々の幼児の心身の発達の実情（年令の低いほど成育《ママ》期間の違いによる発達上の差異が大きい）に即して適正を期することが重要であるので、機械的、画一的に五才児に就学義務を負わせることなく、保護者の教育権ならびにどのような教育・保護の方法をとるかの選択権から、これを利用する保護者の公正な判断の自由にまかせることが望ましい。

私立幼稚園連合会に対して、国公立幼稚園長会（湯原隆二会長）も、「就学年齢引下げ時期尚早論」を出している（一九七〇年二月）。

同会学校制度調査研究特別委員会は「幼稚園教育の本質と今後の学制問題」をまとめ、「就学年齢の引き下げは時期尚早である。当面は、幼稚園教員の給与の県費負担などをはかって、幼稚園の普及充実につとめ、設置義務の確立、就園義務の実現にもってゆく」との意見を明らかにした。

このほか、都道府県教育長協議会、全国都市教育長協議会、全国国公立幼稚園ＰＴＡ連絡協議会なども同様な考え方が有力だといわれる。

また、日本教職員組合（宮之原貞光委員長）は、経済同友会や日経連の改革案について「資本の立場から人的資源の確保をねらったもので、絶対に容認できない」としながらも、五歳児教育の義務化を検討すべき課題だと述べた。しかし、基本線は、国公立幼稚園長会と同じ意見である。[19]

（4）全国小学校長会の五歳児就学に関する見解（一九七〇年）

全国連合小学校長会（高橋早苗会長）は、一九七〇年三月七日、「小学校の始期と終期」に関する調査結果を発表した。対象は、全国公立小学校の約一割に当たる四五道府県、二二〇〇名の校長である。対象地域は、道府県別、住宅、商工業、農山漁村地域別に分けて意見を求めた。

まとめられた結果は次の通りであった。[20]

結論的にいえば、小学校の始期は、現在六歳児入学が適当で、五歳児の入学は時期尚早であるというものであった。

＊始期について（五歳児入学の可否について）

現行の六歳児がよいとするもの六〇％で、五歳児入学を可とするもの四〇％。五歳児入学は時期尚早という結論に達している。

とくに、北海道、東北、四国等交通上通学等の関係から五歳児入学の困難を訴えているのが目だつ。

半面、山形、静岡、長崎等は保育園の普及度から五歳児入学を可とするものが六〇％になっている。

幼児教育の現状からみて、五歳児入学を可とするむきがある。それは、現在、保育園や幼稚園の通園率が全国的に八〇％にも達しようとしており、小学校の生活にたえうるという理由からである。なお、個人道徳や社会道徳の指導をはやめた方がよいとの意見である。

これに反し、現行六歳児入学がよいとする六〇％の支持は、安全意識、体力、知的発達、情緒の安定、概念化等から、五歳児入学を困難であるとしている。特に、学校運営上の諸条件から考えて、現状ですすむべきであるという論である。

全体としてみれば、五歳児入学を可とするもの四〇%、現在の六歳児入学を可とするもの六〇%で、時期尚早論が、多数をしめている。しかし、後半の部分にあるように、幼稚園の義務化の含みがあることも見逃しえないように思われる。

しかし、その内容については、次のような意見がみられる。

・幼児教育を義務化するためには、

①一学級の児童定数をぐっと引き下げるべきである。

②幼児の発達段階に応じ入学させるためには、入学期を四月入学組と一〇月入学組の二期に分け、弾力的に扱うようにする。

③通学のためのバス等、交通機関の整備を考えるべきである。

・幼児教育をあまり早くから組織化、平均化すると個性の伸張がそこなわれる。

・現在の一年生でも身体的その他に相当な差があり、一年かかってやっと集団生活になれさせることができるのが現状で、一年繰り下げでは、非常に困難である。

幼児教育義務化については、幼児期の発達の特性をふまえて、慎重におこなうべきだとする見解が非常に強く、発達的観点から義務化を論じたものは比較的少ないように思われる。

7　幼児教育義務化論③——研究者の義務化慎重論——

幼児教育の義務化に関する見解は、前掲の学齢成熟説による一部の賛成論、推進論を除くと、全体として反対論・慎重論が多数を占めている。

それらの理由をたどってゆくと二つのものがある。

第一は、教育制度改革から改革不可能であるから現行制度維持の立場。

第二は、学齢成熟説のまったく裏返しのもので五歳児入学または就園義務化にふさわしい成熟に達していないとする立場である。

第二のものは、一枚の紙を表からと裏からみる立場によって、逆の結論が出された場合であって興味のあるものである。

以下に諸氏の見解を検討したいが、その際教育学者が、どのような教育的立場、教育的展望の上に立っているかが重要な視点になると思われる。

(1)　三・四・三・三制の教育を——荘司雅子の見解——

荘司雅子（広島大学教授）は、就学年齢の問題について、かなり綿密な見解を二回にわたって発表している。荘司は長年日本保育学会副会長をつとめていたので、その見解は、学会を代表する側面もあるといってよいであろう。

幼稚園の義務制という場合、現行法規上どのように考えられるか、次の五点をあげている。[21]

教育基本法及び学校教育法の規定によれば、義務教育とは、①すべての国民がその子女に教育を受けさせる義務を負っている教育。②市町村がその学校を設置しなければならない義務を負っている教育、③無償で行なわれることを建前とし、国公立では授業料を徴収せずに行なわれる教育、④経済的理由によって就学困難と認められる学令児童の保護者に対して市町村が必要な援助をあたえなければならない義務を負っている教育、⑤教職員の給与等を都道府県が負担し、国庫がその二分の一を支弁して行なわれる教育等をさしている。

①五才から七才までの三ヶ年間をひとくぎりの教育期間として教育内容と教育環境を整備すること、そして五才児の成長発達に即した教育課程を考え、それが次第に六才児七才児へと連続的になるようなカリキュラムを組むことである。（中略）
②幼稚園教師の養成を急ぐこと、現在資格なき幼稚園教師が特に私立幼稚園に多いことは決して看過すべき問題ではない。また小学校低学年の教師を再教育して幼児教育に関する理論と実際を身につけさせること。そして幼稚園と小学校低学年の教師を専門職にすることである。
③幼稚園教師の待遇を小学校と同じようにすることである。
④六・三・三制度を三・四・三・三制度に改めること。
⑤わが国の現状からみて、現段階では幼稚園の義務化よりも、まず公立といわず私立といわず五才児の無償教育が先決問題である。

ここで荘司は、三・四・三・三制（一三年制）を主張している。その真意がどこにあるのか、本論の中では、それについてまったく言及されず突然出されているので唐突の感を禁じえないが、恐らく、将来幼稚園一年を義務化し、それと小学校低学年を一緒にしたもの（三年制）、小学校（四年制）、中学校（三年制）、高等学校（三年制）を考えていたのではないかと推察する。五歳児義務化慎重論である。

（2）公教育としての幼児教育——上野辰美の義務化論——

上野（兵庫教育大学教授）も義務化については、慎重な考え方をしている。[22]

特に幼児教育の義務化にあたっては、単なる政策論や経済論に止まるべきものではなく五歳児なり四歳児なりの成長発達における実態に関連して、医学・心理学・教育学あるいは社会学などの総合的裏付けを得た上で、このための予算化と組織化のための国民運動としてとりあげられなくてはならない。また小学校就学年齢の一年早期化といった安易な解決方法をとるのではなくて、幼稚園、保育所から中学校、高等学校にわたる、国民全体に対する義務教育体系の全体構造の中において、これを正しく位置づけることを考えることが必要である。さしあたっては、五歳児から一五歳におよぶ幼—小—中の一貫した一〇年持続教育計画の構造改革としてとりあげ、これに要する学校制度の本質的な改業が加えられるであろう。

義務化にあたっての展望と、その予算化と組織化のための国民運動の必要性を述べた点は他の論と異なっている。水野浩志（都立立川短大）も上野とほぼ同じような見解を示したひとりである。

（3）六・三制の発展こそ重要——海後宗臣の見解——

戦前から教育学の研究に尽し、戦後はわが国の教育学界のリーダー的存在であった海後宗臣（東京大学名誉教授）は、一貫して、六・三制の擁護論者である。長年の研究と信念に支えられた海後の発言は、われわれに大きな重みをもって迫るかのようである。[23]

わが国の六・三制は進歩した学校体系であって、日本のような原則による学校の制度に到達しようとして努めている外国が少なからずある。であるのに、これらの国が捨てようとしている旧学制をすぐれていると誤認して、これを参考にすべきであるというような愚論があるのはどうしたことだろうか。われわれは、自信をもって日本の六・三制をさらに進展させる方向で、学制問題にあたらなければならない。

学校制度の問題については、各段階においてとり上げられているが、最も基底にあるのは、就学前教育をいかにするかである。幼稚園義務制の提案もあるが、これは、現在の状況下においては困難がある。今日では、就学前教育を拡充する方法が適切であって、準義務制というような考え方で、幼児教育を積極的に充実しなければならない。そのためには、幼稚園と保育園の併立の問題を早くすべきであろう。それは、以前からもいわれていることであるので、それを早く実施すればよいのである。

一九六六（昭和四一）年、「日本教育新聞」は教育改革について、三四名の人びとの意見を三五回にわたって連載した。意見を寄せたのは、教育学者、中・高校教師、校長、教育評論家等である。ちょうど、教育改革についての論議が盛んな折であり、多くのユニークな意見が寄せられている。そのすべてを紹介することはできないが、内訳は次の通りである。

①現行制度（六三制）支持　三名
②改革派（何らかの形での改革を意図するもの）　二三名
③改革案にふれなかったもの　八名

圧倒的多数が、現行の六三制の改革の必要性を述べたわけで、現行支持派はきわめて少ない。しかも、八名は改革案にふれず、具体的に教育制度こそ提案しなかったけれども、教育理念の改革を含め、ほとんどが現行制度の改革の必要性をといている。したがって、改革の意見は、さらに多くなる。

ここで私が問題にしている幼稚園の義務化、あるいは小学校入学の一年繰り下げの問題は、当然、教育制度全体の中で論ぜられるべきであって、たんに幼児教育制度が独立して存在するものではないことはいうをまたない。その点で、ここでの検討が、各論者の幼児教育について述べている部分だけを引用したことにより誤解の生じることを恐れるわけである。

現行の教育制度に改革の必要性を述べた多くの論者の幼児教育制度の改革案に共通することは、小学校の就学年齢を五歳からとするもので、五歳児の幼稚園教育を義務化するという考え方をするものはひとりもいなかったことである。この点は、非常に大きな問題を含むものであるといえよう。

（4）「学齢成熟」よりみた義務化尚早論――川口勇・薄田司らの研究――

川口勇（関西大学）、薄田司（聖徳学園短大）は、幼児の「学齢成熟」を発達心理的視点からみて、かなり綿密な調査をおこなっている（吹田市・金沢市等）。

それは、ドイツにおける「学齢成熟」に関する諸テストの開発に学び、わが国の場合はいかなるものであるかを検討したものであった。

内容は、①量形態、②格図形、③蜂の巣図形の模写を分節段階によって分析したものである。

分節段階は、A（完全分節）段階、B（部分分節）段階、C（未分節）段階、D（分散）段階である。いまここでは、テストの詳細な結果は割愛するが、このテストにより、六歳児は、都市型・純山村部の子どもにも、ほぼ等しい結果が得られたが、五歳児については、大きな差がみられたという。

そして、就学年齢引き下げ等の問題について川口は次のように述べている。[24]

幼稚園教育は少なくとも二年以上を原則とすべきである。今、義務制の一年引下げを急ぐならば、それ以前の就学前教育の体系を切り崩してしまう危険がある。一カ年の義務引下げは、少なくとも、現在の幼稚園教育期間である三歳児から教育体制の整備の上に行なわれるべきである。さしあたって、われわれのなすべきことは、拙速の義務制引下げではない。就学前教育の拡充整備こそが急務である。（中略）児童の発達という観点から提案するとすれば、次のような問題が提起できる。（1）就学義務は、当分従来どおり、満六歳とする。（2）就学前教育を前後二期に分かち、前期は三歳未満の保育所、後期を三歳から学齢までの幼稚園とする。（3）親権を重んじ、すべての希望する就学前児童がこれら就学前教育施設にはいれるためのあらゆる措置（無償化方向への努力を含む）を緊急に講ずる。（4）保育所は、保育に欠ける子ども（過保護児童もそれにはいる）を中心とするが、希望者に広く開放する。（5）幼稚園は、現行保育所の機能をも兼ね、保育教育の時間の柔軟性を持たせ、その保育・教育の内容と方法を整備する。終日保育では、子どもの生活・教育の全般に責任を持つ方向へ、短時間（平日）保育の場合は、特に家庭や近隣での生活・教育の基礎を身につけさせる方向へ、それぞれの内容・方法の整備をする。（6）就学前教育に関する研究機関ならびに研究指導組織の整備、教育養成機関の充実と待遇改善、国公私立教育機関の格差是正を緊急に行なう。以上各項の充実整備が行なわれ、就学前教育の内容と成果の上にあって、就学年齢の問題を考え直して決しておそくない。制度が先走って、内容の空白化することは厳につつしむべきである。

これが、川口らの結論であった。これは、心理学的諸テストの大規模な実施の結果得られたもので、就学問題、幼稚園義務化問題に関する数少ない貴重な実証的研究成果である。（5）は、北須磨保育センターにみられる「幼保一元化」

（一九六九年）を予想させるもので、従来この種の見解はほとんどなかったのである。

（5）家庭教育の重視を――牛島義友の見解――

これまで検討してきたような幼稚園就園義務化や学齢引き下げに関する諸氏の見方にみられなかったまったく別の視点からユニークな論を展開したのが牛島（九州大学教授）である。

牛島は、心理学者として、しつけに関する研究や家庭教育に関する研究をおこなってきたが、一九六〇年代の数多くの義務化の中で異色の見解を提出した。牛島は、「家庭教育の重要性」をいう。

まず次のように述べている[25]。

本来子どもの教育は親の義務である。この教育における最も自然の第一原則が我が国においてはとかく軽視され、無視されようとしていることに対して警鐘を乱打したい。（中略）

個人の自覚、家庭本位の考え方、家庭教育を第一と考える立場が確立されたのちに、学校教育を歓迎し、その発展を願うことが、大切である。

この基本的な人権の自覚がなければ、子どもの教育は乳幼児から、専門の施設で育てる方がのぞましいといったふうな意見にさえ発展し、家庭（少なくとも親子関係）は消滅してしまうだろう。

ここで、氏は、まず「家庭教育の重要性」、「基本的人権」の感覚についてふれ、次に五歳児就学論を次のように批判している。

幼稚園の教育は子どもの発達を考慮し、遊びの態度で仕事をさせ、統合的な指導や、誘導保育を行ない、また社会性の発達や情操教育に力を注いでいる。このことは、幼児の興味のみならず、小学校低学年においてものぞましい方法である。故に純すいの教育論からすれば、幼稚園を小学教育化するよりも小学校低学年を幼稚園化する方がのぞましいのである。

幼児教育者と小学校教師とはその心構えや指導方法が根本的にちがう。それで現在の小学校教師や小学校長に五才児の教育を委ねたならば、それが小学化し、幼稚園（これも学校制度として公認されているもの）が消滅することは明らかである。故に制度としても、今日の小学校と独立に幼稚園なり幼年学校の制度が設けられることがのぞましい。

「小学校低学年の幼稚園化」という、時代の流れにやや逆行するとも受けとられそうなこの見解は、わが国の幼児教育制度が、まだ各界あげて真剣に論ぜられていないだけに、幼稚園教育の独自性の認識に立つ示唆にとむ考え方であると思われる。

（6）教育財政からみた五歳児義務化――伊藤和衛の見解――

伊藤和衛（東京教育大学名誉教授）は、幼児教育の義務化について、教育財政という観点からメスを入れた。

伊藤は、一九六九年六月の中教審の中間報告「わが国の教育発展の分析評価と今後の検討課題」から、五歳児の就学義務化を実施した場合の財政上の問題について分析している。

実は、五歳児義務就学の教育費を適確に推計する方法はいまのところほとんどないという。

そして、最終的に、推計は次のような方法によるという。[26]

結局、しかるべき確たる方式を見出しえないままに、過去の実績を元にしながら義務制化されるときの五才児教育の全経費を出してみるしかない。この場合、依拠するものは公立幼稚園園児の単位経費（園児ひとり当り経費）である。この単位経費を用いる理由は教員給与費を中心とした消費的支出はもちろん資本的支出も債務償還費もみな算入されているからであり、また公立幼稚園の単位経費をとって私立幼稚園のそれをとらない理由は、ローレベルにある私立幼稚園経費は義務制化することによって設置者は変らずとも公立幼稚園並みとなるだろうことを予測するからである。

そして、実態としてみると、公立と私立の単位経費にはそれほどの差はない。しかし、問題は公立の一一五分の一程度しか負担していなかった私立幼稚園の公費負担分が全部公立幼稚園並みになるということである。

これについて、伊藤は次のように述べている。

この単位経費で計算すると五才児の義務就学はゆうに一、〇〇〇億円を越してしまう巨額となる。これはいまから三年前に五才児を義務就学させたときの計算である。かりに昭和四十五年度から同一教育人口で義務就学するとすれば、一、五〇〇億円を上回るだろうことは予測に難くない。

年々、この一五〇〇億円の財源をいかに確保するか、これは、一〇年前のデータをもとに算出したものであるので、今日では、さらに膨大な予算を必要とすることはいうまでもないことである。

氏は今後これを教育計画の目標として実施する場合、「五歳児の義務就学」は、いわゆる「完全無償の教育でないと成功性が薄くなる」という。

まず第一に、五才児義務就学をやる場合に幼稚園教育と保育所保育の二元性をどうして一元化するのか問題があ

る。（中略）

第二の問題点は、公立と私立との財政問題の解決である。私立幼稚園の財政問題はなかなか複雑である。それは常に私立幼稚園児を公立の施設に移せばよいというような問題ではない。私立幼稚園には個人立が四六・五％(昭和四二）もあり、園児の四四・一％がそこに通園しているのである。（中略）

第三は、幼稚園の財政格差に問題がある。

例えば、一九六七年度（昭和四二）の四七都市の経常費決算における園児ひとり当りの経費は平均三万円台であり、名古屋市五七一七五円、大阪市四七三八七円、神戸市四二七五二円、徳山市二一九二三円、焼津市一九三六一円と格差がある。

このような問題を解決するには、教育費負担区分の問題を考えなくてはならないという。

第四は教育費負担区分の問題である。わが国において明治以降伝統的にとられてきた設置者負担主義の原則は国家の長期教育計画策定を機会に変更されなければならないであろう。この原則をそのままにしておいては五才義務就学すら財政的にお先まっくらだといわざるをえない。設置者負担主義と公教育公費負担主義とは別個の問題として扱うべきであり現代においては前者の原則は否定され後者の原則によって統一的に扱われなければならないと思う。

現行法の下で五才児義務就学を実現する場合、その設置者は当然市町村となるのであるが、町村の大部分はその能力に欠けると判断せざるをえない。教員給与費のみでなく消費的支出における維持修繕費や補助活動費等について、その相当比率を国や都道府県の上級団体が負担するのでなければ実現は困難であると判断する。

以上が、教育財政の立場から述べた伊藤の「義務化不可能論」の見解である。義務化の財政的背景について述べた見解はほとんどなく、その意味でも貴重なものといえるだろう。
第II期で述べられた義務化論は戦後史でいえば、高度成長期に出されたもので、その政治的・社会的背景を考えあわせるとわれわれにさまざまな問題を投げかけている。

注

(1)「幼稚園の義務制は可能か」『内外教育』時事通信社、一九六三年五月一〇日、「出はじめた学制改革論」同上、一九六三年九月三日
(2)文部省初中局長・厚生省児童局長通達「幼稚園と保育所の関係について」
(3)同右両局長通達「幼稚園および保育所の調整についての文部省・厚生省の了解事項について」(共に文初発四〇〇号、厚児発一〇四六号)
(4)山中吾郎「私の『幼年学校構想』について」持田栄一編著「未来をひらく幼児教育」叢書『幼年学校構想を考える』所収(チャイルド本社、一九七四年、六ページ)。以下の引用は、同論文(六―一一ページ)からのものである。
(5)持田栄一『幼児教育改革』講談社、一九七二年、一三二ページ
(6)「五・四・四・アルファの学制提案」『内外教育』時事通信社、一九六九年八月一日(一部要約)
(7)「教育制度・内容改革を要請」同誌、九月三〇日
(8)『現代教育科学』明治図書、一九七〇年六月号、九六ページ
(9)同誌、九六ページ
(10)「文部省第二回教育モニター報告、就学年齢引き下げ賛成」『内外教育』一九七〇年四月七日、一〇日
(11)「六・三制維持四六・八%」同誌、一九七〇年六月二、三日付
(12)小川正通「幼児教育――就学前教育の改革」佐藤三郎編『現代の学習革命』所収、明治図書、一九七〇年、一九〇ページ
(13)羽仁説子「幼小一貫教育が急務――学齢を二年下げて義務制」日本教育新聞社編『学制改革――私の提言』所収、

一九六七年、九八ページ、一〇一ページ
(14)国分一太郎「初等・中等教育を十年制に――学齢前教育を義務化したうえで」同書所収、九二、九五ページ
(15)関計夫「就学年齢引下げの問題」『幼児の教育』一九六六年一一月号、一一―一四ページ
(16)日本保育会シンポジウム「『幼児教育の義務制をめぐる諸問題』の状況報告」『幼児の教育』フレーベル館、一九六四年九月号、四七―五〇ページ
(17)日本私立幼稚園特別委員会「幼児教育制度のあり方について」(試案)一九六六年五月二〇日
(18)日本私立幼稚園連合会「今後の就学前教育制度のあり方について」一九七〇年四月。日私幼のこの見解は、中教審の『今後における学校教育の総合的な拡充整備のための基本的施策について』の『中間報告』に対する見解」として出されたものである。
(19)『現代教育科学』明治図書、一九七〇年六月号、九七ページ。「後退した五歳児義務制化」『内外教育』時事通信社、一九七〇年四月一四日。
(20)「全連小の調査結果、校長の四割五歳児入学賛成」『内外教育』時事通信社、一九七〇年三月一七日
(21)荘司雅子「六三三制の検討――幼児教育の立場から」日本教育学会編『教育学研究』一九六八年三月、五ページ
(22)上野辰美「幼児教育義務化の諸問題」日本教育学会編『教育学研究』一九六八年九月、四五ページ
(23)海後宗臣「六三制の発展が最善」前掲『学制改革――私の提言』所収、二一〇―二一一ページ
(24)川口勇編著『就学前教育』(教育学叢書13)第一法規、一九六八年、一三三―一三四ページ。薄田司「本邦児童の就学成熟に関する研究Ⅰ」『金沢大学教育学部紀要』第一六号、一九六七年
(25)牛島義友「幼稚園教育義務制の問題をめぐって」『幼児の教育』一九六六年一〇月号、三―四ページ
(26)伊藤和衛「六歳児義務就学の財政問題」『保育』ひかりのくに社、一九六九年一一月号、六一―六四ページ

第4節　幼児教育義務化論第Ⅲ期（一九七一年―一九八〇年）

1　中央教育審議会答申にみられる幼児教育改革案（「先導的試行」案　一九七一年）

一九七一（昭和四六）年六月、中央教育審議会（森戸辰男会長）は、「今後における学校教育の総合的な拡充整備のための基本的施策」についての答申をおこなった。これは、一九六七年、文部大臣からの諮問を受けたものである。この答申は、幼児教育から高等教育までの学校教育全領域について今後の文教政策の基本的なあり方を述べたものであった。この答申は、中間報告の段階から、賛否両論入り乱れる大論議をまきおこしたが、答申が出されてからも、各種教育関係団体の支持を得られていない。

幼児教育義務化に関して、答申以後は、主としてこの答申案にみられるいわゆる「幼年学校」構想をめぐって論議が展開されているので、この第Ⅲ期でも、これを中心に検討したい。

最終答申の「幼児教育」に関する部分は次のようになっている。長い部分を引用する。(1)

初等・中等教育改革の基本構想

（1）人間の発達過程に応じた学校体系の開発現在の学校体系について指摘されている問題の的確な解決をはかる方法を究明し、漸進的な学制改革を推進するため、その第一歩として次のようなねらいをもった先導的な試行に着手する必要がある。

（2）四、五歳児から小学校の低学年の児童までを同じ教育機関で一貫した教育を行なうことによって、幼年期の教育効果を高めること。

幼稚園教育の積極的な普及充実

幼児教育の重要性と幼稚園教育に対する国民の強い要請にかんがみ、国は当面の施策として次のような幼稚園教育の振興方策を強力に推進する必要がある。

（一）幼稚園に入園を希望するすべての五歳児を就園させることを第一次の目標として幼稚園の拡充をはかるため、市町村に対して必要な収容力をもつ幼稚園を設置する義務を課するとともに、これに対する国および府県の財政援助を強化すること。

（二）前項の措置と並行して、公・私立の幼稚園が公教育としての役割を適切に分担するよう、地域配置について必要な調整をおこなうとともに、教育の質的な充実と修学上の経済的負担の軽減をはかるため、必要な財政上の措置を構ずること。

（三）幼児教育に関する研究の成果にもとづいて、幼稚園の教育課程の基準を改善すること。

（四）個人立の幼稚園は、できるだけすみやかに法人立へ転換を促進すること。

［説明］（前略）幼稚園入園に対する国民の要請は強く、就学前教育として均等な教育の機会を望む声はきわめて高い。その普及率の地域的な格差を解消し、すみやかに機会均等をはかるため、希望するすべての五歳児の就園を第一次の目標として、幼稚園教育の拡充を促進する必要がある。

そのための施策を進めるにあたって重要なことは、公立と私立の幼稚園の関係および幼稚園と保育所の関係をどうするかということである。現在、幼稚園の七十パーセントは私立が占めており、幼稚園全体の地域的分布には大きなかたよりがある。したがって、すべての希望者を入園させるためには、公立と私立の幼稚園の地域配置を調整しながら、収容力の不足する分について、市町村が公立幼稚園を設置するように義務づける必要がある。同時に、公・私立幼稚園の質的な充実をはかるとともに、希望しないものを除き、私立幼稚園に対しては、父兄の経済的負担が公立と同程度で、教育水準は公立と同等以上を維持できるよう措置する必要がある。そのため、国と府県は、市町村および私立幼稚園に対して強力な財政援助を行なうべきである。この場合、地方公共団体は、地方教育計画にもとづく公・私立幼稚園の収容力の総合調整や私立幼稚園の水準確保について必要な行政指導を充実すべきである。なお、この際、三、四歳児の就園についてもできるだけの配慮を行なうものとすべきである。

さらに、保育所との関係については、経過的には、〝保育に欠ける幼児〟は保育所において幼稚園に準ずる教育が受けられるようにすることを当面の目標とすべきである。しかしながら、〝保育に欠ける幼児〟にもその教育は幼稚園として平等に行なうのが原則であるから、将来は、幼稚園として必要な条件を具備した保育所に対しては、幼稚園としての地位をあわせて付与する方法を検討すべきである。

以上のようなものであった。この答申に対し、「先導的試行」と「保育所に幼稚園の地位を付与する」という個所が大きな論議をよぶこととなった。以下、これに関する論議を分析してみたい。

2　教育諸団体等の改革案

(1) 五・四・四制の学校体系を——全日本中学校長会の見解——

中教審答申に対し、全日本中学校長会（野沢登美男会長）特別委員会は、一九七一（昭和四六）年一〇月五日、「中教審答申に対する見解」を公表した。

その中で、中教審答申を画期的改革案であるとしつつ、答申にある四・六・六制の先導的試行でなく、五・四・四制に学校体系を強く主張している。(2)

学制改革の推進のために行なおうとするこのたびの先導的試行なる方式には多くの疑問があるが、学校体系を新しく開発するにあたり、慎重な、科学的方法をとることはやむを得まい。この場合四・四・六にこだわることなく、むしろ現今世上に強く主張されている五・四・四の試行にふみ切るべきではあるまいか。

この見解では、具体案は述べられていないが、小学校五年、中学校四年、高校四年（計一三年）で、小学校は、五歳児の就学義務をうたっていると思われるが、その理由は何ら述べられていない。したがって、三歳児、四歳児についての教育をどうするかも不明である。

全国高校長協会（吉田寿会長）も、中教審答申に関して、一九七一年一〇月二二日、全日中と同様な五・四・四制を進めるべきであるという見解を提出した。そのうち幼児教育に関係する部分は左記のようである。[3]

1　学校体系の開発においては、教育実践の場におけるわれわれの永年の経験にもとづき、全日制高等学校（普通科ならびに職業に関する学科）の修業年限は四年とし、五歳就学、一八歳終期の五・四・四制を先導的に試行することを強く要望する。

また、私立中学校、高校の校長会も「修業年限年四年（四・四・四制または五・四・四制）を希望する」という声明を出した。[4]

全国市長会も「幼稚園就学の義務化に対する原則を確立したうえで、設置義務をすべきである」という地方自治体（市）の長が、注目すべき発言をおこなっている。

（2）ＯＥＣＤ調査団の幼児教育義務化案（一九七〇年）

ＯＥＣＤ（経済協力開発機構、本部パリ）の教育委員会は、一九七〇（昭和四五）年一月、日本へ教育調査団を派遣した。調査団メンバーは、次の五名であった。

ベン・デビット（社会学者）、ロナルド・ドーア（社会学者）、ヨハン・ガルツング（政治学者）、エドガー・フォール（元仏首相）、エドウィン・ライシャワー（政治学者）である。このうち、ドーア、ガルツング、ライシャワーの三氏は、日本研究者でもある。ちょうど、この時期は、中教審の中間報告が出された時で、教育改革の論議が盛んな折でもあったが、調査団は、「日本の教育政策に関する調査報告書」を作成した。(5)

（1）生後三カ月から五歳までの子どもを収容する保育所に対する公的援助の増額をはかる。

（2）すべての子どもに幼稚園での公教育をあたえる。ただし、第一段階としては、五歳児を対象とする。

（3）義務就学年齢を五歳に引下げる。

（一）（1）の説明省略

（二）幼稚園 （2）の説明

①「早期学習はすべての子どもの発達に戦略的な重要性をもっており、成長の初期段階で失われた機会は取戻すことができない。したがって幼稚園教育は、国家が有する人的能力のストックをふやすことに、寄与できる」

②「五歳児の大部分は、同年齢の仲間といっしょに一定の時間、組織的に活動するのをよろこんでいる。五歳児は学齢に達した六歳児と発展段階のうえで同じではない。しかし彼らは学校の環境のなかで、情緒的・知的に成長していく可能性をもっている（後略）」

（三）義務就学年齢の五歳への引下げ （3）の説明

どのような利点があるかということに関係なく、親は現実の子どもたちに、就学前教育の機会をあたえることを望んでいる。一九六六年現在で、すでに五歳児の七〇％が幼稚園ないしは保育所に在籍していた。中央教育審議会の「中間報告」の数字によれば、その内訳は公立幼稚園一二％、私立幼稚園三五％、公立保育所一四％、私立保育所九％であった。

報告は以上の通りであった。

幼稚園教育の機会均等のための普及・充実に関する（２）の説明は、もちろん、われわれとしても十分納得できるものである。ただ②の説明の中にある「五歳児は学齢に達した六歳児と発達段階のうえで同じではない。しかし彼らは学校の環境のなかで情緒的・知的に成長していく可能性をもっている」というときの「学校」は、どのような学校をさすのであろうか。わが国に即して考えてみると、わが国の幼稚園は、法規上は、「学校教育法」にいう「学校」の一種であるが、初等教育機関としての学校ではない。しかしながら、(三)の就学義務化との関連でみると、小学校を意味している。しかし義務化については、具体的な提案とはいえず、「すべての子どもの五歳就学という提案も、この同じ伝統（国民の教育要求の上昇）にそうものであろう」とし、将来の課題としている。

3　日本社会党の幼児教育改革案（一九七八年）

日本社会党は、一九七八（昭和五三）年一〇月、同党・社会主義理論センター主催「教育改革と民主主義」国際シンポジウムで、「八〇年代を展望する教育改革――あらたな教育の創造をめざして」と題する教育改革案を発表した。この改革案は、同党教育文化政策委員会が中心になってまとめたものである。

改革案の骨子は、①教育の現状と改革の目標、②真の教育の機会均等の実現。いつでも、どこでも、だれでも、そうしてただで学べる機会均等の実現、③教育行政の民主化の三つの部分からなっている。

このうち、②の真の教育の機会均等の実現の部分で、幼児教育改革について述べている。(6)

□幼児教育
「幼・保一元化」を原則とし、次のような改革案を打ち出した。
①子どもが心身ともに全面発達するため、幼稚園、保育所の種別をなくし、両者を一元化し、「幼稚園」（仮称）に統合する。
②当面、幼稚園では希望する者に保育所と同時間の保育時間を保障し、保育所では、人的、物的条件を整備して保育内容を充実し、両者の差別解消をはかっていく。
③以上のため、希望者全員が入園できるよう施設を地方自治体に義務づけ（設置義務）、大幅な国庫負担をおこなう。
④零歳児からの保育、長時間保育、学童保育を働く親のために保障する。
⑤施設・整備を拡充し、保母・教職員を増員し一人ひとりにゆきとどいた保育を与える。
⑥保母（保育士）と教諭の差別をなくし、地位と待遇を引きあげる。

この改革案は、一九六六年の山中案とどのような点で異なるであろうか。

第一に山中案にみられるように、教育の理想に燃えたみずみずしさが失われていることに気づかされる。幼保一元化も、幼稚園・保育所の種別をなくすという程度では、はなはだしく具体性を欠いたものであり、四・五・五制の意気ごみもどこにもみられない感じがある。さらに、幼稚園義務化問題についても、小学校以上としている。これらの点を総合的にふまえると、山中案の内容より著しく後退したものであるといわざるをえない。

4　0歳からの保育の原則を——日本教職員組合教育制度検討委員会の改革案（一九七四年）——

中教審の最終答申に対し、日教組は、次の見解を発表している。

それは、「保育一元化」による「保育園」構想である。(7)

私たちの「保育園」構想

私たちは、さきにのべた原則にもとづき、次のような「保育園」構想を提示する。

(1) 現行の保育所・幼稚園の二元的制度を廃止し、両者を「保育概念」によって統一し、保育園に改組し一本化する。それに応じて保育行政を一元化する。

(2) 家庭保育をふくめて二四時間保育の原則を確立し、それにもとづく一貫した自主的保育計画をたてる。

(3) 保育園では長時間保育を保障する。ただし、このことは機械的に全児童に長時間保育をおこなうことを意味するものではない。

(4) 保育園は前期・後期にわけて発達に応じた保育をおこなう。そのさい、年齢区分は固定的・機械的に考えるべきではない。年齢を越えた集団的交流を保障する必要がある。

(5) 保育園は医療施設をもち、看護婦を常置し、専門の医師とつねに密接に連絡を保ち、病児に対して適切な処置がとれるようにするとともに、地域の育児相談所の機能をもつべきである。また身体に障害がある子どもの早期発見のための措置を組織化し、適切な療育・保育環境を用意する。

(6) 自治体は希望者全員入園のための施設設置の義務をおい、保育園の適正置をおこなう。そのさい、子どもの権利と母親の権利の同時保障という観点にたって、生活圏を標準化して設定し、それにもとづいて適正に配置する。

(7) 保育料は、公立私立を問わず無償とする。

(8) 保育には高い専門的力量が求められる。保育にたずさわる専門職員は、原則として四年制大学で養成される。養成課程での教育内容は、保育の原則にたって編成される。

(9) 職場においては、労働条件は抜本的に改善され、研修の機会が充分保障され、不断の研究に裏づけられた保育がおこなわれる。

ここで主張されたのは、幼児の発達の保障（発達権）、母親の就労の保障、保育者の専門性の保障であった。日教組は、中教審答申に反対し、自らの見解としては0歳からの一貫した保育制度の確立を主張したわけである。

5　幼児教育義務化論——研究者の義務化論・教育制度論——

（1）0歳から一八歳までの義務教育制度——梅根悟の見解——

日教組の教育制度検討委員会は、0歳からの保育の保障という提案をおこなったが、同委員会委員長であった梅根悟（和光大学教授）は、前期、教育制度検討委員会案のように、0歳からの集団保育の必要性、幼・保一元化、保育園設置義務、保育の無償化を強調し、乳児保育の義務制化の必要性を述べている(8)。

「父母はその保護する乳幼児を0歳から、保育園に入園させる義務を負う」というような制度、文字通りの乳幼児義務教育制の提案はされていないし、「希望者全入」の線に止まっているけれども、そこにはすべての乳幼児が保育園での集団保育を受けるようにすることが、すべての乳幼児の発達を保障するために、必要であるという思想が示されている。そして乳幼児の望ましい発達をすべての乳幼児に保障するための施設である保育園を、この保障に必要なだけ設置する義務を自治体に負わせ、そして保育の無償化をはかる、という制度が提案されているのだから、実質的にこれは義務教育制度と言っていいものである。少なくともそれは義務教育制度と紙一重である。（中略）

0歳から一八歳までのすべての子どもと青年の発達権、教育を受ける権利を保障することを要求し、そのために必要な学校（保育園を含む）の設置義務を地方公共団体に課する制度の法定を要求し、従ってまた、六歳以下の保育と、一五歳から一八歳までの高校教育の無償化を要求している。従ってそれは0歳から一八歳までの保育と教育の義務制化に近い提言といっていい。

と述べている。

これらの実現のためには、例えば法的には、教育基本法第四条、学校教育法、労働基準法、児童福祉法の改正が必要であるという。

梅根は、日教組教育制度検討委員会のいう「保育園」を0歳からの保育のために必要なだけ設置し、それを無償とするという。そのために法改正が必要であるとしているが、この発言は、少し極端にすぎないだろうか。

0歳から一八歳までの義務化的発想といい、現実の幼稚園・保育所の地域的偏在の問題といい、さらに無償に伴なう財源措置の問題といい、どの一つをとっても綿密な検討なしに考えられない問題だからである。

（2） 先導的試行の問題点——多田鉄雄の見解——

多田鉄雄（一橋大学名誉教授）は、中教審答申の「先導的試行」の中の、とくに幼児教育に関するものについて発言している。[9]

①しかしこれらは現在までの研究で「学問的に根拠のある見通し」がなされているといい切れるであろうか。たとえば中教審が右のように述べる根拠の一つである中間報告案付説明表一五六ページにあるピアジェの発達段階区分が、全く誤って表現されていることが、大阪府立幼稚園連盟教育制度特別委員会で指摘されており、日本保育学会の最近の調査研究も、幼児の精神についてこれと異なる結果を出しており、幼児の発達加速度現象についても、部分的には見られるにしても、全般的にこれを肯定し得ないとし、ことに体格についてはこれが見られているが、体力については否定的な結果が報告されている。

②さらにこの「幼稚園と小学校の低学年」における近似性とは、より正確にいえば三歳児、四歳児、五歳児とであるか、四歳児五歳児とであるか、五歳児のみであるか、また低学年とは、六歳児のみであるか、六歳児、七歳児とであるか、などが明らかにされていない。（中略）また年齢が下になるにつれ、生まれ月による格差が著しいことを、ここでどのように考えているかが明らかにされていなければならない。

③これらに関連して、一体この構想試案の中で、学校教育法における幼稚園の目的たる「保育」とはどのように理解されているかということ、幼児期における必要な生活経験とはどんなものであるべきかが、十分に考えられているかということ、（中略）さらに幼児が文字に関心をもち、文字を読むことができ、書くことができるものもいる。この年齢期において、どのような指導法、どのような学習が適切であるかということが問題である。これらの問題を一貫した教育機関でどのように考え、どのように位置づけるべきかの、「学問的に根拠のある見通し」ができているかということである。

多田の指摘は、心身の発達上の差異、幼児教育義務化、四、五歳児の教育義務化にとって基本的な問題点である。

以上のところで、幼児教育の義務化の問題についての論議を扱ってきたが、残された問題はあまりに多いように思われる。

文部省当局も、最近は義務化について発言していない。昭和三〇年代後半のような経済の成長期の発言や、中教審答申の「先導的試行」の発言はみられず、むしろ現行の六・三制の充実の方向にむいているようにみえる。[10]

中央教育審議会では、四、五歳児と小学校低学年までの児童を、同じ教育機関で一貫した教育をおこなうことによって幼年期教育の効果を高めるという、いわゆる「幼児学校構想」を示し、これを先導的試行によって検討することを提案した。

これを受けて文部省では、一九七二（昭和四七）年以降「教育研究開発協力者会議」を発足させ調査研究を続けてきているが、現在のように「幼稚園・六・三・三・四制」が制度として定着している中で、これを改変することは不可能であるとの意見が強く、したがって現行制度のままで、教育内容・方法の上で、望ましい連携のあり方を検討する必要があるという方向に進んでいる。

義務化論を検討してみると、ここにみられるように、当分は、幼稚園の義務化が実施できる可能性は低い。

しかしながら、これまでのところで扱ってきた多くの議論の中から、幼児教育の義務化について、最後に次のことを指摘しておきたい。

①幼稚園就園率の推移

義務化の場合、就園率がどの程度になっているかが一つの重要なメルクマールであるが一九七五年では、五歳児の幼稚園就園率六四・二％、保育所在籍率二九・一％、合計九三・三％で、九割を超えている。

②幼稚園の地域格差の是正

しかしながら、仮に就園率が全体で九割を超えても、地域により極端な偏りがあり、これをどうするかが一つの問題である（例＝五歳児就園率の最高は沖縄県の九四・五％、最低は高知県一九・一％）。

③教育財政の問題

義務化に必要な施設、設備、教材費、人件費等の財源の問題がある。

④カリキュラムの問題

義務化するとなれば、一定のフォーマルなカリキュラムが必要となってくる。その場合、現在の「領域」別のカリキュラムでおこなうのか、他のものにするのか、教育内容の中心になるものだけに長期の綿密な研究が必要である。

⑤教員養成の問題

義務化となれば、教育の質の維持・向上のために、当然教員養成も重大な問題となる。現在の短大中心の養成を、四年制大学にうつし、一級（現一種・専修）免許状を中心にする必要があるだろう。もちろん、保育所保育士資格とも合わせて考えなければならない問題である。

戦後史六五年の中で、各界から出された幼児教育義務化論は、われわれにさまざまな問題を投げかけている。教育改革の背景には、常に政治的・社会的情勢が重く横たわっているが、幼稚園・保育所と小学校の連携一貫教育との関連「乳幼児の発達と教育」という視点から考察することが今後ますます必要である。

戦後の幼児教育義務化論は、一九六〇年代から一九七〇年代に集中している。

この時代は、わが国が敗戦の復興期を経て、社会の成長期に入った時期である。とくに、経済の高度成長に見合う技術革新の時代であった。

そこでは、技術革新を支える人材（人的資源）が教育界に求められ、教育制度改革が呼ばれ、幼児教育にも多くの関心が寄せられた結果として、「義務化論」が提案されたのであった。

今日、保育所入所希望の待機児童が依然として多いとはいえ、幼稚園も延長保育（預かり保育）を実施し、保育所も早朝保育、夜間保育を実施し、両者の制度上の差は、なくなりつつあり、就園率、入所率の向上と共に、義務化の声は、なくなった。保育内容については、一九六三年、当時の文部・厚生両省の通達で「保育内容の一元化」が始まっており、二〇〇九年の改訂で、ほぼ一元化されたといってよい。したがって、「幼児教育義務化」論は、低成長と少子社会において、その必要性がなくなっているというのが現状である。

注

（1）中央教育審議会「今後における学校教育の総合的な拡充整備のための基本的施策について」（答申）文部省、一九七一年、八三―八七ページ

（2）「五・四・四制を強く主張」『内外教育』時事通信社、一九七一年一〇月一九日

（3）「五・四・四制を先導的試行」『内外教育』一九七一年一〇月二二日

（4）文部省編「教育改革連絡協議会団体意見要旨」『内外教育』一九七二年一月一一日（私立中高校長会）、一四日（全国市長会）

（5）OECD教育調査団『日本の教育政策』深代惇郎訳、朝日新聞社、一九七二年、二七―三〇ページ

（6）『現代教育科学』明治図書、一九七八年一二月号、一〇四―一〇六ページ

（7）日教組教育制度検討委員会『日本の教育改革を求めて』勁草書房、一九七四年、一九四ページ

（8）梅根悟「0歳から一八歳までの義務教育制度へ」日教組編『教育評論』一九七二年七月臨時増刊号、六、八ページ

（9）多田鉄雄「中教審の基本構想について」『幼児の教育』フレーベル館、一九七一年五月号、六―七ページ

（10）森上史朗「幼稚園教育の現状と今後の課題」『保育とカリキュラム』ひかりのくに社、一九八〇年三月号、一三ページ

第6章 「保育職の専門性」問題

第1節 専門性論議の国際的潮流

一般に、専門職という場合は、次のように定義されるのが通例であろう。まず高度な知識・技術を有し、そのための専門養成制度があり、そこで比較的長期の専門教育を受け、その結果得た資格が社会的認知を受けている職業で、社会的・経済的地位も高いとされている。医師、弁護士等が、これに該当するといわれている。

では、幼稚園教諭・保育士（ここでは、両者を含めて「保育職」とよぶことにする）は、幼児教育・保育の専門職であると社会的に認知されているであろうか。

まず、専門性に関する歴史的経過をたどってみることにしたい。

太平洋戦争前においては、教師の専門性について議論されたことは非常に少ない。戦後新教育制度になり、師範学校等の特定の養成機関ではなく、開放性システムの下に、主として大学を養成機関として教員養成がおこなわれることになった。

1 「ミッション・レポート」における教職の専門性論（一九四六年）

その契機になったのは、アメリカ教育使節団報告書（「ミッション・レポート」）である。その一文に、次のように書かれている。[1]

日本の自由主義者によって、また世界中の彼らの同志によって描き出される新しい日本は、活動的に着々と改造されてゆく学校制度を必要とするであろう。かかる制度は、教師がその現職にとどまっている限り、たえず教師として専門的な勉強を続けることを必要とする。

沈滞している学校とは、その学校の教師達が先生になり次第、勉強をやめる学校である。これに反して、活動的な学校とは、その学校の教師達が最初の準備を終えて、その天職たる教師としての任務にとりかかる時に、その専門的な勉強の最も効果的な部分を始める学校である。

2 ILO「教員の地位に関する勧告」（一九六六年）

戦前、教師は「聖職」であるといわれた。しかし第二次大戦後において「労働者」という考え方が強くなり、近年にいたっては、近代的職業人として「専門職」であるとする考え方が主流を占めるようになってきている。これは、ILO（国際労働機関）とユネスコが一九六六年に作成した「教員の地位に関する勧告」によるところが大きく、今日の教職の専門性に関する考え方もここに端を発しているといってよいであろう。

同勧告は次のように述べている。

教育の仕事は専門職とみなされるものとする。教育の仕事はきびしい不断の研究を通じて獲得され、かつ維持される専門的知識および特別の技能を教員に要求する公共の任務の一形態であり、また、教員が受け持つ児童・生徒の教員及び福祉に対する個人および共同の責任感を要求するものである。

教員の労働条件は効果的な学習を最もよく促進し、かつ、教員がその職業的任務に専念できるようなのである。

①職業上の自由

教務にあるものは専門的職務の遂行にあたって、学問の自由を享受するものとする。

教職員は生徒に最も適した教具及び方法を判断する資格を特に有しているので、承認された計画の枠内で、かつ、教育当局の援助を受けて、教材の選択及び使用、教科書の選択ならびに教育方法の適用にあたって不可欠の役割を与えられるものとする。

②教員の責任

すべての教員はその専門職としての地位がかなりの程度教員自身に依存していることを認識し、その専門上の仕事のすべてにおいて可能な最高の水準を達成するよう努めるものとする。

とくに教員の責任の項目にあるように、専門職の内容水準の達成は教員自身に依存していることであり、専門職の「自律性機能」の点からみて、最も重要なことである。

3 「幼児教育職の専門性」議論

(1)「就学前教育に関する国際公教育会議の勧告」(一九六一年)

では、就学前教育に携わる教師の専門性はどうかという点について考えると、ILO勧告によりすでに五年前に同様の指摘がなされている。

一九六一年、ジュネーブでおこなわれた「国際公教育会議」は、ユネスコおよび国際教育局によって収集され、「就学前教育について」と題する各国文部省に対する勧告案を採択した。そのなかで、就学前教育について「ごく幼い年齢期から子どもを精神的道徳的身体的にじゅうぶんに成長させるのに望ましい教育」の必要性を考慮して、教師の専門性を次のように強調した。

就学前の子どもの教育というものは、特殊な心理学的教育学的な問題を指示するものであるから、この仕事に従事しようとする者は必要な資質をもち、教育に関する一般的な教養をもつとともに、特別の専門的な教育を身につけるような教育を受けなければならない。（中略）就学前教育施設の教師に必要な学問と資格は、小学校の教職員に要求されるものと少なくとも同じ水準であらねばならない。

その他、再教育の機会の拡大、待遇（俸給や労働や休日）について、小学校教師と同等であるべきだという主張もおこなっている。この勧告案の今日的意義は、その提示された内容の新しさと専門性にあり、現在ますますその緊急度は増しているといってよい。

（2）「全米教育学会の専門性」議論

全米教育学会（NSSE National Society for Study of Education）は一九八二年度の学校における教職員（校長、教員、主事、事務職員等）に関する特集年報（Staff Development）において、「成人の学習者としての教師」という観点から、教師の能力発達をとらえ直す必要を強調した。[2]

その内容は、教育を教えるもの（教師）と教えられるもの（子ども、学生、生徒）という一方的な考え方を越えて、子どもも成長し、教師も成長するという社会的相互作用に立つ考え方に重要性を示している。

第2節　幼稚園教諭及び保育士資格とその現状

「幼稚園教諭」は、教育職員免許法により授与される専修免許状、一種免許状、二種免許状のいずれかをもっていなければならないとされている（教育職免許法第二条、第四条二項、第五条）。

現在、各免許状の保有状況は、次の通りである（二〇〇九年度）。

＊専修免許〇・〇一％（二六〇名）

＊一種免許三一％（二万二一六〇名）

＊二種免許六八・七％（二万七二六六名）

一方「保育士とは、児童福祉法による登録を受け、保育士の名称を用いて、専門知識及び技術をもって、児童の保育児童の保護者に対する保育に関する指導を行うことを業とするものをいう」（児童福祉法第一八条の四）規定されている。さらに、「保育士資格」は、「厚生労働大臣の指定する保育士養成施設を卒業した者、保育士試験に合格した者」が有する（児童福祉法第一八条の六）。保育士試験の受験資格として、中学校卒業後、五年間、児童福祉施設で、業務に従事した場合も、受験が認められている。

現在、保育士資格保有状況は、次の通りである（二〇〇七・八年度、厚生労働省）。

＊養成施設卒業者　四万一六一三名（九一・三％）

＊試験合格者　三九八九名（八・七％）

近年、養成施設では、幼稚園教諭と保育士資格の両方の取得傾向が進んでいる。

幼稚園就職者のうち、現職で保育士資格取得者（養成施設卒業）は、七五％（新規卒業者では、八〇％）にのぼっており、保育士養成施設卒業者で、幼稚園教諭免許取得者は、七六％（同八七％）（二〇一〇年現在）となっている。

幼保一元化の推進、認定こども園の設置等保育者ニーズの増加・多様化により、文部科学省・厚生労働省によって、片方の免許・資格しか有しない保育者が併有できる措置がとられてきているが、今後、免許併有化の傾向は増加することは間違いない。

第3節　「専門職としての保育者」論

保育職の専門性については、戦後ようやく問題とされるようになったが、全国社会福祉協議会保母会（現全国保育士会）では、一九七〇年代から、「保母（保育士）の専門職性」の問題について、検討を続けている。

しかしながら、保育職の専門職化を考える際に、「保育」とは何か、という明確な定義がなくして、その専門性を明らかにすることはできない。家庭保育にかわるものとして（集団）保育独自の意義、しかも、それが、高度に専門的な知識と技術に支えられておこなわなければならぬということが明確にされる必要があろう。たんに口先だけの乳幼児の人間形成の重要性の提唱だけでは、専門職への道は困難である。

1　中央児童福祉審議会の「保育職の専門性」論①（一九六四年）

中央児童福祉審議会では、児童福祉について過去何回か答申を提出しているが、「保母（現保育士、以下同じ）考え方を述べている。まず、一九六四（昭和三九）年一〇月の「いま保育所に必要なもの」（第二次中間報告）において、保母の身分について、四つの提案をしている。(3)

保母の身分について

（１）保母の社会的評価を高めるべきである。

保育所での保育は、家庭における育児と異なり、低年齢の乳幼児を集団生活の場で行なうものである。このため、その指導に直接従事する保母は、高度な専門的な知識、技術の修得が望まれるとともに、豊かな保育の経験をも必要とする専門家としての位置づけが必要である。

このため、まず第一に、保母として保育に従事するものは、高等教育機関において保育に関する専門教育の課程を履修したものであることを原則とすべきである。（後略）

第二に、保母養成機関は、ここに学ぶ学生に真に重要な専門職業として保母として保母の職務を遂行しようとする意識と識見をもたせ、かつ豊かなパーソナリティをもつにいたらしめるにふさわしい場でなければならない。このためには、教授陣容・施設・設備などにおいて一定の基準以上のものが確保されなければならないであろう。（中略）

第三に、現行の保母の資格は、児童福祉法施行令（昭和二三年政令）にきわめて簡略に規定されているだけである。これは、高度の高等専門教育によって初めて適正が承認される職務従事者にふさわしい資格制度に改善されるべきである。このためには、保母の資格が、高い専門性をもち、かつ人格識見ともにすぐれた人にのみ賦与されるよう法律的な規定を整備し（中略）、なるべく近い将来において保母を含めて、保育所職員の資格について免許制度を採択することが必要である。

（２）保母の職務遂行の高度化をはかるため、現在訓練の実施を拡充するとともに、研修所を設置すべきである。

（説明略）

（３）保育所職員の勤務の合理化を進め、勤務時間など勤務条件の改善をはかるべきである。

①保母の勤務時間の短縮・有資格保母のパートタイム採用

②保母の労働による疲労の排除

③保母一人当りの乳幼児を少なくする。

（４）保母の給与等の改善を強力に行なうべきである。

すでに幾度も指摘したように、保母は専門的な職業内容をもつ専門職である。このためには、まず第一に、これにふさわしい給与をもって処遇せねばならない。保育の業務は、その中に教育の機能を含んでおり、さらに健康管理など生活を直接指導する機能、また家庭環境の改善指導などの福祉的機能も含まれ、したがってその職務は幼児教育のみを中心とする業務より一層複雑困難と思われるので、基本的には保育職固有の俸給体系をつくり、これによってその処遇の改善をはかるべきである。

そして、「あとがき」の中で、はじめて免許制度の問題にふれている。

保育所で保育に従事する職員の免許制度の問題である。この制度を採択するに当たっては、それを保育士法（仮称）などとし、男子も免許を受けることができるようにすること、また保育所長の任用も、新しく制定される保育士免許を得て、その後一定年数を保育所に勤務することを要件とするなどの措置も検討を要する。

免許法の問題は、現在もまだ未解決のままであるが、男子の保育者の採用については、児童福祉法施行令の改正により、一九七八年度からできることになった。

2　中央児童福祉審議会の「保育職の専門性」論②（一九七六年）

中央児童福祉審議会は、一九七六（昭和五一）年一二月「今後における保育所のあり方」と題する中間報告書を発表した。

これは、変動する社会情勢の中で、保育需要の急激な増大にどのように対処すべきかという観点から、審議会の意見をまとめたものである。その中で、第五項目として、保育所機能の向上のため、保育職員の高い専門性の必要を述べている。(4)

保育所の改善充実を実現するためには、保育所の機能と役割を十分遂行しうるすぐれた資質と高い専門性を有する保育職員を確保することがまず重要であり、次の点に留意しながら漸次改善策を講じていく必要があろう。

①保育職員に必要とされる資質とその専門的役割を明確にするとともに、その養成研修体制の改善充実、資格制度の設定など専門職として位置づける方向を検討する。

②施設長、主任保母について、それぞれの職務と役割を明確にし、その資質の向上が図られるような資格要件の設定、処遇の改善、研修方法等を充実する。

③教育職員との均衡、調整を考慮し、長期的には資格要件の全部又は一部の相互切換が可能となるような方途を検討する。

ここでは、養成制度の改善を充実、資格制度における専門職としての位置づけ、教育職員(幼稚園教諭)との一元化の方向の検討等、専門職化のための重要案件は、すべて審議されていることがうかがわれる。

3 日本学術会議の「保育者養成論」——勧告案(一九六九年)——

日本学術会議(社会福祉問題特別委員会、小川政亮委員長)は、一九六九(昭和四四)年五月、政府に対し、「社会福祉の研究・教育体制等について」の勧告を行なっている。

その中で、社会福祉の研究ならびに教育体制の充実及び、児童福祉職員の養成制度の改善について次のように述べている。(5)

（一）社会福祉の研究・教育体制の充実について

1　大学および大学院における社会福祉の研究・教育体制の充実をはかること。特に国公立大学における社会福祉の研究教育組織の新増設並びに既存の大学特に私立大学のこの種組織の充実のため国として必要な財政的負担を講ずること、なお、大学前教育における社会福祉についてもその充実をはかること。

（二）児童福祉職員並びに障害児・者の教育・福祉にあたる教職員の養成制度の改善について

1　保育者の養成は原則として大学において行うものとし、当面、各種学校としての保母養成機関については早急に、これを少なくとも短期大学に引きあげるものとする。

なお、成人社会福祉（施設）職員の養成教育についてもその充実をはかること。

2　障害児・者の教育・福祉に関する職員の養成制度を整備拡充すること。特に、「特殊教育教員」養成制度の大幅な改善をはかること。

そして、とくに（二）の項目について、次のように詳しく述べている。

1　研究と教育の自由が保障され、研究教育条件の整った国民のめざす大学において科学とヒューマニズムを基礎として豊かな教養と高い専門性を身につけた基礎能力のある保育者養成こそが幼児の保育・教育を革新する原動力といわねばならない。

しかるに現状は、乳幼児の保育・教育の次代の担い手を育てる人間社会共同の事業であるにかかわらず、その中心的担い手ともいうべき保育所保母や幼稚園教諭のいずれもが四年制の高等教育機関の卒業資格を必要としておらず、一般に二年制の短期大学ないし、それ以下の各種学校扱いの養成所、または試験制度による資格付与というように、結果的にみて、その資格付与は比較的安易に考えられているきらいがある。従って、教育という豊かな人間性と高い専門性が要求される専門的活動であるという視点から早急に改善される必要がある。

特に保育所保母には、統計的にみて、無資格が多く私立では三人に一人が無資格の代用保母である。また保母試験による資格取得者が多く、そのような事情の下では幼児教育について基礎的理解がえられているとすることは極めて困難である。

現状は、保母養成機関にあっては、その内容が貧困であって、技術主義的な教育内容を雑多に一〜二単位のつめこみ実習時間が多く、応用のきく基礎知識を欠いており、また保育者が女子に限定され、幼児保育に適性のある男子の就職機会が不当に拒否されているが、現在多くの短大保育科では保育所と幼稚園の保育者の一元的養成を実施していることもふまえて、保育所と幼稚園の保育者については、その資格を一元化すべきであり、かつ男性にもその資格を付与できることとして保育施設職員に就職する機会を与えるべきである。

保育者養成が短大保育科において行われる場合でも、短大においては一般教養と基礎科目が少なく保育者としての創造的な保育をつくりだす資質をつちかうことがきわめて不十分である。

従って、保育者の養成は、原則として大学において行うものとすべきであるとともに、当面、各種学校としての保母養成機関については早急にこれを短大にひきあげるようにすべきである。

ここには、現状において解決されていない重要な点が指摘された勧告案である。ここでの主眼は、要約すれば次の点である。

①保育者（保育所保母・幼稚園教諭）の養成制度の早期改善（高等教育段階での養成）
②保育者（保育所保母・幼稚園教諭）養成制度の一元化
③男性にも保育者への就職機会を与えること
④教養科目の増加による資質の向上
など重要な点についてほとんど指摘されている。学術研究の専門家の集団である学術会議が、保育者養成問題にとりくんだことの意義は大きい。

4　保母職の専門職化への道——保母会（現全国保育士会）の「保育士法案」——

保育所の保母の全国的組織である全国社会福祉協議会保母会では、保育所保母の専門職化のために、保母制度研究会を設け、一九六七（昭和四二）年からとりくんでいる。そして、一九七五年までの研究会において数多くの検討事項が報告されている。

＊一九七三年一一月　保母の専門職化の条件について
＊一九七四年一一月　保母の免許法について（第一次案）
＊一九七五年二月　保母の免許法の試案についての意見
＊一九七五年一一月　免許法（第二次試案）の提案
＊一九七六年二月　免許法（第三次試案）の提案
＊一九七七年九月　保育士法（第四次試案）

過去においては、保母についての社会的評価の低さもさることながら、行政当局の取り組み方にも種々問題があった。

例えば、一九六八年七月、自治省では、地方行政の合理化検討のため、地方自治体の長に対する行政改革のアンケートをおこなったことがある。その中に「保母の資格制度が必要であるかどうか」の質問に対して「従来どおり資格を与えるものとするほか、一定期間児童の保育に従事する者の補助をした者についても無試験で保母の資格を付与できるように資格の緩和をはかるものとする」と答えたところが、都道府県五五・四％、市町村五八・四％であった。そして、自治省は、この回答にそって閣議に報告した。[6]

この例にみられるように行政当局の理解の低さ、浅さが、専門職化への一つのネックになっているともいえる。

このような情勢の中にあって、保母の専門職化への方法として、保母会免許法促進委員会は、「保育士法」の提案・検討を一九七七年まで四次にわたっておこなっている。「保育士」資格は、女性だけでなく男性にも与えられるというものであるが、基本的な考え方は、次のようなものである。[7]

基本的な考え方として、保育士と保育助手に区分して、保育士は短大または養成所卒業以上の者で国家試験に合格したもの、保育助手は高等学校卒業したものとし、保育士には経験五年後一級保育士に、保育助手は三年後に保育士になる道をそれぞれ考えています。

そして、一級保育士が多くなることによって、専門職としての質も高められてくるでしょう。保育士のねらいが一級保育士にあると考えていただきたいと思います。

学歴を中心にというより、経験、適性と学歴を重くみていく、そのために、実習、試験研修、認定という機会を多くしました。人間を相手の仕事ですので、一定の教養と訓練のうえに、人間的な豊かさを求めたいというのが保母制度研究会委員の多くの意見でした。

この受験資格のレベルでは、他の専門職が高等教育修了以上となっている今日、やや低いと思われるが、第一次案で

は、四年制大学卒業レベルのものになっている。(8)（第三次―第四次対照表参照）

以下にその批判と第四次案の考え方をあげよう。

第三次試案への批判

そこで当委員会が、第四次試案のための中間案（報告）を組み立てるにあたり、第三次試案に寄せられた批判、意見は、五点にしぼって受けとめた。

①本来保育の職場は、皆同等の立場で協力一致してこそできる仕事であるのに、一、二級保母助手という考え方は職場に差別を持ち込むものである。

②「保母助手」は保育の質的向上をはかるため専門職化の努力とは矛盾した逆行ではないか。またこれも職場に差別を持ち込むものである。

③保育所保母のみの単独立法ではなく、他の社会福祉施設の保母も含めた共通免許とすべきである。

④保育所保母のみの免許をつくることは折角の幼保一元化実現に妨げとなる。

⑤免許法の実現は、労働条件改善につながらない。

第四次試案の考え方

そこでここに中間報告における考え方、改善点および問題点を記し、研究・検討に資したい。

（1）第三次試案の保育士の免許は、教育職員免許法にならったかたちで検討してきたのであるが、関係省庁と接触してきた結果、他省とのまたがりによる法制化ではほとんど軌道に乗せることができない困難があることがわかったので、保母養成制度は現状にのっとって考えることにした。

（2）一・二級に関する批判については、これはあくまで免許の種類である。現在すでに四年制大学卒業者もいるので、将来を考慮に入れれば、教育職員免許法にならって学歴により区分することが望ましい。その立場から検討しようということになった。
（3）保母助手に関しては、賛成（園長七〇・七％）という現場の現実を受けとめると共に、専門職化を志向し、その実現をはかろうとしているので、専門職化のための暫定措置として、教育職員免許法にならったかたちで位置づけ検討しなおすこととした。
（4）幼保一元化の妨げという意見に対しては、一元化は常に方向づけをしながら、取り組んでいくという見解に立って検討すると共に、ここでは、現在の保母の資格を幼稚園教諭と同じような免許にひきあげていくことを中心にして検討した。免許を取得して同等の立場となったなかで、さらに一元化に現実に取り組むことができるのではないかという理解に立っている。（中略）
（9）他福祉施設の保母も含むべきであるとの意見に対しては、十分考慮すべき点でもあるし、障害児保育、0歳児保育の関係を考慮に入れて、養護保育士免許（仮称）という考え方も話し合われた。また、他社会福祉施設保母については、先方が早く結集することを期待し、できるだけ同一歩調がとれるようにすることとした。

保育士の免許法の立案にあたり、法的にどのような問題が生じているのかについて、内閣法制局の見解は次のようなものである。[9]

現在（一九九七年）、保母についての規定は、児童福祉法施行令十二条（政令）、児童福祉施設最低基準五三条（省令）によるわけであるが、免許制にし、新しい法律を制定することについて、つまり「政令段階から法律段階へ引上げること」については問題はない。

しかし、法的に問題はないにしても、この第三次法案になってはじめて明らかにされた、保育所における保育だけの単独法をめざしていることは、他の児童福祉施設の保母を取り残すことになり問題がある。さらに、幼稚園教諭との一元化が叫ばれている点からみても、このことをまったく考慮していないのは、「保育所保母」のみを「保育士」として法制化するわけで、大いに慎重を期す必要があると思われる。

以下、第三次試案への批判のうち、重要な指摘をした二つのものを取り上げたい。

5 「保育士法」案に対する批判①――浦辺史の見解――

浦辺史は、保育士法第三次案（一九七六年改正表）に対し、種々の疑問の提出と批判をおこなっている。浦辺の批判は、保母会が、その掲げる理想とはうらはらに、大きな誤りをおかしている点を批判して痛烈である。以下、重要な指摘の部分を引用する。(10)

（1）数年前に社会福祉法制定試案が公開された時に、全社協保母会は、保育協議会とともに、「保母の職能は保育＝幼児教育であり」、「保育所保母の場合、特に同年齢の幼児の教育にあたる幼稚園教諭との関連性を保つことが大切であり、両者の養成機関を同一にし、勤務する分野によって、さらに必要とする研修をうけることが望ましいと考え、養護と教育の不分離の原則は保育所でも幼稚園でも全く同一であり、保育はすぐれて教育職であるという理解があったにもかかわらず、保育士法第三案は、一番職能が類似している幼稚園教員免許法との関わりを無視したことは、この法案の最大の欠陥といわねばなりません。

時あたかも、昨年一一月行政管理庁の幼児の保育教育勧告いらい幼保の関係の整合が問われている時だけに、保母会としては幼保一元化をふまえ、保育士の基礎資格に職能を同じくする幼稚園教諭免許法の基礎資格に何等かの考慮を払うべきであったのに、このことが行われなかったことは、保育実践者としてまことに奇異で、またおなじ保育者として障害児通園施設の保母や幼児養護の施設をなぜ視野におかなかったのでしょうか。

（2）保育者を経験年数によって、一級・二級・保育助手と三つの階級制を導入しているが、経験年数は給料・手当に表現すれば足りるのであって、ほとんど婦人によって占められている職場に職務の経験差別を制度的に導入することは、職場の人間関係を悪化するだけで一利もないでしょう。保育助手が無資格を表現するだけで、保育者の補助としての職務を表現するものではないとするならば、現行の特例保母の制度化にしかすぎないでしょう。

浦辺は幼稚園教諭との関係、保育所保母のみの単独立法化の問題、大学卒業後さらに保育士試験を受ける必要性の問題、保育年数による階級制の導入の問題など基本的な点に非常に問題の多いことを指摘している。

6 「保育士法」案に対する批判②——保育問題研究協議会の見解——

全国保育研究問題協議会代表者会議では、保母会の保育士法（第三次案）に対して、「これまでの同会の見解とは異なる重要ないくつかの問題を含んでいる」として、検討を重ね、見解を表明している[(11)]。

（1）保母の資格について

「保育士」すなわち保母の資格は、この法案によると国家による保育士試験に合格したものに与えられるものであり、その受験資格は保母養成所を卒業したもののほか、短期大学以上を卒業したものであれば誰にでも与えられるとするものであります。このことは、保母養成のための専門的な教育課程を全く無視してしまうこととなり、保母が大学で養成されるべき専門職という性格を失うことになるでしょう。高度に専門的な教育職という性格を保母はもっているものとすれば、国家試験による付与方式には問題があるのです。またそれだけではなく、保育士試験を国家管理の下におくことで保母養成の国家統制を容易に可能ならしめる危険を含むものであることを指摘しておきたいと思います。

また、保育士試験の受験資格は、高校を卒業している三年以上の「保育助手」の経験があれば与えられることにもなっています。このことは高校卒でも三年の経験をつめば、保母の資格を簡単に取得できる道をのこすものであり、今日の保母試験制度となんら変らないものとなります。（中略）

保育士法案は、私たち保問研が一貫して主張してきている幼保一元化という課題を脱落させてしまっています。私たちは保母資格のため免許制度を幼稚園教諭のそれに近づけることが現実的であり、かつ妥当な見解だと考えます。（中略）私たちは幼稚園教諭の免許制度を完全なものとは考えませんが、少なくとも当面、保母の基礎資格を幼稚園教諭と同じ水準に高めることが、保育者養成において幼保一元化をおしすすめていく第一歩として必要だと考えるものです。

（２）保母の専門職化への道

第一は労働条件の改善ということです。ＩＬＯ・ユネスコの「教員の地位に関する勧告」（一九六六年）のなかでも、「教員の労働条件は、教員が効果的な学習を最もよく促進しその職業的任務に専念することができるものでなければならない」と書かれています。保母がきわめて劣悪な労働条件のもとにおかれていることは、ここであらためて力説する必要がないくらいです。そのことが、保母の継続勤務年数をきわめて短くし、保母の専門性を低める結果になっています。全社協保母会の「保育所に勤務する保母の制度改善に関する意見（案）」には、保母の養成制度のあり方にふれるとともに、①最低基準の改訂、②給与体系の改善、③労働時間の短縮、④休暇制度の改善等の課題をあげております。これらの改善策は今日の制度において可能なことであり、私たちもこの保母会の立場を支持するとともに、全国の保母が自らの力で総力をあげてこれらの課題にとりくんでいくことを強く望んでいるものです。（中略）

ところで、保育士法案は保育士試験によって二級免許を与えられた後に、「実務経験五年以上を経た者で、一級保育士審査委員会の審査により適当と認定した者」には一級・二級制度をとっています。これは、幼稚園教諭免許が大学での一定の教員養成過程によって一級・二級をきめるのとでは根本的にその考えが異なっています。この制度は、「実務経験五年以上」の者しかも、審査委員会をパスした者に、一級という資格を与えようとするもので、職場内に職階性がつくられ、管理体制強化に道をひらく危険性を生みだすものです。

以上の批判は、保母会が、これまで、同会保母制度研究会等で示してきた「精神」とは基本的に異なる点をついたものであり、しかも、専門化の中心的な問題をとらえておこなわれたものである。「保母」を「保育士」とするという現状の名称を先取りした大胆な試案は、専門性という点からみて、いくつかの疑問点を含んだものであったことが惜しまれる。しかし、現状につながる問題を提出した点で、後の議論に与えた影響は見逃してはならない。

第4節　保育職専門性の三要因とその問題点

1　保育職専門性の三要因

専門職の定義をもう少し細分化してみると次の三つの要因が考えられる。

一般に医師や法律家は、専門職としての評価が社会的にみても確定したものとなっているそれは、おのおのの職務の内容に関して、高度の知識、技術、経験を必要とするもので、容易に他の人にとって代わることができないからである。

では、教師はどうであろうか。「教育」という仕事の専門的性格は何であろうか。私は次の三つの点から考える必要があると思う。

①保育者養成制度の確立

長期の専門的教育を受けるための専門的制度があり、高等教育終了をもってする現在の専門職概念に相当するものである。しかし、この点からみると現在の幼稚園教諭・保育士養成制度は、半専門職ないしは準専門職ということになるのであろうか。

②保育者の社会的地位の確立

社会的に必要な職業として、教師の教育および研究の自由、身分が保障され、(勤務条件全般を含む) 社会的に認知されていること。

この点について、リバーマン (M. Lieberman) は、長期の特別な訓練 (養成) の必要性、社会的に不可欠な仕事であること、個人としても判断や行為に責任をもち、広範な自律性 (autonomy) をもつことを指摘している。

③保育内容に関する専門的知識および技術の修得、より広義には人間的資質の向上および、職業への使命感、熱意・意欲が高いこと。この点は教師論において常に論議をよんだ問題である。とくに教師の資質については、職業としての専門性より、人間的側面が強調されるのであるが、保育者の仕事はこの点をぬきにして存在しえない社会的には特殊な職業であると考える。

しかしながら、現在の保育者養成制度は、いくつかの問題点を抱えている。以下の点を整理してみたい。

2 保育者養成制度の問題——全国保育士会「倫理綱領」と「保育所保育指針」——

現在、幼稚園教諭は免許制度をとっており、専修免許状の基礎資格として「修士」号 (大学院修士課程修了) をもつこと、一種免許状の基礎として「学士」号（四年制大学卒業）をもつこと、二種免許状は「短期大学士」号（短期卒業）をもつこととしている（「教育職員免許法」第二条―第五条）。

ただし、例外的に「臨時免許状」（同法第四条）や「教員資格認定試験」（同法第一六条の二）による授与が特例として認められている。

免許状の等級別取得は、前述のように、二種免許状が圧倒的に多いのが現状である。

専修免許状、一種免許状取得者が少ない原因として、

（1）現場が、専修・一種免許状取得者より二種免許取得を多く採用している。

（2）幼稚園教諭の給与その他の待遇が、小・中・高校の教員に比較して低い。

幼稚園教諭の男女別・年齢別構成をみると、男子は六〇歳までのどの年齢においても一〇%に満たず、女子は二五歳未満で三三%、二五―二九歳で、二一%をピークにあとは一〇%に満たない極端な年齢構成になっており、これは、小・中・高校の年齢と異なった偏りを示している。ちなみに、本務教員の平均年齢は、幼稚園三三・九歳、小学校四三・九歳、中学校四二・三歳、高校四二歳で、一〇歳の差がある（文部科学省「学校教員統計調査」二〇〇七年度）。

これをみると、現職の教員の中に、経験を積み、専門性を高める教員が少なく、国として組織的にも専門性を高める機会が少ないことがうかがえる。

これに対し、保育士資格はどうであろうか。

保育士資格は、

（1）厚生労働大臣の指定する保育士養成施設（四年制大学、短期大学、専門学校）を卒業した者

（2）保育士試験に合格した者

が有するとなっている（児童福祉法第一八条の六）。

幼稚園教諭のように免許制度ではなく、指定養成施設を卒業すれば授与される点に大きな違いがある。つまり、基礎

資格において、幼稚園教諭免許状のような「学士」または「短期大学士」の規定がないのである。

さらに「保育士試験」制度であるが、この試験の受験資格は、教育暦でいえば、大学、短期大学、専門学校、高等学校、中学校卒業後、一定条件をクリアすればよいことになっている。例えば、中学校卒業後、「児童福祉施設において、五年以上かつ七二〇〇時間以上の児童保護に従事した経験があれば、受験資格が与えられる。大学、短期大学、専門学校卒業者は、保育に関係ない学科・課程を修了した場合でも、受験資格を有することになっている。

この点において、幼稚園教諭の免許制度と大きく異なっている。試験で保育士資格を取得した保育士の割合は、前述のように、約一〇％と減少してきているが、専門職議論の際に大きなネックとなっているのである。

現在、全国保育士会は、「全国保育士倫理鋼領」を作成している。その内容は、前文と八項目である。

全国保育士会倫理綱領

すべての子どもは、豊かな愛情のなかで心身ともに健やかに育てられ、自ら伸びていく無限の可能性を持っています。

私たちは、子どもが現在（いま）を幸せに生活し、未来（あす）を生きる力を育てる保育の仕事に誇りと責任をもって、自らの人間性と専門性の向上に努め、一人ひとりの子どもを心から尊重し、次のことを行います。

私たちは、子どもの育ちを支えます。

私たちは、保育者の子育てを支えます。

私たちは、子どもと子育てにやさしい社会をつくります。

（子どもの最善の利益の尊重）

(1)私たちは、一人ひとりの子どもの最善の利益を第一に考え、保育を通してその福祉を積極的に増進するよう努めます。

(子どもの発達保障)

(2)私たちは、養護と教育が一体となった保育を通して、一人ひとりの子どもが心身ともに健康、安全で情緒の安定した生活ができる環境を用意し、生きる喜びと力を育むことを基本として、その健やかな育ちを支えます。

(保護者との協力)

(3)私たちは、子どもと保護者のおかれた状況や意向を受けとめ、保護者とより良い協力関係を築きながら、子どもの育ちや子育てを支えます。

(プライバシーの保護)

(4)私たちは、一人ひとりのプライバシーを保護するため、保育を通して知り得た個人の情報や秘密を守ります。

(チームワークと自己評価)

(5)私たちは、職場におけるチームワークや、関係する他の専門機関との連携を大切にします。

また、自らの行う保育について、常に子どもの視点に立って自己評価を行い、保育の質の向上を図ります。

(利用者の代弁)

(6)私たちは、日々の保育や子育て支援の活動を通して子どものニーズを受けとめ、子どもの立場に立ってそれを代弁します。

また、子育てをしているすべての保護者のニーズを受けとめ、それを代弁していくことも重要な役割と考え、行動します。

(地域の子育て支援)

(7)私たちは、地域の人々や関係機関とともに子育てを支援し、そのネットワークにより、地域で子どもを育てる環境づくりに努めます。
(専門職としての責務)
(8)私たちは、研修や自己研鑽を通して、常に自らの人間性と専門性の向上に努め、専門職としての責務を果たします。

さらに、厚生労働省は、最新の『保育所保育指針』(二〇〇八年告示)の「保育士の自己評価」において、「保育士等は、保育の計画や保育の記録を通して、自らの保育実践をふり返り、自己評価することを通して、その専門性の向上や保育実践の改善に努めなければならない」としている。

続けて、「職員の資質向上」にむけて、子どもの最善の利益を考慮し、人権に配慮した保育をおこなうために職員一人一人の倫理観、人間性や職務と責任の理解と自覚が必要であり、保育の質の向上のために、保育実践や研修などを通して保育の専門性を高めることが、今回の改訂で強調されているのが特徴的である。

3　保育者の社会的地位の確立

医師や弁護士と同じような専門性を保育職に求めるとすれば、医療という分野、法律という分野と教育・保育という かなり異なる内容の分野の比較ということにもなるが、共通していることは、身分が保障され、自律性(autonomy)をもった個人としての保育者が、教育・保育の自由が保障されていることであろう。

医師・弁護士は、自律した個人として、専門的領域の内容に関して判断する自由(例、医師の診断、弁護士の法解釈、裁判官の判決など)をもっている。それには、当然、責任が伴っている。保育者には、それがあるといえるだろうか。

保育カリキュラム、保育内容、教材内容について、保育者が組織体として、個人としても責任をもって選択し、決定できているか、また、決定できる力量があるかどうか。

近年、幼稚園・保育所には、地域の子育てセンターとしての役割、保育者の支援という新たな役割が期待されている。専門性の範囲も自ら拡大しているわけで、それに応えるための保育者への期待と能力の向上が要求されていることが大きな課題である。

4　保育者の資質能力の向上――文部科学省審議会答申を中心に――

保育者には、当然のことながら保育職に対する職業的使命感が必要である。使命を達成しようとする意欲、達成動機、それらを支える情熱が大切である。

それから、一口でいえば、保育者の資質能力ということであると考えるが、近年、この点が強調されるようになってきている。

それは、「教育職員養成審議会」（文部科学省、一九九九年一二月）の答申にも示されている。

同答申では、「いつの時代にも求められる資質能力」として、「教員の資質能力とは、一般に専門的職業である『教職』に対する愛情、誇り、一体感に支えられた知識、技能の総体といった意味内容を有するものと解される」と述べ、次に、「今後に求められる資質能力」として、次の点をあげている。

これからの教員には、変化の激しい時代にあって、子どもたちに自ら学び自ら考える力や豊かな人間性などの「生きる力」を育成する教育を行うことが期待される。そのような観点から、今後特に教員には、まず、地球や人類の在り方を自ら考えるとともに、培った幅広い視野を教育活動に積極的に生かすことが求められる。また、教員という職業自体が社会的に高い人格・識見を求められる性質のものであることから、教員は変化の時代を生きる社会人に必要な資質能力をも十分に兼ね備えていなければならず、これらを前提に、当然のこととして、教職に直接かかわる多様な資質能力を有することが必要である。

さらに、文部科学省中央教育審議会への諮問「教職生活の全体を通じた教員の資質能力の総合的な向上等について」の中間報告の中で教育状況の変化に対応する新たな問題に対応できる専門職としての資質を求めている（二〇一〇年六月）。

●教員養成のあり方について

近年、社会状況の変化や子どもの変化等を背景として、①学力の向上への対応、暴力行為、いじめ等の生徒指導上の課題への対応、特別の支援を必要とする児童生徒への対応、家庭や地域力の低下等、教員が対応すべき課題が急増、②今後一〇年間に教員全体の三分の一の教員が退職し、経験の浅い教員が大量に誕生することが予想されること、③新人教員について、実践的指導力やコミュニケーション力等が十分に身に付いていないとの指摘があること、④社会状況の変化や国際化、科学技術の進歩に対応し、専門職である教員にもより高度な専門職としての資質が求められていること、等を背景に、教員養成においてこれまで以上に高度な実践的指導力やコミュニケーション力等の育成が求められている。

専門性の内容も、時代状況の変化と共に変わるのは当然とはいえ、教職・保育職への役割の重要性と期待はますます高まっている。さらには、「男女共同参画社会基本法」の制定により、男女共同参画社会形成への意識改善――ジェンダー――に敏感な視点をもつことが、保育者に求められている。

それに答えるために、保育者養成制度の一元化が求められている（第2節参照）。幼稚園教諭免許と保育士資格の相違、加えて、保育士資格（養成校卒業と試験による資格取得）の一本化が専門化の課題として残されている。

5　私の保育者論

以下の保育者論は、私なりの考えをまとめたものである。「教師」と「子ども」、「保育者」と「子ども」という「教える」「教えられる」という単純な関係ではないところに「保育」のむずかしさがあるというのが根底にある私の考えである。

(1) 保育者は全部の子どもに好かれることができるか

幼稚園の先生、保育園の保母は子ども好きだから先生をやっているのだといわれる。また、子ども好きである方がよいし、子ども好きであるべきだともいう。たしかに、子ども好きであることは大切なことでもあるし、必要なことかもしれない。

しかし、保育者というものは子ども好きでなければ勤まらない職業なのかどうか。できるだけ多くの子どもに好かれるのはよいことには違いない。しかし、全部の子どもに好かれることができるだろうか。全部の子どもを好きになれるのかどうか。

保育という仕事は人間（保育者＝教師）と人間（子ども）の間に存在する。子どものなかには保育者＝教師と非常に気の合う子、教師のいうことをよく聞いてくれる子、クラスのリーダー格の子もいる。しかし反対にどうしても教師とうまの合わない子、いつも反対する子、愚図の子も必ずいる。集団で保育するなかで、いつも教師の思う通りにいかない子、この子さえいなければ全体がうまくいくのにと思いたくなるような子も必ずといってよいくらいいる。そういう子をどこまで好きになれ、理解できるであろうか。

(2) きらいな子へ立ち向かう勇気

率直にいって保育者もまた人間である以上、自分のきらいなタイプの子に必ず出くわす。自分のきらいなタイプの子、うまの合わない子、全体を乱すような子、問題はこれらの子をどうするかである。そういう子が一人ぐらいならば、放っておくか、叱るかしてしまえばよいと考えるかもしれない。しかしこれでは、問題はいつまでたってもそのままで解決しない。保育者の仕事は放っておいたり、自分の思う鋳型に子どもをはめこむことはできない。こういう子を避けることなく立ち向かうことである。これは相手が幼児だとはいえ、かなり勇気のいる仕事である。しかし、自分とは違うこういう子に目を向け、その子に合った一番よい保育の方法をみつけ出すこと、この勇気が保育する者には必要ではないだろうか。

(3) 専門職としての保育職とは

学校の教師は専門職だといわれ、保育職も専門職でなければならないといわれるようになった。専門職とは、一口でいえばプロのことである。その仕事を職業としてそれで飯を食っている人のことである。職業であり、専門家でもある以上それに必要な能力・経験が必要なわけであり、それには責任が伴うものである。しかし、これだけでは、足りない。それは職業＝仕事への情熱である。

そしていまひとつは専門家である以上、「他の人では代わることができない」ということである。明日から友達だからといってほかの人に保育士になってもらうわけにはいかない。保育士は「子守り」ではないからである。また、ある組の受け持ちの先生の代わりに、直別の先生がピンチヒッターでできるものではない。「このクラスはこの先生でなければだめだ」というようでなければ、真の保育はできないと思う。つまり他の先生でも代わりえないということは、それがだれにも代わってもらえないプロとしての保育者が必要だということである。そして、その保育者のなすべき仕事は子どもをどこまで把握しているかにかかっている。そして、子どもの理解なくして保育は存在しない。保育者がプロ意識に徹しているかどうかは、保育への〟生きがい〟、子どもをどこまで理解しようとしているかにかかっている。それがなければ、子どもは死んでしまう。プロ意識のない保育者の前では子どもは死に、保育者もまた死ぬのである。

（4）心の豊かな、そして感覚の鋭敏な保育者に

子どもはめずらしいものをみたとき、変わったものをみたとき、驚きと感動の表情をしめす。ときにそれが生まれてはじめて経験したものであればなおさらである。絵本をみて、生きている虫をみて、花をみて感動する。その感動は大人の感動と違い、震えるような、からだ全体がしびれるような感動だ。よく子どもは〝頭の先から足の爪の先まで感動する〟というのは、このことをさしているのだと思う。

このような感動を保育者は鋭敏に感じとってやらねばならない。こどもは大人に比較して話すことば数は少ない。まして感動したときの驚きや歓びはことばにはならない。それをキャッチできる保育者。大人にはなんでもないことが子どもにとって、びっくりするようなことはいっぱいある。それがたった一回の感動でも大切なのだ。一回であるからこそ貴重なのだ。そのために豊かな心、広い心をもつこと——これをなくして保育はまた存在しない。

（5）保育にハプニングはつきものである

プロとしての保育者が保育に情熱をかける姿は美しい。自分のきらいな子に立ち向かっている姿は美しいものである。しかし、子どもはみな同じ存在ではない。みな異なる顔をもつのに似て、異なる心をもつ。保育者がどの子にも同じ顔で対し、全部の子に画一な指導をするとき、子どもはみな同じにみえてしまう。一人ひとりが個性ある子としてみえない。

日案通りに保育し、型通りの保育をしてそれで十分だ、今日の仕事は終わってと思っているうちは保育のハプニングは起こらない。

しかし、一人の子どもに目を向けた保育をするとき、必ずといってよいくらい日案通りにいかないものである。保育者の意図したことは反対の方向にすすむのである。こういう意味で、保育のうえのハプニング、突発事件はつきものである（ここでいうハプニングとは、子どもが思わぬところでけがをするとか、泣き出すという類のもでない）。型通りの保育ではなく、一人ひとりの子どもを深くみつめた保育をすればするほどハプニングが起こるのである。日案を深くねり上げたうえで保育をするときほどハプニングが起こるのである。ハプニングは起こさせるものではなく、ハプニングが起こったかどうか気がつくこと、そしてハプニングのために日案通りに保育がいかないことを認める勇気、これこそ「子どものための保育」ではないだろうか。

ハプニングは保育のうえでかけがえのないものの一つである。それは保育者が子どもに個性があり、しかもそれぞれに異なることを認めているからである。その意味で「子どもは彼ら自身の世界をもち、保育者は子どもを自分の思う方向にひっぱっていくことができない」ものである。自分の思う通りにできないことを知ることこそ教育的である。

ハプニングのある保育は見ためにはあまりスマートではない。保育と課程がギクシャクしているからである。しかし、そこには他人にはわからない保育者と子どもの交流があるのである。反対に、ハプニングが起こらない保育はスマートでこぎれいである。しかし、型にはまったお行儀のよい子ばかりの保育のなかでは子どもは死んでいるのだ。

（6）参観者のためにバタバタしない

幼稚園や保育所にはよく参観者が来園する。親の参観もある。こういうときのために掃除をすることもよいであろう。しかし大切なのは「保育の内容」である。特別にきれいに飾る必要もない。ありのままの、いつもと変わらぬ保育をみてもらうことである。こういうときをねらって、「私はいつも一生懸命やっていますよ」といわんばかりに部屋を飾り、保育で演技する保育者がいる。しかし、それはあまりにもさもしいというものである。こういう保育者にはプロ意識のひとかけらもないようである。参観に飾りや演技はいらない。保育は芝居＝演技ではないからだ。こういうとき、どこまで裸の自分をさらけ出すことができるか。いつもの自分でいることができるか。これができる保育者はたとえ保育の内容は未熟でもすばらしいと思う。第一に、子どもの目をみるがいい。お客さんが来ても来なくても、子どもは全然関係ないのだ。子どもには今日一日の園での楽しい生活があるだけである。それ以外に何もないのだ。それをお客のためにお祭りさわぎすることは「罪悪」である。お客を恐れる必要は全然ない。主人は子どもたちなのである。お客のために主人が小さくなる必要は全然ない。

保育には一年中休みもないし、お祭りもない。あるのは子どもの成長を願ってデコボコの田舎道をすすむことだけなのである。ありのままをみてもらう勇気、裸の自己をさらけ出す勇気がこういうときには常にもまして必要である。

（7）うしろ姿の保育

外見上きれいな保育室での見ためにはスマートな保育は、一般に父兄、とくに母親には評判がよいようである。しかし、保育者はこんなうすっぺらな保育で点をかせぐ必要はない。本当の保育は保育者の自然な姿のなかから生まれる。片意地を張らない平凡な保育のなかから生まれる。

しかし、いつもと変わらぬ保育は一時間や二時間の参観ではその中身がなかなかわかってもらいにくい。いつもと変わらぬ保育のなかでなら、子どもは生き生きとしてくる。こういう保育のなかには必ず先生と子どもの間に、目にみえないが温かい心の交流があるものである。目にみえない糸が両者を結んでいるのである。教室のなかにそして屋外に、暖かい空気を感ずるのである。ここには、誰も入り込めないようなものがある。親さえも入れない保育者と子どもだけの世界がある。こういう雰囲気は、みる人に一瞬、羨ましさを感じさせる。「ここの保育はうまく言っているなあ」とみる人に羨ましさを感じさせる保育、それは嫉妬心にも似たものである。他人に嫉妬心を起こさせるような保育、それは他の人とは代わることのできないところに成立するのである。

（8）「魂の技師」としての保育者

医者は人の病気を治す専門技術をもつ。保育者＝教師は人の心をみがきあげる魂の技師である。しかし、保育者の仕事は目にみえないし、保育には飲んでよくなるというような「特効薬」はないのである。

まして、機械で人間を育てるということは到底できない。保育という仕事は本当に地味な仕事である。効果があがってもなかなかわからない。しかし子どもを少しでも深くみつめようとする保育者にはそれがわかるのである。子どもの成長がみえるのである。

これは必ずしも経験年数の問題ではないようである。経験年数の問題があれば、保育者は年と共に自然に「魂の技師」としてベテランになっていくはずである。何年たっても子どもを理解しようとする姿勢をもたない保育者には、子どもがわからないし、みようとしなければ何もみえないのである。

そして、魂の技師としての保育者、専門家としての保育者であるがゆえに、しなくてはならないことと、してはならないことがある。保育者が専門家としてしなくてはならないこと、それは何より子どもの成長を願い、子どもの成長に関しては専門家であることだと思う。一人ひとりの子どもは自分とは違うのだという自覚、一人ひとりの子どもたちが、やがて一人前になったとき、彼ら自身の生き方、考え方のもとに、彼らの人生を歩むのだという遠い将来への見通し、そのために何よりも「勢いのある子」に成長するための「日々の保育」にかけることであろうと思う。あたりまえで、そして平凡なことであるが、このことをぬきにして他にないのである。

すぐできる子、ゆっくりした子、明るい子、ハキハキしない子、いろいろな子どもがいる。しかし、どの子も「自らの人生をもつ」のだ。

過日、保育園の先生に「お宅の子どもは字がよめない」といわれて悲観して心中した母子があった。なんと悲しいことがこの世にあるのかと思う。「何もそんなことぐらいで死ぬことはないのに」と、この母親を笑うことはたやすい。それでこの母親の心の中をどれだけ理解できたというのか。どれだけ教育的意味をこめていったにしろ、このことばを吐いた保育者＝教師は失格ではないだろうか。保育者として失格というより、人間として失格ではないのか。魂の技師としての保育者＝教師が口が裂けてもいってはならぬこと、してはならぬことはこういうことであろうと思う。

できない子どもをできるようにしてやることが専門家としての保育者の仕事である。腐った魚を売って人を殺した鮮魚商は店をしめるのである。マゲを落としてわびるのである。口が裂けてもいってはならぬことを口にしたら、マゲを落とす、責任をとる覚悟がなくては、保育の仕事は専門職となり得ないし、社会からの信頼も得られないと思う。これほど保育という仕事は厳しい仕事である。

(9) 現実の社会と歴史への関心を

保育者が豊かな心をもって、魂の技師として保育に専念するとき、いま一つ必要なことは現実の社会への関心をもつことである。日本という社会、現代に関心をもち、理解することが大切である。

社会・政治・経済への関心は何もむずかしい議論をすることではない。今のような不安定な社会にどうしてなったのか。なぜこんなにも多くの戦争があり、自殺があり、死があるのか。ありあまるばかりの子どもの菓子や食べもの、マンガ、絵本、TV番組、コンピューター……。

歴史や現実の社会への関心は、保育者が人間として成長するために、必要なものである。

(10) 保育への不安と希望と

勤めはじめるとすぐに保育者は、子どもや親から「先生、先生」とよばれる。とても一人前になっていないのに、ベテランの人と同じようにクラスを受け持ち、「先生」とよばれる。しかし、子どもたちから無心な気持ちで「先生」とよばれるときに、それがストンと腹のなかに落ちてしまうのではなく、「先生」とよばれることに何かためらいを感じるものである。「とても私は先生なんてよばれる資格はない」と。この気持ちを大切にしたいと思うのである。

保育者の世界は女性が圧倒的に多い。このごろのようにやめる人の多い職場では五年もたつとベテランの部に入ってしまう。一〇年もたてば主任クラスになってしまうこともある。なかにはこの「主任」を得たことで安住し、新任の世話をやきすぎてしまう人もある。こういう人に限って「私の目にくもりはない」と自信たっぷりである。常に自分の狭い心のなかの小さな窓から外をちょっとのぞくだけで、そこから出ようとしない。その方が「安定」しているからだ。楽であるからだ。

しかし、「先生」とよばれることへの反発心をもつこと、常に新しいものを求め、自己の心の窓を拡げようとする保育者は、自己の世界に安住しきれない。安定した世界から飛び出すことは不安を伴う。しかし、「安定した世界」から「不安定な世界」へ入る、そこにこそ進歩があると思う。そして、不安定な世界もやがて自己のものになったとき、次の不安定の世界への航海がはじまる。不安定から不安定へ――この苦しい生き方のなかにこそ保育に生命をかける保育者としての成長、人間としての成長がある。

こういう保育者は「私の眼にくもりはない」とはいわない。くもりはないどころか、常に自己の保育に「不安」をもつ。この不安こそ進歩へのバネである。保育するうえで保育者の進歩、人間的成長なくして子どもの成長なんてものはありえない。いくらよいものを子どもにみせてもその感動を保育者がわからなくてはだめなように、常に前進する保育者なくして保育も存在しないし、子どもの成長もない。保育者が人間として成長せず、子どもの成長のみを願うという虫のよいことは成り立たない。不安定な世界こそ成長の源泉である。

注

（1）『米国教育施設団報告書』渡辺彰訳、目黒書店、一九四七年、六三―六四ページ

（2）*NSSE Year book part2*, Staff Development, Univ. Of Chicago Press, 1983. M. Lieberman, *Education as a Profession,*

Prentice-Hall, 1956.

（3）中央児童福祉審議会「いま保育所に必要なもの」（中間報告、一九六四年一〇月）全国社会福祉協議会編『保育施設を考えるために——中教審・中児審答申集』所収、一九七六年、四五—四六ページ。

（4）中央児童福祉審議会「今後における保育のあり方」中間報告

（5）日本学術会議「社会福祉の研究・教育体制等について」（勧告）全国保母会編『保育者の専門職化を考えるために』所収、全社協、一九七八年、三八ページ

（6）全国保母会「全社協保母会の活動と保育士法案」同書所収、八ページ。保母会「保母の専門職化の条件について」一九七三年、同書所収、一五—一八ページ

（7）同書、九ページ

（8）同書、五七ページの表に六一ページの第四次案を追加作成。

（9）全国保母会編前掲書、一九ページ

（10）浦辺史「保育士法案三次試案を読んで」『季刊保育の問題研究』一九七六年一一月号、三九—四〇ページ。同様な批判は「保育白書」79（保育者養成と専門職化問題）草土文化、二八三—二八八ページにもある。

（11）全国保育問題研究協議会代表者会議「保母の社会的地位の向上のために——保育士法案（第三次試案）に対する私たちの見解」『季刊保育問題研究』一九七七年八月号、五六—五七ページ

他に、保育の専門職に関する文献としては、次のようなものがある。

持田栄一編『専門職としての保育者』チャイルド社、一九七四年

久保いと「保育者養成のカリキュラム問題」日本教育学会編『教育学研究』一九六八年九月号

全国社会福祉協議会『保育の友』（特集「施設管理士、保育士構想のめざすもの」）一九七六年八月号

同『保育の友』（特集「保育所保母　幼稚園教員の専門性とは何か」）（日本保育学会シンポジウム）一九七九年八月号

『現代と保育』（季刊誌）第三号（特集「保育者の専門性と保育の行政」）ささら書房、一九七九年六月

「私の保育者論」について、私は次にあげる著作から多くを学んだ。

上田薫『人が人に教えるとは』医学書院、一九九五年
上田薫『個を育てる力』明治図書出版、一九七二年
上田薫『絶対からの自由』黎明書房、一九七九年
国分一太郎『教師』岩波新書、一九五八年
国分一太郎『君ひとの子の師であれば』（新版）新評論、一九八三年
国分一太郎「北に向かいし枝なりき」『教師の友』誌、一九六〇〜六一年連載
加太こうじ『下町教師伝』教師の友社、一九六六年
斎藤喜博『未来につながる学力』麦書房、一九五八年
林竹二『授業——人間』国土社、一九七八年
無着成恭編『山びこ学校』青銅社、一九五一年、角川文庫版、一九六九年
有島武郎『一房の葡萄』岩波文庫、一九八三年
篠島中学みおの会『うず潮の学校』風媒社、一九六五年
松田道雄『自由を子どもに』岩波新書、一九七三年
壺井栄『二十四の瞳』角川文庫、二〇一一年
神谷美恵子『こころの旅』みすず書房、一九八二年

第Ⅲ部　わが国の「学力」問題と「教育格差」問題

——アメリカからの示唆とわが国の諸問題——

第7章　発達と教育の社会的背景——ハントとバーンスティンを中心に——

第1節　発達の社会的性格

乳幼児の知的能力の発達の社会的背景は何か、つまりどのような要因が発達を促進させ、またどのような要因が発達を阻害しているのか、また促進要因と阻害要因の関係はどうなっているのであろうか。

発達を社会的に規定している要因（発達の社会的被規定要因）をめぐる問題は、とくに乳幼児教育の領域において関心がもたれている。

本章では、知的発達の諸要因を、個体内の内的メカニズムの問題としてとらえる心理学的知識の助けを借りつつ、発達そのものの社会的メカニズムに焦点をあてて考察したい。

このテーマに関する内容は、次のような問題に分けられる。

(1) 発達の可塑性および教育可能性について

最近の乳幼児研究の知見によれば、乳幼児は、生後数年間において、その後の人生のいかなる時期よりも可塑性(plasticity)に富むことが報告されている。これにより、どのような経験が、どのような知的発達を促すかが重要になってくる。したがって、逆にこのような初期経験、初期学習の機会に恵まれない、いわゆる不遇児（the disadvantaged children）の教育可能性（educability）の問題が浮かび上がってくる。

（2）教育の機会均等（the Equality of Educational Opportunity）

この問題は、従来、義務教育就学の社会的・経済的障害を取り除くことにより、学校教育の機会均等を導いてきた理念の一つである。

しかしながら、この「インプット」（input）もしくは、「接近」（access）における平等性もさることながら、民族、社会階層において顕著な学力差がある場合、はたして平等性が実現されているかどうかという問題が新たに生まれてきた。その結果、学力達成度の平等として、終着点における平等、いわば、「アウトプット」（output）もしくは「結果」（outcome）における平等性の概念が提出されてきている。

（3）学校カリキュラムの問題

以上のような状況の中で、能力や学力が問題とされる場合、それが個人間の平等というよりは、グループ間（民族間・階層間）の平等が、より重要となる。したがって、フォーマルな制度としての学校教育におけるカリキュラムが、「結果における平等」を実現するためには、いかなるカリキュラムが適切なのか。わが国の場合を考えると、階層差の問題は、アメリカやイギリスのように学力の階層格差が拡大しているという指摘があるが、この学力上のドロップアウトは、実は柔軟性のない画一的カリキュラムにあるのではないかと思われる。さらにこの問題に関連して、現代学校の中産階級的性格をめぐる問題がある。学校が社会的人材配分のための選別機関になっているという批判があるが、このメカニズムの分析が必要である。

（4）潜在的カリキュラムの問題

カリキュラムの問題を考える際に、さらに問題となるのは、乳幼児の就学前の潜在的カリキュラム（hidden curriculum）の問題である。アメリカでは、学力の階層差、民族差についての多くのデータが明らかにされているが、これが、この差を解明する手がかりになると思われる。乳幼児を取り巻く家庭的背景（職業、家族構成、人間関係、両親の存在の有無、両親の教育歴、養育態度、教育観、発達観、経済水準等）のあり方が問題となる。

（5）補償教育

不利な環境におかれている子どもが受けている社会的・経済的・教育的ハンディキャップを補うことを目的としておこなわれる補償教育（Compensatory Education）をどのように充実したものとするか。しかし、その理念、内容、方法については、種々議論がみられるところである。

ヘッド・スタート計画やフォロー・スルー計画は、必ずしも所期の目的に達していないところに、この問題の難しさがある。

（6）ＩＱ論争

アメリカにおいて、Ａ・ジェンセンの論文（一九六九年）以来、知能に関する遺伝説、環境説の問題が再燃している。この問題の真の複雑さは、学問上のレベルからはずれて、社会的・政治的ルツボの中へ投げ入れられることであり、学問的レベルにおいても、遺伝説か環境説かという単純な論理ではかたづかないところにある。ＩＱ論争の有効な解決の一つの方法として、「教育学」の介入が必要であると考える。

知的能力発達の社会的側面は、以上のような問題に分けられると思われるが、本章では、まず（1）の問題について考察したい。

第2節　知的能力の発達と教育

1　階層とＩＱ

ブルームは、就学前の幼児のＩＱを統計的に調査した結果、次のような結論を得た。

「子どもの一般的知能は受胎してから四歳までの間に、四歳から十八歳までの十四年間に匹敵するほどの伸びをみせる」[1]。

彼の研究結果は、四歳時のIQをもとにした場合、精度五〇%で十八歳時のIQを予測できるというもので、年齢ごとの予測精度をグラフにすると、曲線は幼児期に急上昇し、十八歳前後でだいたい平らになる。彼は、このデータは、

同一化のタイプ		1970-71		1971-72	
		HS N=90	NS N=33	HS N=72	NS N=51
Perceptual	%	92.2	90.0	83.3	100
	M	5.67	5.91	5.42	6.00
Heard	%	28.9	87.9	19.4	90.2
	M	2.82	5.64	2.56	5.78
Spoken	%	25.6	81.8	23.6	76.5
	M	3.02	5.55	2.85	5.55
Perceptual	%	94.4	100	91.7	100
	M	5.83	6.00	5.61	6.00

(Hunt,1975)

HS=Head Start（ヘッド・スタート計画）
NS=Nursery School（保育学校）
Heardは「○○色のブロックをこわさないこと」ときかれる。
Spokenは「このブロックは何色ですか」とたずねられる。

表1　色の理解に関する階層差

恵まれない環境にある就学前幼児の教育の必要性を示唆するものと考えた。（しかしながら、当時のアメリカは、ヘッドスタート計画のただ中にあり、恵まれない環境にある幼児の教育や福祉の改善が焦眉の課題となっていた時期で、ブルームのこのデータか、能力や技術をどれだけ獲得できるかを示す「知的発達曲線」と国民も政治家も研究者も誤解し幼児期における学校的教育の重要性を立証するものとなってしまったという不幸があった。[3]）

表1は、色の理解とヘッド・スタートを受けている子どもと、受けずにナースリイ・スクールに通っている子どもとの関係を示すアメリカの例である。[2] 六色（青、オレンジ、赤、茶、緑、黄）の意味理解に関するJ・ハントの実験結果を示している。

一九七一—七二年の色の知覚的同一化（Perceptual identification）における差は、一九七〇—七一年より大きくなっている。Heardでは、一九七〇—七一年時では、HSを受けた子どもでは、三〇%より少ないが、NSの子どもは、九〇%近くが理解している。それが一九七一—七二年では、それぞれ二〇%（HS）、九〇%（NS）になっている。HSで

は、理解の低下がみられる。

次に、色の名前をたずねられた場合（Spoken）はどうだろうか。HSの場合は全体の四分の一（約二五％）であるが、NSの方は、七七〜八二％になっている。色の平均理解度は、HSでは、三ないしそれ以下（二・五六）であるが、NSの子は、平均五・五五という高率を示している。意味の理解における差は、明白に表れているといえるのである。

2 コンピテンスの発達

ハント（J. Mcv. Hunt, 1906-1991）は、以上のような知能発達の階層差の問題を、次のようにとらえている。まず、従来から考えられてきた「知能」の概念を、たんに狭い意味の知能だけでなく、コンピテンス（competence）の概念でとらえようとする。

それは、「結果としての能力」ではなく、乳幼児の潜在的可能性を含め、目標にむかって持続的に努力する意欲、動機づけの体系、行動の基準をも含む概念である。そして、このコンピテンスの欠如（インコンピテンス imcompetence）した状態が示すのは、次のようなものである。

それは、「貧困の中での養育は、社会的経済的能力の基盤である言語的数学的技能と、問題を解決し、社会的責任をとる意欲を伸ばす機会を子どもから奪う」(4)ものであり、「現代の科学技術の進歩が、言語的数学的能力や、問題解決と社会的責任を遂行する意欲をもたない者にとっては、経済上の機会が急速に減少しているという事実と貧困を背景とする大多数の黒人が、これらの技能や動機を欠如しているという事実から生まれたものである(5)」

そして、一般的な事例として、次のようなものをあげている。

言語技能と数技術の問題についていえば、貧困な家庭の親は、中産階級の親に比べて、一般に子どもに話しかけることが少ない。この親子たちは、親自身が、前置詞関係を正確に使えなかったり、抽象的概念を必要とするような話題をうまく話すことができないことが多い。さらに、彼らが使う文法は、社会で一般に使われている標準言語の文法とはかなり違っている。つまり、彼らは幼い自分の子どもに対して、貧弱な言語モデルしか与えることはできない。そのうえ、これらの貧困家庭の親は、自分の幼い子どもを、物のいろいろな知覚的特徴に目を向けさせたり、物と物との間の関係に注意を向けさせたり、さらに、それらの特徴やその関係をことばで答えさせるような質問をすることがほとんどできない。むしろ逆に、子どもが何か聞いたとき、親は理由もいわず「だまれ！」と言ってしまうことが多い。理由を言うということは、子どもの行動上の制約を考える基礎を発展させていくうえできわめて重要なものである。(6)

　中産階級の家庭は、何事も子ども中心である。赤ん坊が話す最初のことばに両親は夢中になる。そして、言語能力をうまく発達させようとする意欲は強い。親は子どもの質問を歓迎し、自然な好奇心を伸ばそうとする。しかし、これと対象的なのがスラムの家庭である。話したり、質問したりする機会がほとんどない。昼の間は働けるおとなはいないし、年上のきょうだいと家にいるか、そのビルの暇な女の人に預けられる。両親は夜疲れて帰ってきて、一日仕事の欲求不満がたまっている。子どもに関心をもち、子どもの話や質問の相手になる心のゆとりはないのである。(7)

　そして、彼らが学校に入学したとき、どんな情景にでくわすか。本についての知識経験、子どもの知覚や発達について、学校が要求する経験をほとんどもたない彼らは、スタートから失敗の可能性が高いといえる。

　一年生では、先生がクラス全体に向かって一〇分間ぐらい話しかけることは普通のことである。しかし、これらの子どもは、一〇分間もの長い間、おとなから話しかけられるという経験をこれまでもったことがない場合が多い。そこで、「その子どもは、学校での第一歩において、今までの生活が彼の頭にしみこんでくれていないような複雑な聴覚的弁別を必要とする〝耳なれない〟情報が、速いスピードでやってくるのを経験することになる。この状態の進行に伴っておこりやすいのは、率直にいえば、その子どもが、学校を理解できない場所、失敗を数多く経験する場所とみなしはじめることである。恐らく重要なことは、先生自身が、その子どもの失敗を期待する構えを自分の心の中に積み上げていくことである[8]」

ここに、コンピテンスの成長にかかわる重要な環境要因（家庭・学校）が潜んでいると考えられる。

第3節　J・ハントの知能観と発達観

1　ハントの知能観

「子どもが潜在的可能性としてもっている能力を最大限に伸ばすことが、今日われわれに課せられた新しい焦眉の課題である[9]」

ハントは、過去半世紀以上にわたる心理学の膨大な文献を分析して、このように述べている。ハントは、たんにオピニオンとしての「課題」ではなく、心理学が科学として探求してきた客観的データを、今再び白日の下にさらし、現代の乳幼児教育の課題として再認識することであるという。

教育には、時代の要請というものがいつもまつわりついている。「すべての子どもの潜在的可能性」ということも、もちろんそのようなものが存在していることが、科学的に証明されているわけではない。「最大限の能力」ということも同様である。

これらのことが、真に実現される方法は唯一つ、知的能力や技能、動機づけの体系を発達させる教育上の平等な機会（機会均等）が実現されることにのみよるといってよいであろう。

ハントは、科学的証拠にもとづいて、知能や能力についての神話の打破に貢献した。それは、一九世紀のほとんどを通して、人間が生まれつきもっている能力を伸ばそうという考えをもつ者は、すべて非現実的で空想的社会改良家であり、個人や階層や人権は神から遺伝によって今あるようにつくられているので、そうなのであるという神話を打ちこわしたのである。そして、次のようにまとめている。

(1) 知能は固定的で変わらないという信念は支持できない。

知能テストの得点(IQ)は、潜在的能力あるいは潜在的可能性を表すものではない。このことは、知能テストがつくられた当初から明白であったはずであるとハントはいう。「知能テストも学力テストもともに、前に獲得した技能や情動や動機づけに基づいて現在の成績を測定するものである[10]」

(2) IQによる縦断的予測は困難である。

われわれは、IQの恒常性という信念によって、ある年齢でおこなわれるテストの成績の得点を用いて、その子どものその後の成績を予想しようとしてきたし、今もなおそれをおこなっている。

もし、有機体の成熟の速度が環境によって影響をうけ、かつまた精神発達がこれまで得られたわずかな証拠が示すような可塑性をもつとすれば、縦断的予測はテストの得点からだけでは不可能である[11]。

2 ハントの発達観

ハントは、自己の発達概念を提出する前に歴史上の発達に関する諸概念を三つに分類している[12]。

(1) 前成説(Preformationalism)

前成説は、少なくとも、二〇〇〇年にわたる胎生学的発達に関する思想を支配してきた。この説の主要な点は、物の永続性や知覚における大きさや色の恒常性のように、いまあるものは常に過去に存在していなければならないという素朴な観念にもとづいている。

(2) 先決説(Predeterminism)

発達は遺伝子により、あらかじめ決定されているという説。「個体発生は、系統発生の反復である」という考えは、S・

ホールらの理論の中心であった。アーノルド・ゲゼルの「内的成熟による発達」(intrinsic growth)も先決的発達観を継承したものである。

(3) 相互作用説 (Interactionism)

この説の起源は、デンマークの遺伝学者ヨハンセン(W. Johanssen〔1857-1927〕)による。彼は、遺伝型と表現型を区別し、遺伝型で有機体が祖先から受け継いだ遺伝子の配列を表し、表現型によって、発達のある時点で観察され、測定される有機体や植物の特性を表した。また、遺伝子型は、観察できる表現型に与える影響から推論できるにすぎないと指摘した。

以上のような考察をふまえ、ハントは発達の概念について次のように述べている。[13]

(1) 発達の速度はあらかじめ決定されていない

例として、

①人間の子どもの知的発達に関する初期の縦断的研究は、その成長曲線がIQでおよそ六〇ぐらい変動することを明かにしている。

②さらに、幼児のIQの増加は、保育学校の経験と関連があるという研究報告もある。

③州立乳幼児施設(孤児院)にいた二人の幼児――クールマンIQが四六の一三カ月と、三五の一六カ月の幼児――が精神遅滞者の施設に収容された。そこで精神遅滞の成人女子によって世話を受けたところ、六カ月後には、この幼児は著しい発達をとげ、動機づけの面でも無関心な状態から、生き生きとした状態へと変化し、それと同時にIQについても一人の幼児は三一、もう一人の幼児が五二の上昇をみた。

(2) 発達はある順序性をもつ

行動発達の順序についていえば、「頭部から脚部への発達、中心から末端への発達の法則」というのが乳幼児においても一般化されている。

ピアジェ(Jean Piaget, 1896-1980)は、同化と調節という二つの概念で発達を説明しているが、乳幼児期の感覚運動的段階から、児童後期の形式的操作の発達の中に系列的順序性の存在を認めている。

ハントもピアジェの研究から示唆を得て、「発達の順序尺度」というものを考え出している(注12参照)。

それは、移動運動の発達(寝ている→体の向きを変える→起き上がる→すわる→這う→立つ→つたい歩き→よちよち歩き→歩く→走る)においても、精神発達(知能の発達、保存の発達)においても、必ず発達には順序があることを強調しているのである。

私たちは以上のようなハントの所論の中から、乳幼児の知的発達の研究に多くの示唆にとむ発言をみることができる。

第4節　B・バーンスティン仮説の提起したもの

1 「バーンスティン仮説」の誤解

一九八〇年代に紹介されたバーンスティンの「言語コード仮説」は、現代のわが国の教育にどのような示唆を与えるであろうか。

言語と社会階級についての基本的テーマは、「社会的背景の差がなぜ言語に影響を与えるのか」ということに尽きるのではないかと思われる。

イギリスの言語社会学者B・バーンスティン(Basil Bernstein, 1924-2000)は、話し手に利用される言語に二種類あると仮定し、これの二つの変数を「精密コード」(elaborated code)と「限定コード」(restricted code)と名づけた(14)。

コード(code)について、次のように述べている。

「コードとは、互いに関係のある意味や、意味を実現する形式、意味を生じさせる社会的文脈を統合して規制する原理である」と定義づけている。

「限定コードは、文脈依存的な原理と意味を実現する。これらの原理と意味は個々の文脈・社会的諸関係・慣行・活動の中に埋め込まれており、それゆえ相対的に特定の物質的基盤との結びつきが強い」

「精密コードは、明確な原理を媒介にして文脈自由な意味を実現する。これらの明確な原理と意味が個々のローカルな文脈・社会的諸関係・慣行・活動の中に埋め込まれている度合は少々、それゆえ特定の物質的基盤との結びつきも弱く間接的にしかすぎない」

その内容は、次の通りである。

限定型言語コードは、文章が短く、文法的に単純で、文章が完成された形で使われなかったりする。

話者は自己中心的意味づけをする。

精密型言語コードは、文法的に複雑な文章構成、意味の論理的限定や強調がおこなわれ、機能語、従属文、抽象語の使用が多い。話し手は、普辺的次元で意味づけをおこなう。

そして、前者のコードは、労働者階級の子どもに多く使われ、中産階級の子どもは、両方を使うことができるとされてきた。

しかしながら、バーンスティンは、これについて誤解があったという[15]。

これは、労働者階級の子どもが、彼らの受動的語いの中に、中産階級の子どもが使用している語いをもっていないというのではない。むしろ、この場合でできているのは、ある特定情況に起因する言語の使い方の差である。（中略）中産階級の母親は、労働者階級に比べて、子どもを社会的な道徳秩序の中に組み入れたり、しつけをする際や感情を伝達したり認識するに当たって、言語を使用することを重要視する（これは、決して、すべての場合に当てはまることではないということをつけ加えておくことが重要である）。このようにして、中産階級の子どもは、所与の情況を超越する普辺的意味づけに慣れていくのに反して、労働者階級の子どもは、所与の情況に密接に結びつけられていて、これを超越しえない自己中心的意味づけに慣らされてくる。このことは、労働者階級の母親が言語的に無能力であることを意味しているのではない。ただ彼女らは、普辺的意味づけを引き出す情況が中産階級の母親たちと違っているにすぎない。彼女らは、言語的に収奪されているのではないし、また彼女らの子ども同じなのである。

バーンスティンは、限定型コードという概念は、言語的収奪、あるいは、はなはだしきに至っては、言語的無能力と同一視されてきたと述べている。

ところが、前述のことが教育界の問題となり、労働者階級の子どもは、同じ知能をもつ中産階級の子どもより学校の成績がよくないことがわかるにつれ、彼の仮説がこの現象を説明するものとされた。

つまり、教育という場では、「精密コード」を使う能力が要求されるのに、労働者階級の多くの子どもは、それを使わないからであるというわけである。実は、ここに誤解される原因があったのである。

この言語使用の問題について二つの立場が現れてきた。[16]

(1) 学校が子どもに「精密コード」を要求するのは、たんに「社会の慣習」にすぎないとする立場

(2) 「精密コード」を使うのは、社会的慣習ではなく、教育課程それ自体に欠くことのできない要請であるとする立場

一部の教育学者は、労働者階級の子どもは「精密コード」に親しむ機会がないために、認識上の欠陥を生じ、自分を取り巻く世界の解決の仕方、自分の経験を組織だてる能力に差がでてくる。このような世界観の差は、労働者階級の子どもが、認識上正当な権利を奪われており、抽象的概念を扱うことができないから、言語的に欠陥があるという、いわゆる「欠陥言語」の立場を強調する。

しかし、これに対する批判も出されている。それは、労働者階級の子どもといえども、とくに書く場合には、「精密コー

ド」を扱うことができるというものである。

この点について、トラッドギルらは次のように指摘している⑰。

①中産階級の話し手と労働者階級の話し手が異なるのは、二つのコードのうち、いずれを使うか、その文脈に関してのみである。

②この二つのコードは、互いにはっきりと異なる二つの言語変種なのではなく、たんに使用されうる二種の変異を示すものにすぎない。

③家族構造に異なる型があって（それはどの階級にもあるが）、その差が社会階級と同じ程度に二つのコードの区別を生ぜしめるうえで重要である。バーンスティンの言うところによれば、意志の決定が、父とか祖母とか家族構成員の長によってなされるような「家長」家族 (positional family) では、「個々人の意見の違いを言葉によって精密に言い表わす」必要が少ない。これに反して、判断なり決定なりが、家族の長よりも構成員個々人の性格にまかされる。「個人指向」型家族 (person-centered family) では、より自由な情報伝達方式が成立しやすい。

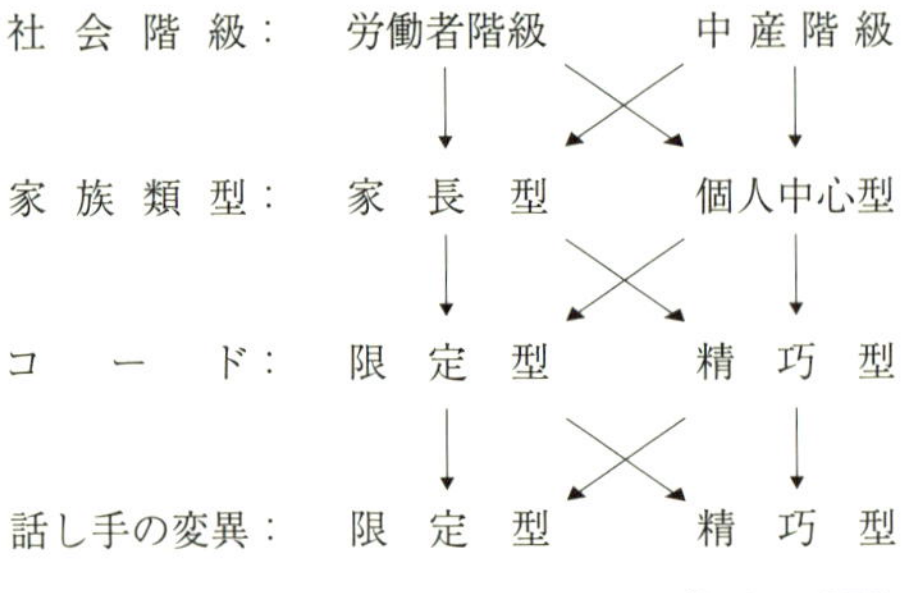

(Stubbs, 1976)

図1　バーンスティン・モデルの再編成

しかし、問題なのは「強力な言語欠陥説」であると、トラッドギルはいう。アメリカでは、この言語欠陥説が広く支持されたがために「強制的」な教育計画が進められている。このような計画が進められるに至った原因の一部は、バーンスティンにあるという。

欠陥言語説は、中産階級的性格を是認するもとになる。

そして、トラッドギルは、バーンスティンの二つの変種について、「二つのコードに特徴的だとした言語的な違いは、たんに同じ方言内にあるスタイルの違いだと考えた方がよい。（中略）多くの環境において労働者階級の子どもたちのある者は、中産階級の子どもたちよりも形式ばったスタイルを使うのを好まない、あるいは慣れていないのである」と述べている。[18]

M・スタッブス（Michael Stubbs）は、誤解の多いバーンスティン仮説を整理して、図1のように図式化している。[19]従来までは、このクロスする矢印の方向の理解がなかったところに誤解の根があったと思われる。

2 バーンスティンの教育観

最後に、バーンスティンの教育に対する考え方を聞いてみよう。[20]

学校は、普辺的次元の意味づけの伝達と発展にたずさわっている。したがって（教育は）子どもが提供できるものを使って教育しなければならないし、一般的思考形態である普辺的意味づけへ子どもを導くことは、補償教育ではなく、教育そのものである。と考えている。

バーンスティンの仮説は、なお問題をもちながらも、幾多の重要な点を私たちに投げかけている。とくに、「欠陥言語説」＝「能力欠陥説」の危険性について、またアメリカの補償教育についての問題である。

3 ブルデューの「文化的格差の再生産」論

バーンスティンとほぼ同時期にフランスでは、ブルデュー(Pierre Bourdieu, 1930-2002)によって、家庭の文化的背景の差異（選別に先立つ不平等）が制度化された教育システム（選別の不平等）につながり、不平等が再生産されることが主唱された。[21]

彼は、「豊かさ」を示す指標として、

（1）貨幣やその他の資産という形で示す「経済資本」

（2）教育、学歴、知識、科学、技術、芸術作品のような有形、無形の「文化資本」。両者は、共に利益を生むものである。教養や知識は、「学歴」と結びつき、就職に有形に働き、それが所得に反映する。

文化は、消費されるものというより、経済と同様に、資産を生み出す原資産であると考え、平等・公平な社会を目指すには文化的格差を注視し、文化の公正な配分を担う教育の役割を重視した。

しかしながら、高等教育への進学における学業成績に及ぼす言語能力の果たす決定的役割を階級別（民衆階級、中間階級、上層階級）に調査した結果、学校システムが上層階級に与える有利さを指摘し、これが再生産されるとした。では、なぜ言語能力（言語資源）に差が生じるのか。それは、家庭の文化的背景、学校文化に対する価値への態度、学校への主観的期待、雇用の安定、所得等々が関係していると述べた。

ブルデューの指摘は、フランスの事例として高く評価された。これは、バーンスティンのイギリスにおける研究の指摘とも重なる部分がある。また、F・ウィリアムが「貧困サイクル」の指摘した再生産論とも重なるものである（本章第5節）。

同時代に、一九六五年から、補償教育の一環として、「社会的・文化的に恵まれない子どもと親」を対象に「ヘッド・スタート計画」(Project Head Start) が開始されたが、C・ジェンクスは、その効果を調査した結果、次のような結論に達した。

「学校教育は、知的不平等の解消に何ら役立っていない。学習の結果に差が生じるのは、学校が彼に提供するものの相違ではなく、彼らが学校に持ち込むものの差である」というショッキングなものであった。

ジェンクスの結論から考えられることは、

（1）知的不平等の差は、学校ではなく、すでに就学前にあること

（2）ブルデューも指摘した「制度としての学校システム」の性格は何かということである。

不平等の再生産論にしたがっていえば、学校は固有のまた普辺的文化の伝達機関として存在しているようにみえる。

しかし、実際は、その時代の支配的文化・イデオロギーを正統なものとして伝え、それが特定の階級に有利に働き、

	プエルトリコ人	インディアン系アメリカン人	メキシコ系アメリカ人	東洋系アメリカ人	黒人	白　人
〈1 年生〉						
非言語	45.8	53.0	50.1	56.6	43.4	54.1
言語	44.9	47.8	46.5	51.6	45.4	53.2
〈12 年生〉						
非言語	43.3	47.1	45.0	51.6	40.9	52.0
言語	43.1	43.7	43.8	49.6	40.9	52.1
読み	42.6	44.3	44.2	48.8	42.2	51.9
数学	43.7	45.9	45.5	51.3	41.8	51.8
一般常識	41.7	44.7	43.3	49.0	40.6	52.2
五科目平均値	43.1	45.1	44.4	50.1	41.1	52.0

表 2　アメリカ全国標準テスト成績　(Coleman, 1966)

特定の階級に不利に働くシステムとして作用しているということになる。
では、これをどう解決するのかが、格差問題の中心論点となる。

第5節　知能・学力の社会的背景

1　人種・民族とIQ・知的能力

人種・民族とIQおよび知的能力差を表した資料は少なくない。アメリカでは、民族とその所属階層には深い関係があり、とくに、黒人、メキシコ系アメリカ人は、少数民族（minoriy group）として階層体系の下位レベルを占めている。

例えば、言語ならびに非言語による表現技術に関して、黒人の第六学年生は、白人より一・六歳遅れており、第九学年（わが国の中学三年）では、二・四歳遅れている。そして第一二学年（同高校三年生）では、三・三歳遅れているという報告もある。

一九六六年に発表された「コールマン報告」（Coleman Report）は、合衆国全国テストの結果を表2のように伝えている[22]（表2）。

この表現からわかることは、ほとんどの項目で、白人の方が、非白人より上位の得点をしていることである。非白人の中でも、黒人、プエルト・リコ人、メキシコ系アメリカ人は白人よりずっと低くなっている。

さらに、非言語、言語項目について、一年生と二年生を白人・非白人の間で比較すると、一年生の時の差より、二年生段階での差の方が大きくなっていることに気がつく。これは、人種間の学力差は、学年が上にいくほど拡がっていくことを示している。

しかしながら、IQテストによる知能測定には、批判がないわけではない。それは、IQテストが、中流ないし、上流階層の子どもの言語と訓練に都合よくできており、生まれながらの能力は測定していない。しかも、こういうテストが生徒にレッテルを貼り、多数者の進歩を妨げ、学校教育の失敗を合理化するための根拠になっている。また知能テストには、創造的能力、動機づけ、好奇心、忍耐力、持続力などを測定する試みが全然ないともいわれている。(23)

次のような例もある。先住アメリカ民族（インディアン）にIQテストをおこなったところ、ある種族（ホピ族）では、競争意識が彼らの生活の中には存在せず、他人より早くやり終えることを悪いことだと考える習慣があったという。また、一定時間にやりおえるという感覚もなかった。つまり、IQテストは、テストそのものが一定の文化的・社会的産物であることを示しており、それと文化や歴史の異なる民族のIQを測定することは不可能なわけである。

したがって、IQテストの得点産物は、黒人、プエルト・リコ人、移民の場合、発達のハンディがすでに測定以前に存在しているわけである。「異なる民族間においてIQに差はあるか」という問題について、ブルーム（Leonald Bloom）は、次のように述べている。(24)

異なる民族間の知能テストの比較が信頼できない理由として、

（1）社会的・経済的背景

下層階級の人びとは文化的価値をはく奪されており、そこから文化的不遇児（the culturally dis-advantaged）が生まれる。

（2）学校教育

知能テストの得点は、学校教育の量と質に影響される（北部と南部の地域差、教育内容、教師の質、教育設備の差や黒人の子どもの学力向上を賞賛しない風潮、職業上の機会への無知等があげられる）。

（3）言語

多くのテストは言語を媒介にしておこなわれる。少数民族は、拙い英語環境の中で成長するので不利である。Non-verbalテストの成績はよくなる。

（4）動機づけ

テストそのものに興味をもつかどうか。リラックスしてテストを受けるかどうかによっても結果は異なってくる。例えば、前述のホピ族の文化では、「競争」ということを禁止しているし、（競争という文明社会的にみられる社会的慣習が存在しない）注意深く、ベストを尽くしてやることが第一で、早く処理することに抵抗感をもっていることがあげられている。

民族とＩＱの問題について、ハントは、Ｗ・デニス（W. Dennis）の研究（一九六六年）を点検している。

それは、世界中の五〇の文化圏の六〜七歳の子どものグループに、人物画テストを実施したものである。その結果、最もＩＱの高かったのは、アメリカ、イギリスの中流家庭の子ども、日本の京都の子どもで、次にポピインディアンの子どもが平均一二四を得た。もう一つの分布はアラブのベドウィン族の子どもの平均ＩＱ五二であった。この研究でわかったのは、いろいろな文化圏から得られたグループの平均ＩＱは、およそ七〇の範囲にわたって分布していることである。平均ＩＱに表れた変動と最もはっきり関係があるのは、絵画芸術に接する量である。アメリカ、イギリスの子ども、日本の京都の子ども、ホピの子どもは、早くから絵画芸術と接しながら成長する。回教のアラブの子は、宗教によって偶像のような表象的芸術が禁じられるので、ＩＱは低く、絵画との接触が最も少ないベドウィンの子どものＩＱは最低である。以上の例から、ハントは次のように結論づけている。(25)

人物画テストはある限られた一定の能力を調べるテストではあるけれども、それにもかかわらず平均IQにあらわれるこのような変動は、環境によってコンピテンスの根底にある知能がどの程度変わりうるかということを強く示してある。明らかに、コンピテンスのレベルは固定されたものではない。

2 文化と知的能力——ブルーナーの理論——

『教育の過程』(一九六〇年)において、発達観の大胆な仮説に関する問題提起をしたブルーナー(Jerome S. Bruner 1915-)は、一九七〇年代に入り、アメリカ社会における教育問題に関心を向けていくようになった。

貧困と発達の問題を「言語」研究と「価値的態度」の二面から比較研究した。彼は、貧困が発達にあたえる影響について次の三つをあげている。(26)

(1) 目標追求および問題解決のための機会があるか、それらが励まされているか、それらがどう管理され処理されているか(これは、人が自己に無力を感じ、また有力を感じる程度の違いを反映している)。

(2) 言語

子どもは、数多くの事態にさらされることにより、思考の道具としての言語を使用するようになる。

(3) 社会的相互共同

親が何を期待しているか、教師が何を要請しているか、仲間が何を期待しているかによって、先の見通しと現在の態度との結合を形成する。

これらのうち、(2)の言語使用の問題について考えてみたい。

①中産階級の話し手の間には、下層階級の話し手の間よりも、分析的言語が多く使われているし、それを使う需要が多い。これは、思考活動の柔軟性につながる。

②語いのたくわえの相違

中産階級の子どもの方が豊富である。これは、ことばで世界を表象すること、概念と概念の分析に関係する問題である。

③知能指数・言語の出力量のほぼ同じである三歳児の階級別の比較研究によると、中産階級の子どもの方が、原因―結果のような諸関係を表すことを下層階級の子どもよりたくさん話す。

ブルーナーはここで、言語使用能力の階層差・貧困が与える影響について言おうとしている。彼の言語観は、分析的言語の使用、言語による概念形成、状況にとらわれずに思考の手段として言語を使用するところにあると考えているようである。

そして、彼は文化と発達について、次のように断言している。(27)

われわれはすでに文化の影響を受けない知能という観念を否定した。その点で恐らく、(「教育の機会均等」と題する)コールマンレポートは、知能テストの結果には、学校教育の影響は含まれないといった観念に対する最後の一撃を与えたものであろう。

文化は、記号と親族と経済という三つのシステムを通じておこなわれる相互交換(レヴィ＝ストロース)という普辺的中心軸のまわりを公転するものである。

貧困がきわめて重大な問題となってくるのはここなのである。というのは、経済的生活における貧困は、家庭構造に影響をおよぼし、われわれの記号により価値の感覚に、そしてまたわれわれの(環境に対する)支配の感覚に影響を及ぼすものであるからである。

しかし、こうした文化の普辺的原理のほかに、人間への霊長類進化の遺産の中にもいくつかの普辺的なものがある。霊長類進化の系列は、知的好奇心、遊び、計画性、期待性、そしてついには、情報を探求し、変形し、表象し、そして使用するための方法という人類の特徴を示すような一連の能力の出現の系列を、驚くばかりに例証している。これらの人間的諸能力の内からの開化にも外からの育成にも貧困が破壊してしまう。

そして、貧困、階層・人種・文化と発達について、私たちにこう述べている。[28]

「発達理論は、自然における人間の位置を明確に限定するものであり、人間の成長を援助することによって、人間のおかれた運命を改善しうる、あるいは変革しうる機会を合図してくれるものである。インターヴェンション（intervention）のことを何も具体的に記さないような発達理論は、（発達の外因としての）文化に盲目である。インターヴェンションのことしか、具体的に話さないような発達理論は、（発達の内因としての）人間の生物学的遺産に盲目である」と。

私たちには、乳幼児の知的発達と文化の複雑な関連についての再検討が要請されている。

3 「貧困サイクル」をめぐって

ブルーナーやハントも述べているように、貧困が何らかの形で乳幼児の知的能力の発達を妨げ、それが、家族構成に影響を与え、教育機会や就業機会のうえで不利につながる説明として、F・ウィリアムズ（Fred Williams）は「貧困サイクル」（the poverty cycle）というモデルを提出している[29]（図2）。

それは、次のようなものである。

この貧困サイクルのいわんとするところは、文化的社会的相と社会的経済的相は、不可分なものとして連続していることである。「発達上の不利」が、「教育上の不利」に結びつき、さらにそれは、学校終了後の「雇用上の不利」に影響を与え、最終的には、「経済上の不利」に結びついていき、それがさらに次の世代の子どもの「発達上の不利」に結びつくというものである。

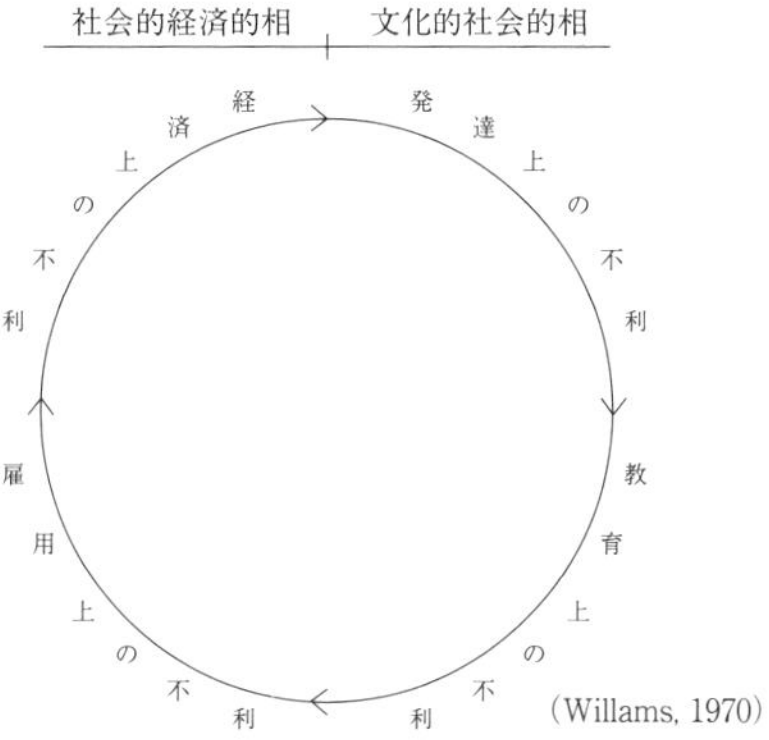

図２　貧困サイクル

「（知的能力）発達上の不利」が「経済上の不利」を固定化し、それがまた「発達上の不利」を固定化する「低い社会階層」→「低い学力」→「低い社会階層」というサイクルが存在することである。

この「貧困サイクル」をどこかで断ち切らねばならない。社会経済上の問題は、政治的解決の方途としてなされうるだろう。しかし根本解決は、「発達上の不利」→「教育上の不利」をどのようにして断絶するかにある。

貧困がインコンピテンスを生み、それが次の世代の貧困を生むという悪循環を究極的にいかに打破するかにある。

4　貧困の定義について

これまで、貧困（poverty）ということばを、その具体的定義なしに使ってきたわけであるが、この用語の定義は実に困難なことである。それは、貧困がその現象形態からみても、原因の面からみても、単一の側面からは理解できにくいからである。

まず、古典的定義とされるものにＳ・ラウントリー（S. Rowntree）のものがある。[30]

（1）第一次的貧困
その全所得が、単なる肉体的効率を維持するために必要最低限を得るのに不十分である家族。

（2）第二次的貧困
その全所得が、ほかの消費（有効消費であれ）によって吸収されるということがなければ、肉体的効率の維持だけは十分である家族。

以上の場合は、いずれも、経済的富の蓄財といえない点で貧困である。

しかし、経済面だけでなく、文化・社会面からの考察が必要である。

P・タウンゼンド（P. Townsend）は次のようにいう。[31]

> 個人・家族・諸集団は、その所属する社会で習慣になっている、あるいは、少なくとも広く奨励または是認されている種類の食事をとったり、社会的諸活動に参加したり、あるいは、生活の必要条件や快適さをもったりするために必要な生活資源（resourses）を欠いているとき、全人口のうちでは貧困の状態にあるとされるのである。

この概念から考えると、貧困な社会の富裕者は、富裕な社会の貧困者よりは、暮らし向きがよいということもありうる。したがって、貧困は、相対的収奪（relative deprivation）という視点から定義づけられる。つまり、国により、文化により相対的であり、場所的、空間的にみても、歴史的にみても相対的である。

A・H・ハルゼー(A. H. H. alsey）の六つの形態は、そのようなものである。[32]

①危機的貧困（crisis poverty）
②長期的貧困（long-term poverty）
③生活周期貧困（life-cycle poverty）
④不況地域貧困（depressed area poverty）
⑤都市中心街貧困（down-town area poverty）
⑥貧困の文化（the culture of poverty）

この分類には、一応あらゆる形の貧困＝相対的収奪が含まれている。貧困は、相対的なものであるという視点の重要性とともに、その貧困が特定の社会の特定の人種や階層の子どもに与える影響の大きさは、これまでの例によって明らかにできると思われる。

貧困問題の研究は、タウンゼント以来の相対論の流れを汲む、ＥＣやＯＥＣＤの定義があるが、近年は絶対論との二分法を越える動きもみられる。[33]

注

（1）B. Bloom, *Stability and Change in Human Characteristics*, Wiley 1964, p.207-208
J Ellsworth et al., *Critical Perspectives on Project Head Start*, State University New York Press, 1998, p.322

（2）D・エルカインド『ミスエデュケーション』幾島幸子訳、大日本図書、一九九一年、七〇—七三ページ

（3）G. E. Kirk. J. McV Hunt and C. Lieberman, *Social class and preschool language skill: II Semanuic Mastery of Color Information,* GeneticP sychology Monograph, 1975.

（4）J. McV. Hunt, *TheChallenge of Incompetence and Poverty*, Univ. of Illiois Press, 1969, p.135　宮原英種他訳『乳幼児教育の新しい役割』新曜社、一九七七年、一三五ページ

（5）Hunt *op. cit.*, p.135. ハント同書、一三四ページ

（6）Hunt *op. cit.*, pp.155-156. 同書、一五五ページ

（7）F・ヘッチンジャー編『幼児の知育』蜂屋他訳、黎明書房、一九六三年、九—一〇ページを要約

（8）F・ヘッチンジャー編、同書、三五〜三六ページ、傍点引用者

（9）Hunt *op. cit.*, p.1 前掲訳書、一ページ

（10）Hunt *op. cit.*, p.119 同書、一一九ページ

（11）Hunt *op.cit.*, p.128 同書、一二七ページ

（12）Hunt *op.cit.*, pp.49-52 同書、四九―五二ページ

（13）Hunt *op.cit.*, p.121 同書、一二一―一二二ページ

（14）B・バーンスティン『教育伝達の社会学』明治図書、一九八五年、一九五ページ、二一二ページ

（15）B・バーンスティン「補償教育概念への一批判」ウェッダーバーン『イギリスにおける貧困の論理』所収、光生館、一九七七年、一三八、一四一ページ。この論文は、バーンスティン『言語社会化論』（明治図書、一九八一年）にも取り入れられている（第一〇節、一三〇ページ）。

（16）P・トラッギル『言語と社会』土田滋訳、岩波書店（新書版）一九七五年、五二ページ要約

（17）同書、五三―五四ページ Michael Stubbs, *Language, School and Clasroom*, Methuen, 1976, pp.42-43

（18）トラッギル前掲書、五六―五七ページ

（19）M. Stubbs, *op. cit*, p.45

（20）バーンスティン、前掲論文、一四六ページ。バーンスティン『教育伝達の社会学』明治図書、一九八五年、第五章

（21）ブルデュー『再生産』宮島喬訳、藤原書店、一九九一年、主に第Ⅱ部

（22）James Coleman et al., *Equality of Educational Opportunity*, Washington, D.C.U.S.GPO, 1966

（23）P・セックストン『教育社会学』麻生誠他訳、至誠堂、一九七一年、九一ページ（原題 The American School: A Sociological Analysis)

（24）L・ブルーム『人種差別の神話――社会心理学的考察』今野敏彦訳、新泉社、一九七四年、二七―三一ページ

（25）Hunt *op.cit*, p.154 前掲書、一五四ページ

（26）J・S・ブルーナー『教育の適切性』平光昭久訳、明治図書、一九七二年、二三七―二三八ページ、二五二―二五五ページ（要約）

（27）同書、二七四―二七六ページ

（28）同書、二七六―二七七ページ

（29）Fred Williams, ed, *Language and Perspectives on a Theme*, Rand McNally 1970, p.2

（30）Philip Robinson, *Education and Poverty*, Methuen, 1976, p.12

（31）P・タウンゼンド「相対的収奪としての貧困」D・ウェッダーバーン編著『イギリスにおける貧困の論理』所収、光生館、一九七七、一九ページ

（32）A・H・ハルゼー「学校と地域社会における政府の貧困対策」D・ウェッダーバーン同書、一五三ページ

（33）R・リスター『貧困とはなにか』松本伊智朗監訳、明石書店、二〇一一年。橘木俊詔他『日本の貧困研究』東京大学出版会、二〇〇六年。阿部彩『子どもの貧困』岩波新書、二〇〇八年。岩田正美『現代の貧困』ちくま新書、二〇〇七年。

第8章　いわゆる能力の「欠陥説・差異説」問題

第1節　欠陥説・差異説の分析

言語能力および知的能力が、社会的・文化的にいかに規定されるかという問題について、二つの見解がある。この二説については、いまだ明確な定義づけはなされていないが、およそ次のように定義できると思われる。

（1）欠陥説（the deficit theory, the deficit position, thedeficit hypothesis）

これは、人種的・階層的差異を生み出している原因は、能力の欠陥・欠損によるものであるとする立場である。

（2）差異説（the difference theory, the difference position, the difference hypothesis）

これは、人種的・階層的差異を生み出している原因は、知的能力の欠陥によるものでなく、社会的・文化的環境要因の影響による表面的な差異にすぎないとする立場である。

これらの二つの立場が、まったく相容れないものであるのか、それとも統一的に解釈できるのかについて検討したい。

1　欠陥説・差異説とウィリアムズの見解

F・ウィリアムズ（Fred Williams）は、この両説の由来をレヴューして次のように述べている。(1)

一九六〇年代の半ばに現れた貧困の社会的側面の研究を検討してみると、貧しい子どもの言語についての解釈に明らかな一致がみられる。それは、印象論によるもの、標準テストをおこなったものがあるが、中産階級の子どもと比較して、貧困家庭の子どもに言語能力の欠陥（shortcomings）があることを指摘し、そこから、発達上の遅れ（developmental lags）の兆候について一般化しようとしたものである。そして、貧困家庭は、子どもの全体的発達を遅らす環境にあり、それは、学校における不利につながる。しかも、学校における失敗は、次に雇用機会の欠如につながり、これらのことが（貧困の）サイクルを永久化する経済的不利へのステップを準備するものになるとした。

このような研究は、イギリスの言語社会学者バーンスティン（Basil Bernstein）の結論の影響によるものが大きい。そして、次のような人たちが、その中心をなしている。[2]

M・ドイッチュ、R・ヘス、V・シップマン、C・ベライター、S・エンゲルマン、A・ジュンセンらである。

バーンスティンのイギリスにおける二つの言語型の研究を、アメリカにおいて説明しようとする人びとは、貧しい子どもの言語能力、いわゆる限定型言語コード（restricted code）の特徴として、会話スタイルの遅れ・欠陥をみとめた。

ウィリアム自身の考えとしては、欠陥説についての討論は、環境的要因よりも遺伝的要因、もしくは環境的要因に加えて遺伝的要因が存在するかもしれないという議論があってはじめて完全なものになるだろうという。[3]

どちらかといえば、差異と欠陥説の中間的考え方をしている。

2　欠陥説・差異説をめぐるラボフとトラッドギルの見解

差異説は、欠陥説に対立する形で、一九六〇年代の中葉におこってきた。それらは、カズデン（C. Cazden）、バラッツ（J. C. Baratz）、スチュワート（W. Stewart）らの研究成果にみられるが、なかでも強力に欠陥説に反対したのは、ラボフ（William Labov）とシュイ（Roger W. Shuy）であった。

なかんずくラボフは、会話状況における会社成層（social stratification）、人種、諸々の差異による言語変形（linguistic variations）の完全性を指摘した。さらに、人びとの集団における会話形態の変形は、言語の複雑性、修飾性、発達の段階における変形であると考えるべきでなく、また不規則な誤りでもないと強く主張した。むしろ、そのような変形の形態は、まったく普通の、よく発達した、しかし他とは異なる言語体系または方言体系の間の特徴を反映しているのである。

差異論者たちは言う。われわれが観察しているのは、言語の差異（difference）であり、例えば学校の要求と子どもの達成度の間にズレがある場合には、子どもの最初の言語体系とは別の言語体系で達成しようとしている結果をみているのである。

確かに、貧しい子どもたちが、学校で失敗しているのは事実であるが、欠陥論者たちは、子どもが学校に対してレディネスをもっていないこと（unreadiness）に対して、「治療すること」に焦点を当てるが、差異論者は、学校が、「レディネスをもたないこと」を厳しく糾弾しようとする。

以下、欠陥説に対する反論を検討し、両者の提起する問題点を明らかにしていきたいと思う。

言語社会におけるバーンスティン仮説の誤解を鋭く指摘し、またその責任の一端は、バーンスティン自身の著作から生じたものであると言ったのは、トラッドギル（Peter Tradgill）であった。

彼が反論するのは、「欠陥言語」という考え方に対してである。彼は次のように言う。(4)

言語が間違えばまわりの世界の解釈の仕方も違うことがあると、ある言語学者は考える。したがって上の二つのコードの言語的な違い（違うとしてそこにあげられた項目に関する限り）が、認識上の違いを引き起こすこともあり得る（ただし、この場合本当に違うという証拠は何も提出されていないわけだが）。

しかし、ある言語の世界観の方が他の言語のそれより優れているというような含みは、サピアとウォーフ（文化人類学の立場から言語研究をした＝引用者）の仮説のどこを探してみてもまったくない。

もしちがいがあるとするならば、それはたんに違っているというだけの話であって、したがってそれに対する反証がない限り、同じ言語内の異なるコードの比較に価値判断を持ち込む理由など、どこにもないのである。

ここには、文化人類学における文化的相対主義（culturay relativism）の考え方が基底になっており、ある種の絶対的価値判断にもとづく評価は、かなり疑問があるといえる。

さらに、ラボフは、ニューヨーク市における言語調査の中から、次のような例をあげている。(5)

例一

面接者　……神さまがいるといったね。神様は何人種だろうか。白人だろうか。黒人だろうか？

少年　さあ、もしいるとしても……、人種はわからないな。神様は何人種か、またほんとういるのかわかんないよ。

面接者　いや、神様がいるとしたらといっているんだ。白人だろうか、黒人だろうか？

少年　白人だよ、おじさん。

面接者　どうしてだね？

少年　なぜって。だってさ、並の白人はなんでも持っているだろ？黒ん坊は何ももっていねえし、そうだろう？だからえーと、だからこうなるのにはさ、黒人の神様は、そんなバカなことはしないよね。

例二

面接者　君が死んだら、どうなると思う？　わかる？

少年　うん、知ってるよ。（どうなるかね）お墓へ持っていかれて、体が骨になってね。

面接者　君の魂はどうなるの？

少年　魂はね、死んだらすぐ体から逃げてゆくよ。（どこへ言ってしまうの？）さてね。大人はいうでしょう。いい子にしていれば天国へ行ける。悪い子はね、魂は地獄へ行くとね。あんなのウソだよ。死んだらどうせ地獄に行くにきまってる。

面接者　どうして？

少年　どうしてって、だってさ、神様がいるかどうかわかんないもん。というのはね。だってさ、黒いろの神様、ピンク色の神様、白いろの神様全部の色（人種）の神様をみたもんね。本当に神様がいるかどうかわかんないもん。いい子にしてたら天国に行くなんてウソだよね。だってさ天国なんて行かないもん。だってさ天国なんてあるわけないもん。

少年の使った英語は標準英語（standard English）ではないが、面接者に、日常語の非標準英語（non-standard English）で明らかに効果的に答えている。バーンスティンのいう精密コード（ela-borated code）をうまく使っているわけではないが、制限コード（restricted code）で非常にうまく、抽象概念を使っているといえる。[6]したがって、制限コードが、労働者階級の子に特有なもので、中産階級の子どもは、精密コードをうまく使うという図式は、時には極端な言語欠陥説を勇気づけることになり、この考え方自身が、「中産階級偏重」という要素を含んだものとなる。

労働者階級の子どもたちが、形式ばったスタイルを使うのを好まず、あるいは、それに慣れていないこと――つまり制限コードを使うことは、「労働者階級の子どもたちが状況によってどのスタイルを選ぶかという選択の幅が狭いということにはなるが、しかし彼らの言語に欠陥があるということには決してならない（とくにスタイルの違いによる編集は同じ事柄を表現するのにいずれも同じ程度に有効だということは、一般に認められているのだから）」と述べ、欠陥説に反論を加えたのである。[7]

3　バーンスティンとラボフ

今日の欠陥説と差異説とのきわだった、しかし微妙な対立の因となったともいえる仮説を提出したバーンスティンと欠陥説を強く否定するラボフの間には、同じ言語学者として、どのような違いがあるのだろうか(8)。

ラボフは、バーンスティンが言語コードの中心的概念という固有の言語的詳述に失敗しており、その理論と言語の文脈上の使用についてのデータを関連させることにも失敗していると指摘している。

バーンスティンがコードの差として扱っているものは、話し手の間のたんなるスタイル上の好みにすぎないと考えている。このことは、トラッドギルがすでに指摘した通りである。

一方、バーンスティンは、アメリカにおける社会言語学の研究が、社会化（socialization）や文化伝達や文化変動という公範な問題に関心をもたず、とるに足らない理論的水準でおこなわれていることを批判している。また、黒人英語の研究については（たぶん、ラボフもその中に含まれる）、文脈とか言語変形という相対的に表面的概念に限定され、教育的知識がどのようにして伝達されるのかという、より深い根底の問題を分析することを怠っていると批判している。かくして、両者の比較は大変困難なものである。バーンスティンの研究は、実際に使われている言語を詳細に観察することにもとづくというよりも、実験的であり、あるいは抽象的であり、推論的である。

一方、ラボフの研究は、ごく普通の社会状況におけるフィールドワークを通じて記録された言語の詳細な言語学的分析に密着しているからである。

アメリカの黒人労働者の英語を、イギリス人の文脈に適用できるかどうか、疑問の残るところである。しかしながら、ラボフのベルファストやグラスゴーにおける労働者階級の言語と教育の研究は、イギリスの子どもに応用できることを暗示している。

第2節　発達と文化的差異――J・ブルーナーの理論について――

前節で検討した欠陥説について、ブルーナーも反駁を加えた一人である。

周知のごとく、ブルーナーは『教育の過程』(The Process of Education, 1960) で、わが国のみならず、世界の教育界に大きな衝撃を与えた。『教育の過程』の根底となったウッズホール会議 (Woodshole Conference, 1959) は、一九五七年のスプートニク・ショックの影響があったとはいえ、心理学者ブルーナーは、ここで積極的に教育にむかって発言したのであった。当時、アメリカの教育で問題とされていたカリキュラム、教育方法、子どもの思考と学習、教科・教材と構造の関連等、教育改革上の諸問題に積極的に寄与することになったのであるが、同書の数個所において、次のような仮説を提示している。

「どんな教科内容 (テーマ、subject) でも (根底にある) 構造・原理なら、発達のどの段階でも、どんな子どもにでも、何らかの卒直な形式で、有効に教えることができる[9]」。

この仮説は、教育学あるいは、教育学者に出された大きな宿題となった。そして、その意義は、今日でも減少するどころか、わが国の今日の教育状況をみる時、ますます意義深いものに思われるのであるが、ブルーナーは、すでにこの時、心理学を超えていた。あるいは心理学批判をおこなっていたといえる。

彼の主要な関心は、文化および貧困の民族・人種・社会階層に及ぼす影響と認知発達の関係であった。

ブルーナーが、この問題に関心をもちはじめたのは、一九六〇年代、前述の欠陥説・差異説が、おこってきたころである。

この間の事情について、ブルーナーは日本での講演の中で次のように述べている[10]。

（私は）教育の分野における関心が、普通児の教育から恵まれない子どもの教育に移ったと申し述べたいのですが、この恵まれない子どもの教育というのが、アメリカの関心のおもな移り変わりであったのです。恵まれない子ども、黒人の子どもやプエルトリコ系移民の子ども、それに機会を与えられなかった子どもたちの教育に新しく関心が向けられてきたことは重要なことです。それはこれらの子どもたちが、私たちの社会機構の中ではうまくやっていけないという理由だけでなく、救いもなく力もない子どもたちを助けることによって、平等を実現しようとする教育改革が史上初めて関心を呼んできたという意味でも重要なのです。まさしく、これまでアメリカや日本、イギリスにおける教育改革は、持てる者を対象としてきました。現在では、持たざる者を援助することに関心がおかれています。そこで、これは単に教育改革の問題としてのみならず、現在のアメリカの政治的風土の基本的な変革としてもとらえられるべきだと考えます。

ブルーナーが、ここで指摘したことは、教育改革における思想上の大転換であり、教育機会の形式的平等から実質平等実現への最初の努力であった。

1　欠陥説による解釈

ブルーナーは、欠陥仮説（deficit hypothesis）の根定には、次のような考えがあるという。

「貧困状態におかれたコミュニティ（といってよいのは、欠陥説の注意の焦点となっているのは貧困者層であり、そして貧困層の大多数は高い比率で同時にまた少数人種集団の成員でもあるからである）は、組織を破壊されたコミュニティーであり、そして、この組織の破壊がさまざまの形の能力的欠陥として表われている」と述べている。(1)

そして、広く承認されている欠陥源の一つはマザリング（mothering　母親の乳児に対する身体的接触＝引用者）の欠如である。さらに父親がいないこと、父親のモデルにも欠けること、母親との相互作用の規則正しさ、理解と協力の乏しさ、母親の指導に手段―目的の関係の強調が少ないこと、正の強化が乏しく、負の強化が多いこと（ほめるより叱ることが多い）があげられている。

こうして、欠陥仮説は、成長期の子どもの記号的、言語的環境にまで適用された。代表的なのが、前述のバーンスティンの仮説である。

欠陥説は、以上のような仮定のもとに構成されているのであるが、では、このような恵まれない貧困層の子どもをどうするかについて、干渉理論（theory of intervention）の考え方が適用されることになった。

干渉理論とは、蛋白質欠乏病とかビタミン欠乏症の人に対して栄養分補給するという考え方をモデルにしたもので、早期から刺激を与える着想である。

ブルーナーは、さきの講演でこう述べている[12]。

「私たちは、医学的類推によって、最初その子どもたちが、何かを欠いているのではないかと考えました。ちょうど、ビタミン欠乏症の人が苦しむのと同じように、彼らは、文化的にはく奪された状態にあると考えたのです。ビタミンに当たるものが文化です。だから文化の形の補償を子どもたちに与えれば十分だと私たちは感じたのです」（傍点引用者）

しかし、どういう性質の早期刺激供給が必要であるかは、少数の稀な場合を除いて組織的に説明されたことは一度もなかったし、前述のような貧しい子どもたちも学業成績の低下は、容易に取り戻しうるものであるか、否かに関しては、たいていの場合、未解決の問題点として残されたという[13]。

2　差異説による解釈

以上のような状態をふまえて、よく検討してみると、「そこに働いているのは、ビタミン欠乏症になぞらえるような文化欠乏症というものでなく、何か他のものだということがわかってきました。貧困家庭の子どもは、すでに何か違いがあって、それが彼らを途中であきらめさせ、やる気を失なわせていたのです。子どもたちは、教育の機会は十分あるとしても学校というものは意味がない、学校は彼らに何も与えてくれないと感じていた」のである。[14]

そして、貧困家庭の条件を改善し、子どもたちの知的能力の成長をはかるためのヘッド・スタート計画（Head Start Project）やその他の補償教育がなされたが、一時的な早期刺激・早期教育だけでは、就学後に「学力のはく落低下」がおこることは妨げえなかったのである（したがって、現在では、就学後も引き続きおこなわれるフォロースルー計画〔Follow Through Project〕や、就学前の母親の存在、家庭環境を重視したホーム・スタート計画〔Home Start Project〕がある）。

つまり、問題は、たんに知識の習得というだけでなく、学習のための動機づけ、知的関心という従来あまり話題にならなかったことが、課題としてでてきたのである。

ビタミン不足の体にビタミンを補給すればよいという思想ではなく、なぜにビタミン不足をきたしているのかということが問題になるのである。

なぜ彼らは、知識・言語能力に問題をもつのか。つまり、就学前の家庭における環境の中に彼らのやろうとする意気をくじけさせるもの、課題達成を途中であきらめさせる要因があり、それが結果として彼らの能力に一見したところ欠陥があるかのようにみえる原因となっていたのであると考えられる。

これは学校や家庭の「潜在的カリキュラム」(hidden curriculum) の問題に進展してゆくであろうし、さらに就学後においては、「学校カリキュラム」(school curriculum) に問題があることを示唆している。

しかしながら、この問題は次のようにも考えることができる。

さきほどのビタミン欠乏症のひそみにならっていえば、なぜビタミンの欠乏をきたしているのかという発想でなく、ビタミンの欠乏は、そのように判断する側の一方的な価値基準によるものであると。基準を変えてみれば、これら恵まれない子は言語能力が欠落しているとみえるだけで、彼らなりに一つの価値体系・言語体系をもち、文化をもっている。そういう考え方も成り立つ。これは、最もラディカルな欠陥仮説否定論である。トラッドギル、ラボフらは、このような考え方のうえに立っているのである。

3　ブルーナーの欠陥説否定論

ブルーナーは、欠陥説を否定する根拠として異なる集団間（文化的、言語的、人種的基準からみて）に、とくに重要な知的差異はないとする三つの見解を取り上げる。

①第一は、人類学的な「心的統一の原理」(doctrine of psychic unity)を基礎にして、知的平等性の想定こそ真実に近いものであると主張するものである。

この見解によれば、それぞれの集団が世界に関して異なって結論をもっているのは、経験の世界を類別する方法が、論理にかなっているが、任意的でそれぞれちがっているからであるという。このような視点からすれば、少数者集団の「解体」を記述すること自体は、はなはだ疑わしいのであって、このような疑いは、「いったい誰の見地からみた解体なのか」といった疑問とも関連している。

②第二は、知能における集団間の差異は、文化的に決定されているという考え方を疑問視するもので、各々の言語は、その発達の度合いにおいて異なるものではないとする言語学者（変形文法論者）による警告によっている。

③第三は、最近の社会科学の中に多く見出すことができる。これは、たとえ納得できる人類学的、言語学的基礎を得ようとする試みがなされたとしても、心理学的実験による認知能力に関する結論は、根拠が弱いというものである[15]。

以上のような三つの系譜にしたがって、ブルーナーは、欠陥説に反駁するのであるが、彼も、そのような考えを強く推した人としてラボフをあげている。つまり、収奪されて無能であるとみなされた人びとが可能性をもつことを明らかにし、言語的収奪(linguistic deprivation)と認知的無能力(cognitiveincapacity)という仮定に反対したのである。

重複になるが、ブルーナーがあげるラボフの反論の主要点は次のものである[16]。

（1）すべての言語は、機能的に同等であるという想定

この想定は、黒人の非標準英語の分析に向けられていて、もし標準テストの手続きによれば、言語的に遅れており、また、学業的に望みがないと評定される黒人の子どもが、まったく十分話をすることができるし、きわめて賢い議論を生み出すことも可能な形式の会話ができるようになった例をあげている。

（2）心理学者が言語一般、とくに非標準語である方言を無視しているとする想定

ラボフは、とくにベライター（C. Breier）を批判するのであるが、彼の説く治療的教授技術の理論的根拠になっているのは、黒人の子どもたちは、コミュニケーションの道具としても、思考の道具としても、言語を使う能力がない（inability）としていることで、例えば、子どもたちが"They mine"といういい方をした場合は、ラボフは、「省略の法則」から説明するが、ベライターは、「つなぎ方を誤った語の系列」であるとする誤りをおかしているとする。これは、心理学者は、自分が研究している人間についてもっと知る必要があるとする人類学者の警告に似ているとブルーナーは述べている。

（3）現在の実験は不十分である。

ラボフは、認知能力における下位文化の差異の問題の解明に普通使われる実験方法を攻撃する。[17]

①実験操作が形式的に同じであるといっても、実験処理が事実上同じであるとはいえない。

②異なった下位文化集団は実験刺激（状況）をそれぞれ異なって解釈する素地をつくられている。

③異なった下位文化集団は実験課題に対して意味のある異なった関心によって動機づけられる。

④実験が不適切であることを考えるならば黒人の子どもが、能力を欠如していると推定するのは根拠がない。

ラボフは、インタビューの方法、子どもの不安、緊張を最小限にして、インタビューアは近隣の黒人に頼むようにしている。

そして、（ラボフの）結論として、次のように言う。[18]

「ＩＱや読解力テストのような普通行われる評価の状況においては、あけすけに話すならば侮蔑され、危害をうけることを実現的に知っている子どもに、慎重で防禦的な行動をとらせることになるものである。結果として、そのような状況は、決して子どもの能力を測定できないのである」

ラボフのこの断定は、①パフォーマンス（Performance　遂行結果）から、コンピテンス（Com-petenbe）の有無を推定するのは、不可能でなくとも困難であるということ、②状況（situation）の諸要因が心理学的実験の重要な構成要素になっているということ。（②については、検査状況に対する社会的・階級的・人種的差異を研究し、状況反応において、きまって差異があり、その差異は、検査の結果と相関しているという先行研究もある）という考え方にもとづくものである。

第3節　コンピテンスの探究――J・ブルーナーの主張――

一九七二（昭和四七）年におこなわれた「コンピテンスの成長」に関する会議で、議長をつとめたブルーナーは成長に及ぼす貧困・無力感の影響について、次のように述べている。[19]

アメリカ国民の二〇％以下が、いま貧困線を下る収入を得ており、すべての子どものうち二五％以上が、この貧困線以下の収入の家族の中で生活している。これらの子どもの成長に貧困が及ぼす影響を解決する立場として文化的収奪理論または、ある種のビタミン欠乏症を考えることは、役に立たないだけでなく、明らかに不正確な誤解を招くと、再びここでも述べている。

「失敗の機会の多いきびしい環境の中の人間は、自己をかくし、また失望やいっそうの挫折をしないようにあらかじめ守れるところまで渇望をおさえる方法をとるのである。実際、貧困が何世代にもわたって、下位文化の中に組み入れられているところでは、過剰渇望をおさえる形態が思考方法の中につくりつけられていて、それが伝達されるのである」

この貧困の循環の社会的伝達が幾世代にもわたって伝えられることが、「社会的遺伝」という形態となって表れるのである。

このような子どもたちのためのプログラムは、犠牲者としての感情でなく、自己自身の運命を支配する存在感をどのようにして植えつけるかである。そして、解決策として、心理学的手段だけでなく、社会的、経済的、政治的手段も必要であるとしつつ、二つの方法をあげる[20]。

（1）年少者を支えるシステムとしての家族の構造を変えること

アメリカでは、一七歳以下の子どものある母親の五〇％は労働に従事し、そのうち五歳以下の子どもをもつ母親が三〇％いる。

母親が社会的経済的圧力から十分解放されて成長期の子どもを十分にお世話のできるようにするにはどうしたらよいか。

そのために、古典的家庭パターン（直系家族）にもどるべきか、それとも社会がいま変化の過程にあって、年少者を支えるための新たな工夫が要求されていると考えるべきか。ブルーナーは後者であろうという。

それは、どのようにして、家族に新しい支援と支持を与えるのか、また家族以外の支持制度を通じて子どもに支援と支持を与えるのかを考えるべきであるとする。

（2）第二は、学校（school）である。学校自身が問題の一部であり、学校は年少者の一部にたいして、いかにして技能とコンピテンスを身につけさせるかという問題を解決する主要な手段として考えられていない。その中心はカリキュラムにあるという。

ブルーナーは、母親の養育態度、家庭環境を含む潜在的カリキュラムの問題、補償教育、学校改革等のすべての問題をこの二つに集約したと思われる。そして、この二点が社会全体の政治的・経済的問題につながっているのである。

第4節　教育的達成と社会的背景に関する諸理論

本節では、知的能力の発達の問題とやや視点を異にするが、教育上の達成（学業成績・学歴）に社会的背景がどのように関係しているか、考えてみたい。そのために三つの考え方を検討することにする。

（1）文化理論（the culturay theory）

これは、学校文化（school culture）と階層文化（class culture）の間に連続性があるか、それとも非連続であるかに関係する。

一般に中産階級にとっては、学校文化は、同質なものであり、子どもにとっては、家族と学校は文化的に連続し、断絶はない。しかし労働者階級にとっては、家庭と学校文化は、非連続であり、ギャップがある。これは、P・セックストン（Patricia Sexton）らが、すでに指摘したところでもある。一九六九年に出されたコールマン・レポート（Coleman Report）の全米標準テストの結果によると、学校の成績を規定する要因は、すでに就学前に決定され、就学後、成績差は、縮少されるどころか、維持され、拡大されていることが報告された。

（2）価値理論（the value theory）

この考え方は、一九五〇年代、ハイマン（Herbert Hyman, 1953）によって出されたものである。

彼によれば、次のようである。

労働者階級は、教育というものに、個人的達成とか、個人的に満足できる仕事を得る手段としては信頼をおいていない。仕事の安全性、有形の目先の報酬に関心を示し、高いアスピレインションをもたない。

一方、中産階級は、社会的に上昇する手段として教育に高い価値をおいている。

不確定な要素はあるにしても、物的な成功と同様に個人的満足に対する代替装置として教育を考える。したがって、子どもたちのアスピレイションも高く、できるだけ高い達成を望んでいる。

　この両者の教育意識の差は、教育にどんな価値をおくかという価値感の差によるものである。

（3）社会的地位の理論（the social position theory）

　これは、一九六〇年代、ケラーとザバローニ（Suzanne Keller & Marisa Lavalloni, 1964）によって展開されたもので、ハイマンの価値理論に反論したものである。

　というのは、労働者階級の子どもでも（ライフチャンスのための）教育に高い価値をおくものがたくさんいるし、反対に教育に低い価値しかおかない中産階級の子どももたくさんいるからである。とはいえ、父親の社会的地位（social position）が子どものアスピレイションの水準に何らかの影響を及ぼしているというものである。

　このパラドックスを、ケラーらは、次のように説明した。子どもが教育におく価値は、彼らが社会構造の中のどこに位置するかに関係するものである。例えば、ハイスクール卒業の資格さえあればよい低水準のホワイトカラー職にあこがれる筋肉労働者の子どもは、大学か、専門学校へ行きたいと思っている非筋肉労働者の子どもとまったく同じような「やる気」をもっている[21]。

　それゆえ、学業成績は教育に対する価値ではなく、教育的・社会的水準への社会的距離（social dis-tance）によることを指摘したのである。

　以上三つの理論は、われわれにさまざまなことを示唆してくれている。しかしながら、これら相互の構造的関連については、今日必ずしも明らかではないが、われわれに残された課題として、今後検討を要するものである。

注

（1）F. Williams, ed. *Language and Poverty*: *Perspectives on a Theme,* Markhum, 1970, p.3
（2）本書第7章参照

（3）Williams *op. cit.* P.4

（4）P・トラッドギル『言語と社会』土田滋訳、岩波書店、一九七五年、五四―五五ページ

（5）Williams Labov, The Logic of Non-standard English, in F. Williams *op. cit*. pp, 164-167

〔例1〕

JL：...but, just say that there is a God, what color is he? White or black?

Larry: Well, if it is a God …I wouldn'know what color, I coldn'say, -couldn, nobody say what color he is really would be.

JL：Bud now,jus'sppose there was a God-

Larry：Unless'n they say ...

JL：No,I was jus'suppose ther is a God, would he be white or black?

Larry:...He'd be white, man.

JL：Why?

Larry：Why? I'll tell you why.'Cause the average whitey out here got everything,you dig? And the nigger ain't got shit, y'know? Y'unnerstan? So-um-for-in order for that to happyen, you know it ain't no black God that's doin' that bullshit.

〔例2〕

JL：What happens to you after you die? Do you know?

Larry：Yeah, I know.（What?）After they put you in the ground, your body turns into-ah-bones, an'shit.

JL：What happens to your spirit?

Larry：Your spirit-soon as you die, your spirit leaves you.（And where does the spirit go?）Well,it all depends...（On what?）You know,like some people say if you're good an'shit, your spirit goin't, heaven...'n'if you bad, your spirit goin'to hell. Well, bullshit! Your spirit goin'to hell anyway, good or bad.

JL：Why?

Larry：Why? I'll tell you why. 'Cause, you see, doesn'nobody really know that it's a God, y'know, 'cause I mean I

have seen black gods, pink gods, white gods, all color gods, and don't nobody know it's really a God. An'when they be sayin'if you good, you goin't 'heaven, tha's bullshit, 'cause you ain' t goin'to no heaven, 'cause it ain't no heaven for you to go to.
なお、トラッドギルの著書の中にも、似たような例があげられている。

（6）Labov, *op. cit.*, p.167
（7）トラッドギル前掲書、五七ページ
（8）Michael Stubbs, *"Language, School and classroom"*, Methuen, 1976, pp. 61-62
（9）J・ブルーナー『教育の過程』岩波書店、一九六三年、四二、五五、五九ページ。平光昭久は、本書の仮説の翻訳上の誤り（それは理解上の誤りでもあるのだが）を指摘し、そのことがブルーナー理解のわが国における大きな妨げになったと述べているが、私も同感である（ブルーナー『認識の心理学』下、平光昭久訳、明治図書、一九七八年、あとがき）
（10）ブルーナー「『教育の過程』の与えた影響」『人間の教育』所収、誠信書房、一九七四年、二四ページ
（11）J. Bruner, *Beyond the Information given-Stndies in the Psychology of knowing*, W. W. NortonCo., Inc. 1973, p.452　ブルーナー『認識の心理学』下、平光昭久訳、明治図書、一九七八年、二二二ページ。ブルーナー『人間の教育』佐藤三郎訳、誠信書房、一九七四年、四六ページ以下両訳参照
（12）ブルーナー『人間の教育』二六ページ（日本での講演）
（13）Bruner, *op. cit.,* p.453. 平光訳、二二三ページ。佐藤訳、四八ページ
（14）ブルーナー『人間の教育』二六ページ
（15）Bruner, *op.cit.*, pp.454-455　平光訳、二二四ページ。佐藤訳、四九—五一ページ
（16）Bruner,*op.cit.*, pp.455-456　平光訳、二二六—二二七ページ。佐藤訳、五二—五三ページ
（17）Bruner, *op.cit.*, p.456　平光訳、二二八ページ。佐藤訳、五四ページ
（18）Bruner, *op.cit.*, p.456　平光訳、二二九ページ。佐藤訳、五五ページ
（19）K. Connolly & J. Bruner, *The Growth of Competence*, Academic Press,1974, p.311 佐藤三郎他訳『コンピテンスの発達』誠信書房、一九七九年、三四八ページ
（20）Bruner, *op. cit.,* pp.312-313　佐藤訳、三四九—三五〇ページ

(21)（2）および（3）の理論は、W. Tyler, *The Sociology of Educational Inequality*, Methuen, 1977, PP.105-106

第9章 「知的発達の背景としての潜在的カリキュラム」問題

第1節 潜在的カリキュラムとスクール・カリキュラム

知的能力の発達を規定する学校・家庭の文化的背景の問題は、次のようなカリキュラムの問題としてとらえることができる。

(1) 潜在的カリキュラム (Hidden Curriculum) 社会的文化的背景

潜在的カリキュラムはジャクソン (Philipe Jackson) によって脚光をあびることになった。これは、家庭・学校の両方にわたって考えられるものであるが、ここでは、一応分けて考えてみたい。

学力格差が、小学校入学以後の学習において縮まらないか、逆に拡大しているのは、学校文化、カリキュラムへの適応以前に能力を規定する要因が存在するのではないか。つまり、就学前の家庭教育あるいは就学前教育(幼稚園・保育所)のカリキュラムの中に断層差を生み出す要因が存在するのではないか。

(2) 学校の教育課程 (School Curriculum) の社会的文化的背景

以上のことは、逆にスクール・カリキュラムの問題に関係する。つまり、学力格差をもたらすカリキュラムそのものに、一定の階層差を生み出す要因が潜んでいるのではないかということである(カリキュラムの社会的文化的背景)。

もし、この点が明確になれば「学校の中産階級的性格」なるものが、明瞭にされるわけである。ただし、この点は、トラッドギル（P. Tradgill）のいうように、知識の伝達機関としての学校が、子どもに「精密コード」を要求するのは、たんなる「社会的習慣であるのかそれとも、教育過程それ自体に欠くことのできない要請であるのか」という点で異なってくる。[1]

前者の立場からすれば、学校文化（あるいはカリキュラム）の階級的性格がよりいっそう明確にされるわけであるが、後者の本質論的立場からは、知識伝達のプロセスにおいて、精密コードが必須なものであるとするならば「カリキュラム」の本質的性格を解明しなくてはならないであろう。

さらにそのカリキュラムを構成する「知識」の基本的性格を解明しなくてはならない。さらに、知識は、人間の認識をはなれて存在するものでない以上、認識論上の問題、端的には、言語習得過程における「意味」（meaning）の理解という点に問題の中心がおかれることになろう。

この点について、次節以下の言語論において検討してみたい。

第2節　二つの言語発達論

家庭教育の社会的背景、その潜在的カリキュラムにいかなる階層差がみられるかを検討する際に、知的発達、端的には、言語的発達（言語経験）に観点を定めることが一つの方法であろう。

そこで、まず、言語に関する二つの見解を検討してみよう。

（1）地域や階層によって使用される言語は、思考様式や精神構造に一定の影響を与える。つまり、文化や思考は、言語体系によって規定される。

（2）地域や階層によって使用される言語に優劣、適不適はない。例えば日本語、英語、アラビア語の間に優劣はなく、どちらに価値があるかは決められない。

前者は、サピア・ウォーフ仮説（sapir-whorf hypothesis）とか言語相対性仮説（linguistic relativity hypothesis）と呼ばれるが、これについて、E・サピア（Edward Sapir）は、次のように述べている。[2]

言語は『社会的現実』に対する指針である。ふつう、言語というものは社会科学の研究者にとっては重要な意味をもつとは考えられない。しかし、それは社会の問題やできごとについてのわれわれのすべての思考を強固に条件づけているのである。人間は客観的な世界にのみ住んでいるわけでもない。人間は自分たちの社会にとって表現の手段となっているある特定の言語に多く支配されているのである。基本的に言語を使うことなく現実に適応することが可能であると考えたり、言語は伝達とか反省の特定の問題を解くための偶然の手段にすぎないと思ったりするのは全くの幻想である。

事実は『現実の世界』というものは、多くの程度まで、その言語集団の習慣の上に無意識的に形づくられているのである。二つの言語が同一の社会的現実を表すと考えてよい位似ているということはありえない。住みついている社会集団が違えば世界も異なった世界となるものであり、単に同じ世界に違った標識がつけられたものというのではないのである。


ここに言語相対主義的世界観が打ちだされている。これによれば、使われる言語の構造によって、知的能力の発達も影響を受けると解釈できる。

N・チョムスキーら生成変形文法理論が浸透した現代言語学においては、この仮説への批判も強い。

思考様式のすべてが言語によって規定されるとすることは困難である。それは、前章の検討からも明らかなところであろう。

1　ベライターとエンゲルマンの言語教育論

ベライター(Carl Bereiter）は、エンゲルマン（Siegfreid Engelman）とともに就学前の補償教育プログラムを作成し、とくに言語・数の学習に力を入れた。彼らのプログラムは、ベライター・エンゲルマン法と呼ばれ、次のような考え方に立っている。

その方法は、ヘッドスタート計画以後の補償教育プログラムの一つとして、恵まれない環境にある子どものための言語・思考の訓練を中心にしてそれらの能力開発を短期集中方式でおこなうもので、「圧力釜方式」（Pressure Cook Approach）とも呼ばれる。教育目標を、言語（英語）、読み、数に限定し、自由遊び、ゲーム等もふくめて、一日二時間、直接教示法により、一年間継続しておこなう。数文化の読みの練習は、各々二〇分間、他の活動をはさんで、少人数で集中教授法でおこなうものである。このプログラムの効果については、ミラーの研究（一九七五年）では、伝統的保育法やモンテッソーリ法等と比較して、一時的効果は高いが、小学校二年生段階では、ＩＱ得点が最下位であった。[3] また、ハントは、教育内容を前もって決めてしまい、子どもの内的動機づけを無視していると批判した。[4]

ベライターらは、プログラムの実施にあたり、文化的不遇児（the disadvantaged child）が言語理解に遅れがあるのは、言語経験の貧困によるものであると考え、その言語発達上の欠陥を理解する手掛かりとして巨大語（giant word）という概念を提出した。それは次のようなものである。[5]

文化的にひどく阻隔されている子どもたちの話しことばは、中流階級の同年齢の子どものように、一つ一つ明確に区別できる単語で構成されているのでなく、文章や句をひとまりにして、一つの巨大な単語のようになっている。この〝巨大語〟を子どもたちは、一つ一つ分けて考えたり、結合し直したりできない。つまり、子どもたちは、文章を疑問文に変えたり命令文を平叙文に変えたりできないのである。

そして、次のような例をあげている。[6]

（1）

He's a big dog. → He bih daw.（あるは大きい犬です）

I ain't no juice. → Uai' ga-na-ju.（ぼくはジュースをもらわなかった）

That is red truck. → Da-re-truh.（あれは赤いトラックです）のように言う。

そして'it, is, if, in はすべて ih と発音するので It is in the box. は吃って聞こえる。

これらのことは「文章を、それぞれ意味をもった独立した単語からつくられているひと続きのものとしてみる能力がない」ことからきているようにみえると、ベライターは述べている。

（2）

さらに、文化的不遇児は、かなり長い命令文に従うことができる。

「最初に、椅子の上に鉛筆を置いて、次にドアをしめて、それから箱を私のところへもってきなさい」（スタンフォード・ビネー知能テスト）というような指示に正しく従うことができた子どもの数は、同年令の平均以上であった。しかし、子どもたちにとってむつかしいのは、「機能語」(structure word) や「語形変化」に関係してちがっている文を聞き分けることである。

例えば、

Show me the one that is yellow.（黄色いものを示しなさい）

Show me the one that is not yellow.（黄色でないものを示しなさい）

Pick up the red one and the green one.（赤いのと緑のをとりなさい）

Pick up the red one or the green one.（赤いのか緑のをとりなさい）
Lift up your hands.（両手をあげなさい）
Lift up your hand.（手をあげなさい）
などである。

（3）

さらに、文化に阻隔された子どもは、文化的に恵まれた子どもが長い単語を言おうとするときのように文章を取り扱おうとする。したがって、秩序のない一連のノイズ（noise）に近いものになる。

文化的に恵まれた子どもは単語を習得するにつれて、文章に単語を重ねて別の文をつくってゆく。

すなわち、

Mommy read.（ママは読む）→ Mommy read book.（ママは本を読む）→ Mommy read me book.（ママは私を読んでくれる）と進みが、文化的不遇児は、この文章を耳にすると、初めから、"re-ih-bu." のように融合してしまう。そして me とか this という単語は、雑音の中に姿を消してしまう。

（4）

文章を単語を組み立てたものとして扱うことになれている子どもは、「ハロルドとタイロン」という句は、意味をかえずに「タイロンとハロルド」という句に言い換えられることを学ぶのは容易である。しかしこの問題を文化的不遇児に教えることが最もむずかしいことの一つであった。

例えば、「緑と赤のもう一つの言い方は」と聞くと、「緑と赤」といつまでもくり返す。

子どもたちは、green and red を三音節の単語のように扱っているので red and green と変えるのは wonderful を fulderwon に変えるのと同様に意味をなさないことなのである。

ベライターとエンゲルマンは、この「巨大語」仮説について、以上のような例をあげながら、次のように結論づけて

いる。(7)

文化的阻隔現象と同義語として扱うことができる。文化的不遇児の言語上の欠陥は、語や文法的な欠陥ではなく、言語のある種の使い方を習得しそこなったものとみられる。文化的不遇児の言語には、決定的に主要な面ではない社会的態度の面で有効であるように思われる。つまり、文化的不遇児はその社会的関係を維持していくのに、また社会的、物質的要求を満たすのに適した言語は身につけているが、しかし情報を入手したり、伝達したり、自分の行動を言い表したり、言語の認知的方法の習得に失敗しているのである。

以上のようであった。このように彼らは、不遇児の言語学習能力を規定し、「知的な目標に焦点をあて、知的でない目標はすべて二次的な立場におき」という考え方を明らかにしたのであった。

2 チョムスキーの言語普遍性論

以上のような言語阻隔説=言語欠陥説に対して真向から反論しているのが、ノーム・チョムスキー(Noam Chomsky)らの言語的普遍性(linguistic universals)の立場からのものである。

彼は、変形生成文法(transformational generative grammar)理論によって、言語学界に新しい光を投じたのであるが、その哲学的合理論にもとづく言語観によって、次のように述べている。(8)

人間は、正常な子供ならば、比較的わずかな期間、言語的環境に接するだけで、特定の訓練も受けずに言語を獲得するのである。そして幼児は特定の規則やそれらを統括する原理の持つ複雑な構造を何の苦もなく使用して、自らの思考や感情を他人に伝え、新しい観念や微妙な知覚および判断までも他人に生じさせることができる。(中略)

この故にこそ、言語は深く重要な意味において人間精神の鏡であると言えよう。言語はまさに人間の知性の産物であり、意志や意識のはるかに及ばぬところに働くさようならによって個々人の中に新たにつくり出されるのである。

（1）言語習得装置

彼は、デカルト流にいうならば「学習には、先行する知識という基盤が不可欠であり、われわれは発達した状態の知識に達するためには生得能力を持っていなければならない」と述べ、乳幼児が、言語を耳にするだけで、言語を習得してゆくのはＬＡＤ（言語習得装置 Language Acquisition Device）をもっているからだという。(9)

彼は、言語は、精神をうつす鏡だと考え、正常な子どもなら、比較的わずかな期間、言語的環境に接するだけで、特別の訓練も受けずに言語を獲得し使用する。つまり言語の規則や原理や構造を何の苦もなく使い、自らに思考や感情を他人に伝えることができる。これは、人間には、生得的に何らかの言語能力が備わっているのだと考え、これを言語習得機構（装置）と名づけた。

つまり、個々の認識が経験や学習によって得られるのではなく、生得的な枠組によって経験をとらえてゆくという哲学的合理論に立脚するもので、チョムスキーの「言語習得機構」説は、興味深い仮説であるが、まだ十分な支持を得るに至っていない。

（2）普遍方法とコンピテンス

チョムスキーは、Ｊ・ブルーナーらの知覚研究の例証を引用しながら、このことを述べている。

チョムスキーの言語感・世界観の基本になっているのは、普遍文法（ＵＧ）の概念である。彼は人間の言語に関する学習理論として次のような考え方を提示している。(10)

ＬＴ（ＨＬ）Ｈ…人間　Ｌ…言語領域

これは、「言語領域における人間の学習理論」で、言語経験が与えられれば、すなわち、言語データに対して人間が予備的な分析を加えたものが与えられれば、言語の知識に到達することができるような原理の体系にほかならない。次に、普遍文法は、たんに偶然的にではなく、必然的に――むろん論理的必然性ではなく生物学的必然性のつもりであるが――すべての人間言語のもつ要素、あるいは特質となっている原理、条件、および理論の体系である[11]。したがってUGはLT（HL）の一部門であり、学習されたもの、得られた認知構造は、TGの諸特質をもったものである。

以上のようにベライター、チョムスキーの考え方をみると、両者の基本的な見解の相違は、前者は言語欠陥説に、後者は言語差異説に依拠していることにあると思われる。しかし、現実には単純に紋切型に二つの型に分けることができないことは、前節でも述べた通りである。

つまり、ブルーナーも述べているように、社会的・文化的不遇児の言語能力に問題があるのは、ビタミン欠乏症的な症状でなく、貧困家庭の子どもを「途中であきらめさせ、やる気を失わせるものがあった」からである。つまり、言語的知識や言語構成能力の欠如というよりも、その知識を獲得する以前の学習の態度（learning set）や意欲の欠如ではないかと思われる。ブルーナーは、これらの態度や意欲を含め自己自身の運命を支配する存在感をもつことをコンピテンス（competence）という概念で説明したのである。

問題は、これらのコンピテンスが、どのような原因で、どのようなプロセスを経て形成され、また逆にスポイルされ、インコンピテンス（incompetence）になるのかということである。

この点についてカーレイ（S. Carey）は、「認知的コンピテンス」と題する論文の中で「人々は問題を認識し、彼ら自身のための認知的目標を設定し、構成要素を分析し、それを構造化し、これにそれを基準単位化するという能力において異なっているのだろうか。これらの高次の技能が容易に獲得されるのは、人によってちがうのだろうか。技能を獲得する過程において人間間には差異がないと私は主張したい。そうではなく、差異があるとすれば、それは、巨視的、発達的差異というよりもむしろ状況に限定された局部的差異を反映している[12]」と述べている。

言い換えるならば、「実体をつきとめられるような基礎的な言語的または認識的技能があって、それは人生の初期に学習され、また人びとの間にある認知的機能の差異の根底になるのだという考え方に反論してきた。そうではなくて、私は人びとの間にみられるどんな認知的差異があるとしても、それは、基準単位化された技能がどれだけ蓄えられているかという見地から考えるのが最もよきと論じてきた」[13]と述べ、この認知的技能が、基準単位化されるプロセスのあり方が、後の学校での学業自体に大きく影響すると述べている。カーレイの考え方は、従来の認知（的差異）研究への批判を出発点としたものであった。

第3節　知的能力の発達を規定する非知的要因

従来、心理学の研究領域にて、知的発達に及ぼす家庭的、家庭的背景をめぐって多くの研究がなされてきた。そこには、初期経験（early experience）や就学前プログラムとしての早期介入（early intervention）の問題をふまえてのことであった。

では、潜在的カリキュラムとしての家庭教育が幼児の認知の発達に、どのように影響を及ぼすか、またどのような階層的背景があるのか。

J・ハントは、家庭内の幼児に対する環境刺激の適切性にふれ「応答性」（responsiveness）のある環境の重要性を指摘している[14]。

この場合の「応答性のある環境」というのは「いないいないばあ」（peek-a-boo）をしてやるとか、玩具を与えるとか、母親が話しかけるという日常的なものである。ハントは、イランの孤児院の幼児の精神発達の遅れという例からこのことを指摘したのであるが、この応答性が幼児の知的発達にとって重要なものであると指摘したのである。つまり、幼児の知的な発達を助ける（あるいは妨げる）ものとして認知的な要因――実はこれが、インフォーマルなカリキュラムと

項目　　職業×学歴		1・2・3H	2M	4M（6M）	7.9L
できるだけ子どもに話しかけるようにする	父	3.2	3.0	3.2	3.5
	母	1.2	1.9	2.2	2.7
積木をあたえる	父	2.6	2.5	2.7	2.9
	母	1.9	2.1	2.2	2.8
自由に絵をかかせる	父	2.6	2.8	3.3	3.4
	母	2.4	2.6	2.8	3.1
クレヨンや鉛筆をもたせる	父	2.7	3.0	3.2	3.3
	母	2.2	2.6	2.5	3.1
ひらがなを読むことを教える	父	4.7	4.6	4.8	5.5
	母	4.4	4.8	4.6	4.9
幼児向けのテストの練習する	父	4.7	4.7	5.3	4.7
	母	4.9	4.6	3.9	4.5
風呂の中で数をかぞえさせる	父	3.1	3.3	3.5	3.2
	母	3.1	3.5	3.0	3.4

注　職業×学歴欄の（6M）は父親である。　（国立教育研究所，1976）

表1　開始適当年齢（両親の回答）

しての潜在的カリキュラムの本質でもあるが——の重要性を指摘したものである。

それゆえハントは、就学前充実のための心理的基礎として、M・モンテッソーリ（Maria Montessori, 1870-1952）の教育方法を高く評価している[15]。

それは、モンテッソーリが学習における子どもの自発的興味（自発的動機づけ）を重視しているからである。

1　潜在的カリキュラムにおける非知的要因

国立教育研究所（現国立教育政策研究所）がおこなった「親の知能観および知的発達観」の調査研究によると、次のような結果がみられる。

「幼児の知的諸能力を促進させるには、その働きかけを何歳ごろよりおこなうのが適切であるか」という質問に対する階層差を表したのが表1である[16]。

職業・階層は次のようになっている。

①高次専門技術者（医者、建築家、会計士、弁護士、作家等）

②管理・営業・事業主（重役、理事、部課長、大臣、外交官等）

③低次専門技術者（看護婦、栄養士、保母、小中教師、デザ

イナー、速記者等）
④小事業主（町工場主、小売商店主、不動産業、理容・美容院経営者等）
⑥事務、販売人（セールスマン、行商人、下級事務員等）
⑦熟練、半熟練労働者（巡査、消防士、スチュワーデス、モデル、配達人、運転手等）
⑨不熟練労働者（使い走り、雑役等）
H 在学年数一四年以上（専門学校、短期大学、新制大学、旧制大学卒以上）
M 在学年数一〇年以上一三以上（青年学校、高等女学校、新制高等学校等）
L 在学年数九年以下（尋常小学校、国民学校、高等小学校、新制中学校卒等）

七項目のうち、下の三項目「ひらがなを読むことを教える」「幼児向けのテストの練習をする」「風呂の中で数をかぞえさせる」については、職業別学歴別には、大きな差はみられない。しかしながら、前記四項目には開始の時期に差がみられる。「クレヨンや鉛筆をもたせる」の母回答に〇・九歳差、「積木をあたえる」の母回答に同じく〇・九歳差、そして「できるだけ子どもに話しかけるようにする」の母回答に一・五歳の差がみられるのが特徴的である。つまり、後記三項目の「ひらがなを教える」「幼児向けのテストをさせる」というような知的にストレートなものすなわち直接的・訓練的なものには、階層的な差はないが、「クレヨンや鉛筆を与える」「積木を与える」「できるだけ話しかけるようにする」というとくに知的でないもの（非知的要因）に階層差がはっきりみられる。ハントのいう「応答性のある環境差」がみられるといえるのである。

つまり、幼児の知的発達に社会階層差が存在するとすれば、その知的能力の差をもたらすのは、家庭内の知的要因でなく、むしろ非知的要因によるのではないかという仮説が成立する。

2　潜在カリキュラムの担い手としての母親

では、なぜ知的能力の発達を支え、その基礎となる経験や内発的動機づけにおいて階層差が生じるのであろうか。それはたぶん、母親（あるいは父親）の子どもに対する認識の仕方（幼児観）や、子どもの発達に対する考え方（発達観）、親が自分の子どもに果たしうる役割（母親観）におおいに関係があると思われる（表2）。

S・タルキン（S. Tulkin）とJ・ケイガン（J. Kagan）は、次のような結果を発表している[17]。この表の母親行動（maternal behavior）の各項目中、二つの階級の間に差がみられるのは、（1）相互作用（interaction）、（6）母親の呼びかけ（maternal vocalizaion）、（7）子どもに玩具を与えたり、働きかけをしたり、（8）子どものいらだちに対する母親の反応の項目であった。予想に反して、禁止事項に関して、差はなく、他の項目も差はなかった。

言語行動に関して、階級差が最も大きかったことから、母親の行動全体に階層差があるとはいえないが、中流階級の母親は、労働者階級の母親より言語的相互作用にかかわりをもち、より多くの刺激を提示をしていることである。

ではなぜ、母親の行動にそのような差が表れるのか[18]。

タルキンとケイガンは、第一に母親の子どもに対する考え方にあると考えた。

労働者階級の母親は、子どもはおとなのように感情を表現したり、他の人とコミュニケイトする能力をもっていないと考えるものもいる。また幼児が話しはじめるようになってから、子どもに話しかけることが大切であると考えている者もおり、赤ん坊に話しかけることをばかげたことだと考えている場合もある。第二に、彼らの子どもたちの発達に、自分たちがたいして影響をもっていないと考えており、多くの母親が、子どもは、特別な性格特徴をもって生まれてくるので、環境の影響は非常に少ないと考えている。また、低所得層の母親は、彼女ら自身無力で子どもに対して何もし

Variables	Working Class		Middle Class		
	Mean	SD	Mean	SD	P[a]
1. Interaction：					
Interaction episodes	36.08	19.69	65.97	36.31	.001
Total interaction	132.50	83.44	251.83	144.46	.001
2. Location：					
Over 2 ft from child	1,402.73	536.38	1,243.27	488.03	.249
Within 2 ft	1,424.50	515.29	1,525.60	459.54	.441
Face to face	53.19	53.66	110.77	113.69	.022
3. Physical contact：					
Kiss	4.00	6.13	5.73	5.32	.262
Total holding	210.73	179.71	265.17	154.54	.228
Active physical contact	21.42	23.99	31.37	24.01	.128
4. Prohibition：					
Verbal only	15.50	9.85	18.33	14.75	.409
Physical noly	12.19	10.89	11.00	9.87	.669
Prohibitions ÷ time on floor	36.19	24.72	33.93	51.85	1.000
Prohibitions ÷ walk and crawl	19.04	13.69	16.50	15.20	.522
5. Responses to nonverbal behaviors：					
Positive response（%）, child touches mother	56.36	22.50	63.89	21.03	.206
Positive response（%）, child offers object to mother	90.65	15.44	86.40	16.22	.410
6. Maternal vocalization：					
Over 2 ft away	17.65	15.36	40.57	33.84	.002
Within 2 ft	148.77	73.92	329.37	183.81	.001
Face to face	19.00	15.97	38.20	28.48	.004
Total maternal vocalization	192.00	88.30	422.40	206.41	.001
Reciprocal vocalization（%）	11.27	6.12	20.70	10.19	.001
7. Keeping infant busy：					
Entertainment	54.65	40.46	99.13	62.08	.003
Give objects	26.23	19.72	38.53	14.76	.010
8. Response to spontaneous frets：					
Frets（%）to which mother responded	38.36	15.15	58.41	25.46	.001
Latency to respond (no. of 5-sec intervals)	1.98	0.70	1.62	0.54	.032

（注＝平均値の数字は、2日間、2時間にわたり、1回20分継続で観察したものである）

（Tulkin&kagan, 1972）

表2　家庭における母親行動の観察

てやることができないと考えている。この哲学は、環境を変える力をもたないことに運命的な感覚をもっていることを示している。

このような母親の態度は、社会経済状況とは別のものではないという。

以上の研究からわかることは、アメリカにおける母親行動の階層差に関する研究から、労働者階級の母親の行動の中に、言語的、知的刺激の提示が欠けるのは、彼女たちの幼児観、教育観、人生観が色濃く反映しているということである。

しかしながら、当初予想し、本章第3節の日本の場合にみられたように、言語行動以外の非言語的行動やしつけ等に関しては差はみられなかった。

3　不遇児に与える家庭規模＝兄弟数の影響

知的能力・言語発達に家族の規模が影響を与えているのではないか。つまり、家族数の多い家庭では、家族数の少ない家庭より、個々に子どもに接する時間が少なく、そのことが子ども認知発達に影響を与えているのではないかという仮説のもとに、調査結果を発表したのは、R・スコット（Ralph Scott）である[19]。

まず、合衆国経済機会局（Office of Economic Opportunity）によって決められた地区から二〇六人の社会不遇児を対象とし、多兄弟家庭（きょうだい数三人以上）と少兄弟家族（一人またはゼロ）に分けた。きょうだい二人の子どもは対象からはずされた。

さらに最下層ＳＥＳ（socio-economic status, 社会経済的地位）の子ども八五人から同性のきょうだい、歴年齢を考慮して、各家族規模三五人ずつをサンプルとして、アイオワ就学前発達テスト（Iowa Test of Preschool Development）をおこなった。その結果は、表3の通りであった[20]。

結果は九項目中三項目に小兄弟家族に有意差がみられた。それらは、表出的言語（Expressive Language）視覚的記憶力（Visual Memory）表出的概念（Expressive Concepts）であった。
きょうだい数の多い家族が高得点であったのは Small Motor Ⅱ（ビーズ輪、ペッグボート）のみであった。

	Large Family	Small Family	P
Receptive Language	91.1	100.9	NS
Expressive Language	81.3	94.1	.05
Large Motor	95.3	96.2	NS
Small Motor Ⅰ	101.4	102.9	NS
Small Motor Ⅱ	94.0	90.3	NS
Visual Memory	89.9	112.3	.01
Auditory Memory	83.1	85.7	NS
Receptive Concepts	66.2	63.3	NS
Expressive Concepts	71.3	88.3	.05

（Scott, 1975）

表３　アイオワ就学前発達テストによる家族規模別黒人幼児の達成度

ここから引き出し得ることは、このように三つのスキル領域の成績に差があるのは、家族内の環境刺激のパターンに関係があるのではないかということである。とくに、二項目までが口頭表現力（Oral Expression）に関係しているのは、概念習得は、受容的概念習得が口頭表現力によって補われた時により完全になることから、重要な相違である。このことは、バーンスタインのいう言語環境刺激の階層間の特徴は、低階層の黒人幼児の家庭内学習ときょうだい数を識別するのに本質的に有効であろう。事実、きょうだい数の少ない低階層家族では、両親は子どもの言うことを注意深く聞いてやり、言語的表現を勇気づけている。そうだとすれば、これらの子どもは、ごく早期から、口頭表現の広範な仕方を身につけることに喜びを見出し、それにもとづく学習を続けている。

ピアジェやイネルデによれば、幼児期の言語と認知の間には本質的関連があり、子どもの形式的認知作用の獲得は、連続性、分類、知覚、言語におおいに依拠しているものである。また言語は、分類性に関係あるもの、連続性の知覚に関係あるもので、それゆえ、最適の認知発達は、幼児期の受容的（知覚的）、表現的（口頭）言語活動によるものだといえる。

また、以上のようなことから、スコットは、低階層の社会的・経済地位の問題や、個々の幼児の診断と治療ができるような就学前補償プログラムの必要を提案している。

同じ方法でおこなった白人不遇児の研究では、兄弟の少ない家族は、九項目すべての項目の得点が勝り、有意なのは表出的言語（Expressive Language）一項目のみであった[21]。

しかし、ハントが述べているように、低階層の子どもは、言語能力を獲得するのに困難があり、貧困層の子どもの言語的相互作用は、子どもが何をしていても止めさせるように命令することに限定されており、しかも、彼らが言語的反応を要求する質問はめったにしないことである。

したがってこのデータからいえることは、表出的言語能力を発達させるための限定された環境機会が、兄弟の多い貧困層の子どもの間では一般的であることを示唆している。

第4節　わが国における学力遅滞・学力低下の問題

この章の展開から残される問題は、欠陥説・差異説にみられる問題をもう少し掘り下げ、（言語における）「意味の獲得」の様式にいかなる社会的要因が働いているのかの検討である。

さらに発達の遺伝規定性の問題、すなわちＩＱ論争、さらに潜在的カリキュラムおよび学校カリキュラムの問題、補償教育の目的およびその効果をめぐるさまざまの問題があるが（補償教育についてはそのプログラムの性格および補償教育の内在的過程の検討が残されているので）これらの検討は、次章以後におこないたい。

ここで私は、私自身の問題意識の再確認の意味と、また本論文の伏線としての意味をこめて、現在のわが国の二、三の教育問題を検討したい。

前節までの知的能力の発達の社会的規定要因の問題を検討してくると、わが国の教育の当面する問題に突き当たらざるをえない。

1 学力低下・学力遅滞の問題

これは、小学校・中学校・高校における学力遅滞・低下の問題である。われわれ（おとな）は、これらの子どもに「落ちこぼれ」というレッテルを貼っているのであるが、教育内容の過密・過多・教師の教育技術の低下等の問題の検討をぬきにして、結果として「落ちこぼれ」といういい方は、われわれの思想の貧困を物語るものであるし、誤解を招きやすいものである。

知育偏重、受験戦争、学歴社会、落ちこぼれ等々、これらはいずれもマスコミによってつくられ、教育学事典に登場しない一種の特殊な用語である。われわれは、これからの用語あるいは用語の示す事態によって、われわれの思想を規制されてはならないと考える。

わが国の社会および国民が、教育に大きな価値をおいているという点では、前述の価値理論のもつ意味は大きいかもしれない。しかし、すべての国民が教育に価値をおき、そして、現実の社会が受験社会、学歴社会であるにしても、義務教育としての小・中学校において、また高校において、学力の低下がみられるのをどのように考えるか。

次のような例がある。今から四〇年前のことである。

①一九七一（昭和四六）年、全国教育研究所連盟は、小学校の半数は、現在の授業内容を理解できていないと報告した。

②続いて、全国校長会は、高校の三分の二は、授業についていけないと報告した。

③日教組の昭和五〇年の調査でも、国語、算数、数学の基礎教科の学力低下が指摘された。

④一九七五（昭和五〇）年の国立教育研究所の全国調査でも、記憶力は強いが、思考力は弱いという結果が出され、しかも、すべての学習の基礎になる3R's の低下がみられるというものであった。

このような結果の判明以後においても、「知育偏重」ということがしきりにいわれたが、知育は偏重どころか完全に不足しているのであり、偏重しているのは、教育内容であり、教育内容選択の基準である。教育内容の核を構成すべき各学問領域における知識（knowledge）の意味とその構造を深く検討する必要がある。もちろん学校教育の目的は、知育だけではない。しかし学校カリキュラムが、知識の構造（the stucture of knowledge）、知識の柔軟性に目を向けるならば、現在のような量だけ多く、バラバラの硬直化した知識にもとづくカリキュラムは避けられるはずである。

以上のような学力低下、学力遅滞、学力格差となる要因として、私は、次の三つの要因を仮説として提起したい。

（仮説1）――カリキュラムとインストラクションの問題――

私は、現在、小・中・高校にみられる膨大な数の学力遅滞は、学年を追うにつれ、学力差が縮まるどころか開いており、それは（アメリカの場合と同様、アメリカの場合も多分そうだと思われるのであるが）カリキュラムに原因があるのではないかという印象が強い。

次に教授（instruction）の問題がある。教授という日本語は、「一方的に教える」とか、注入に近い冷たい印象を与えるが、教えることと学習することという二つの意味があり、ブルーナーにならっていえば、「（教科の）構造を、発達の段階に翻訳して、教えること、子どもは発達につれて、学習スタイルを習得すること」である。わが国の場合は、多くの教育改革の思想が紹介されて（とくにアメリカから）取り入れられた。それらは、オープン・スクール（open school）無学年制（nongraded system）個別教授（individualized instruction）等々のものである。

（仮説2）――マス・プロ教育の問題――

わが国における教授＝授業（classroom teaching）は、依然として、三〇数名の子どもを一名の教師が黒板を背にして教壇に立つという、いわゆる「一斉授業方式」が主流をなし、そのカベは破られていない。それどころか、「学習指導要領」がいくたびか改定されても、教授＝学習形態は明治時代と本質的に変わっていないのである。

私は、一斉授業という大量授業形式に問題があると考える。つまり、そこでは、「一人ひとりを生かす（または育てる）」ことに、大きな誤解があるのである。子どもの発達の可能性をできるだけ伸ばすということはもちろん、義務教育に必要とされるミニマム・エッセンシャルズ（minimum essentials）の授業すらできないのではないかと思う。学力低下の原因は、ここにあると想定する。

（仮説３）――就業前教育・家庭教育・潜在的カリキュラムの問題――

わが国には、アメリカにおけるような階層、民族による能力差は一般にはみられないといわれているが、学力低下・学力遅滞の原因は、（アメリカと同様に）就学前の潜在的カリキュラム（hidden curriculum）にあるのではないかという印象をもっている。

それは、学力格差が小学校一年のスタート以後縮まらないか、拡がっているのは、学校文化、カリキュラムへの適応以前の問題があると思われるからである。就学前の教育（保育）機関としての幼稚園・保育所のあり方にかかわりがあるのかどうかは、データがまったくないだけに、何ともいえない状況である。

（仮説４）――社会的・家庭的背景と学力――

それは、次の高校不進学者の事例から考えられることである。

２　高校不進学者発生の社会的・家庭的要因

わが国の高校進学率は、全国平均で九一・九％である（文部省「わが国の教育水準」昭和五一年）。それにともない高校不進学者はますます減少し、マイノリティ・グループ化しつつある。しからば、このグループはいかなる社会的背景のもとに発生してくるのか。私も参加した愛知県・岐阜県の調査結果から得られた結論を要約すると次のようである。[22]

①保護者の職業別に不進学者の発生率をみると「労務職」と「無職」に多い。

②保護者の学歴との関連でみた場合、旧制高等小学校卒、新制中学卒の義務教育卒業者層とそれ以上の学歴層（旧制中学、新制大学以上）との間に目立った差がみられた。

③義務教育以上の学歴層の場合、居住地域の性格に影響されることなく高い進学率を示すが、義務教育卒業者層の場

合には、第一次産業率が高くなるとともにこの層の不進学発生率は高くなる。

④兄弟数三人までは、進学・不進学に影響はないが、四人以上になるとともにこの層の不進学発生率は高くなる。

⑤両親の一方または両方を欠いた家庭では、不進学者発生率が、平均の二倍から三倍になる。

⑥とくに高い不進学者発生率を示すのは、生活保護世帯で、平均の三倍から四倍の数値を示している。

⑦成績水準が一ないし二と判定されたものの約四分の三が不進学である。成績水準が低いことは、高校進学に関してかなり大きなマイナス要因であるが、成績水準そのものが、多分に家庭環境によって左右されており、保護者の職業・学歴・家庭・生活保護世帯といった外的条件と大きな相関性をもっている。

以上のことが、調査から明らかになったことであるが、ここでいえることは、保護者の職業・学歴・家庭状況が、子どもの成績水準の低いことの社会的背景について、仮説の域を越えて、かなり明確な解答が得られていると思われる。

さらに、中途退学者（dropouts）の問題がある（文部省の初の調査では全国一一万人を超える（一九八七年））。高校進学率も全国平均で九〇％をこえ、県によっては、九七〜九八％の進学者を数える今日、実質的義務化に近い歩みを続けているといえる状況にある。

つまり、仮に義務教育一二年（六・三・三）と考えた場合、高校不進学者は、一種の中途退学者と考えられなくない。さらに、高校進学校の中途退学者が激増しているといわれる現在、適性・学力の面から、その原因を探る必要があると考えられる。そこには、高校のスクールカルチャーとのギャップ、カリキュラムとのギャップの問題が潜んでいるのではないかと考えられる（仮説4）。

以上が、私が考える問題である。

注

(1) P・トラッドギル『言語と社会』岩波書店、一九七五年、五二ページ

(2) E・サピア「科学としての言語学の地位」E・サピア／B・Lウォーフ他『文化人類学と言語学』所収、弘文堂、一九七〇年、二ページ

(3) L. Miller & J. Dyer, Four Preschool Programs, *Monographs of SRCD*, No.162 vol. 40. Oct., 1975

(4) J・ハント『乳幼児教育の新しい役割』新曜社、一九七七年、一六七―一六八ページ

(5) C・ベライター／S・エンゲルマン『新幼児教育法』日本文化科学社、一九七四年、四四、四八ページ

(6) 例えば、同書、四七ページ

(7) 同書、五六ページ

(8) N・チョムスキー「認知能力について」同『言語論』所収、大修館書店、一九七九年、七―八ページ

(9) チョムスキー『文法理論の諸相』研究社、一九七〇年、三八、五四ページ

(10) Noam Chomsky, On Cognitive Structure and Their Development : A Reply to Piaget, in M. Piatte-lli-Ralmarinied. "*Language and Learning*", Harvard University Press, 1980, p.38 チョムスキー同書、二二―二三ページ

(11) チョムスキー同書、四一―四二ページ。なお、チョムスキーは、一九七五年にフランスでおこなわれた認知構造と言語発達に関するシンポジウムで、ピアジェ(J. Piaget) との論争において、発生的認識論を批判した。そこにも、彼のデカルト主義的認識の方法がうかがわれる。ピアジェは「知識の精神発生学とその認識論的意味」と題する論稿の中で、これまでの認識論を、経験主義 (empiricism)、前成説 (Preformationalism)、構成主義 (Constructivism) に分け、彼自身を構成主義に位置づけている。これに対し生得主義 (inatism) の立場から「発生的に決定されている言語能力」を主張し、ピアジェの「発生的構造主義」ともいうべき立場から引き出される言語能力と認知構造論をかなり言葉厳しく批判した (Piattelli, ed. *op. cit.*, pp.35-39)。

(12) S・カーレイ「認知的コンピテンス」J・ブルーナー、K・コナリー編著『コンピテンスの発達』所収、誠信書房、一九七九年、二一四ページ

(13) 同書、二一八ページ

(14) ハント「幼児の発達の可能性について」国際幼児教育会議資料集、一九七八年、一―四ページ
(15) ハント『乳幼児教育の役割の新しい役割』新曜社、一九七八年、四三―四六ページ
(16) 国立教育研究所『親の知能観および知的発達観』一九七六年、六八―七〇ページから作成。
(17) S. Tulkin, J. Kagan, Mother-child interaction inthe first year of life, *Child Development*, vol. 431972, p.37
(18) *op. cit.*, p.39
(19) Ralph Scott, DavidKobes, The Influence of Family Size on Learning Readiness Patterns of Socio-economically Disadva-ntaged Preschool Blacks, *Jotrnal of Clinical Psychology*, 1975, vol.31, p.86
(20) *op. cit.*, p.86
(21) Ralph Scott, Keith Seifert, Family Size and Learning Readiness Profiles of Socioeconomically Disadvantaged Preschool Whites, *The Journal of Psychology*, 1975, 89, p.3-7　なお、現在、私はスコット教授（Ralph Scott, Univ, of Northern Iowa）と日米幼児の就学前学習能力テスト（Iowa Test of Learning Assessment）をおこなっている。これは一種の比較文化研究であるが、現在までのところ（大きさ、形、パターン等）、視覚運動能力（幾何学図形の再生）、分類能力、語い能力（口頭説明、定義づけ）、概念能力において、わが国の幼児は、アメリカの幼児より高い得点を示している。文化に共通するものを把握すると同時に、社会階層（学歴・職業等）の差についても分析の予定である。また、西独、スリランカにおいても、同テストを実施中なので、四カ国の比較分析もおこなう予定である（日本保育学会発表資料〔一九八〇年〕および Human Intelligence, Newsletter, 1980）
(22) 潮木守一／竹内通夫他「愛知県における高校不進学者の社会的背景」名古屋教育学部研究紀要、第一八巻、一九七一年。同「高校不進学者発生のメカニズム――岐阜県の事例研究」同研究紀要、第一九巻、一九七二年。

参考文献

潮木守一・竹内通夫他「社会階層と学業成績に関する実証的研究（その一）」名古屋大学教育学部紀要、第二六巻、一九七九年

第10章 「インターヴェンション（intervention）としての補償教育」問題

第1節 補償教育の理念およびその性格

1 補償教育の理念

「補償教育」（Compensatory educatin）は、一般に次のように定義されている。[1]

「マイノリティズの学校教育、住宅、雇用、貧困、市民権、文化類型、ライフスタイルの領域に関して、環境的、経験的欠陥（deficits）を補償しようとしておこなわれる教育計画で、とくに認知的、モチベーショナルな成長を配慮した経験、活動、教材に力点をおき、学習者の潜在的能力（the latent Potential）を発見し、発達させようとする試みである」

ここではマイノリティズ（minorities）だけが補償教育の対象とされるように定義づけされているが、[2]対象とされる「不遇児は、一九七四年のアメリカ合衆国上院報告書では、全米の就学児童（三～一七歳）五九〇〇万人のうち、少なくとも一二〇〇万人、おそらく二〇〇〇万人以上だといわれている。[3]

これらの子どもたちを対象として、アメリカにおいて国家的規模でおこなわれたのが、一九六五年のヘッド・スタート（Head Start）計画、一九六七年のフォロー・スルー（Follow Through）計画、さらにホーム・スタート（Home Start）計画である。その他、数多くの補償教育プログラムが提出され現在に至っている。

2　補償教育の登場

ハントによる知能固定観の否定やピアジェらの発達の相互作用主義的な考え方は、一九六〇年代のアメリカに大きな衝撃を与えた。一九六〇年代に、一方でアメリカは、ベトナム戦争に深入りし、経済負担も大きくなり、国内には黒人問題、貧困問題をかかえていた。

また、一方「教育の機会均等」に関する思想や運動とも相俟って、黒人をはじめとする少数民族の教育問題、社会問題がクローズ・アップされていた。

そのようななかで、一九六五年、ジョンソン大統領は「貧困との戦い」(War on poverty) という対策をかかげ、「文化的・社会的に恵まれない子ども」(不遇児) を対象とする教育・福祉対策、すなわちヘッド・スタート計画を発足させた。

この教育計画は、小学校就学前の幼児をとりかこむ家庭や地域社会の劣悪な条件のゆえに、能力の発達が遅れている。また文化的に奪われているものを補償するというものであった。

補償教育は、次のような二つの理論的基礎に立っている。

第一は、「教育の可能性」というものである。遺伝論に対して、環境論やいま述べた相互作用論が主張したように、乳幼児の発達の可塑性を示す研究結果が出され、また不遇児の教育可能性を環境の力によって変えようと考えるものである。

第二は、教育の機会均等の理念に実現にもとづくもので、「結果の平等」をより重視するものである。

従来、教育上の平等に対する考え方は「接近における平等」が重視された。つまり、すべての子どもが、学校教育、とくに義務教育に就学 (接近) できることが問題とされた。しかし、学校教育終了時における「結果における平等」こそ大切である。

この終着点における平等は、カリキュラム上の平等、学力格差の正、学力達成上における人種間、階層間の平等を意味している。このような機会均等概念の拡大により、補償教育はより中身の濃いものとなった。

３　補償教育プログラムの性格

就学前教育あるいは、補償教育の計画を考える際に必要なのは、目的にかなったカリキュラムの作成である。カリキュラムがどんな性格を有するか、どのような発達観に立つのか、構造的なカリキュラムか、非構造的カリキュラムかによって、その教育方法も変わってくる。

フェイン（G. Fein）とクラーク＝スチュアート（A. Clarke-Stewart）は、六つの側面から興味深い考察をしている[4]（表1）。印の下にあるのは、歴史上の教育思想家、心理学者（カッコ内）および、教育計画の立案者、あるいは、その名称である。

以上の点についての内容を説明してみよう[5]。

（1）児童観

児童観は、教育計画の最も基本的なものであり、児童観のあり方いかんによってプログラムの性格も変わってくる。子どもの中にある自発的なもの、創造的なものを認め、それを引き出すことに教育の目的をみる立場は、ルソーやフロイト、ゲゼルらの成熟主導型の考え方である。一方環境主義的立場は、経験主義者ロックをはじめスキナー、エンゲルマンにみられる。教育に外部作用の結果生じるものであるとする。この二つの立場の中間にあるのが、相互作用主義者（interactionist）の立場である。

ピアジェをはじめ、モンテッソーリ、ウェイカート、ドイッチュやイギリスの幼児学校の幼児観がそれである。

1. 成熟／環境問題：児童観

成熟（子ども）主導型			相互作用主義（Piaget）			環境主導型
(Rousseau) (Gesell) (Freud)	Traditional nursery School	Bank Street Sprigle	Weikart Deutsch Gordon Nimnicht Montessori EDC British infant schools	Painter Hughes	Moore Resnick Gray Spiker	(Locke) (Skinner) Engelmann Bushell Ulrich Sesame Street

2. 過程／内容問題：子どもの目標

学習する子ども			知らされる子ども
Nimnicht Sprigle EDC Moore Hughes British infant schools	Montessori Bank Street Weikart	Gray Gotkin	Engelmann Scott Bushell Resnick Spiker Karnes

3. 硬／軟問題：強調される発達の側面

社会的情緒的	全人	言語	認知	知覚
Psychoanalytic nursery school	Bank Street Spicker Keister Nimnicht Caldwell Deutsch British infant schools	Hughes Cazden Schaefer Levenstein Blank Engelmann Karnes McAfee	Moore Weikart Palmer Godon Resnick Gotkin Sigel	Montessori

（言語〜知覚）Gray

4. 解決の深さの問題：企画されている教育水準

（行動〜構造）子どもの変化

行動	構造	行動と家族を変化	家族を変化
Engelmann Bushell Ulrich Weiss	Weikart Gordon	Gray Karnes Dunham Gordon Weikart Bushell	Gutelius Miller Levenstein

5. 構造の程度の問題：プログラムの技法

非構造的					高度に構造的
Keister Skeels Traditional nursery school	Bank Street EDC Robinson British infant schools	Nimnicht Gray Hughes Sprigle	Montessori Moore Weikart	Karnes Painter	Engelmann Gotkin Spiker Deutsch

6. 人／物の問題：成人と子どもの接触量

教師中心						教材中心
Engelmann Hughes Rheingold Skeels	Bushell	Deutsch Gray	Bank Street Caldwell	Resnick EDC	Nimnicht	Stern Moore Montessori

（Fein&Clarke-Stewart, 1973 に一部追加）

表 1

（2）子どもの目標

これは、教育の過程を重視するが、教育内容を重視するかによって異なってくる。

子どもは学習する存在であるか（the learning child）、それとも知識を教えられる存在であるのか（the informed child）。

ベライターやエンゲルマンは、圧力釜方式（Pressure Cook Approach）といわれる方法で、3R's の基礎を集中的に教え込もうとする。

しかし、その対極の考え方は、子どもの学習過程（the Process of Learning）を重視する考え方である。

この中間に属するのが、ウェイカート、カミイらのペリー就学前プロジェクト（The Perry Preschool Project）。グレイ（Gray）らのダルシー早期訓練計画（DARCEE Early Training Project）である。

（3）発達の側面

これには、ソフトな側面、社会情緒面を強調する立場があり、一方、ハードな側面として、言語、知覚、認知的側面を強調する立場がある。

その中間にあるのが、全人としての子ども（the whole child）を主張するもので、イギリスの幼児学校の理念はこれである。

（4）教育の深さ

これこそが、最も大きな問題であるといえるが、子どもをストレートに変化させようとするもの（エンゲルマンら）、子どもの全体構造を変化させようとするもの（ウェイカート）。

また、家庭の重要性を考え、家族の変化を求めるものもある（レーヴェンスタインら）。

（5）プログラムの構造

就学前教育のプログラムの構造の問題は、かなり高度に構造化されたもの（エンゲルマン、ドイッチュら）から、構造化の低いもの（保育学校、スキールズ、ダイら）までである。その中間にモンテッソーリ法、ウェイカート、グレイらのものがある。

極度に構造化されたものは、カリキュラムが厳密に組まれているので、子どもは学習に関して、かなり厳しい規制を受ける。

しかし、構造レベルの低いカリキュラムは人間関係を重視し、カリキュラムがないといってよいくらいで、これが、大きな特色となっている。

（6）人と物の問題

どのプログラムでも、教師と子どもの接触量を問題にするが、これにはかなりのバラエティがある。

教師主導で教えようとするのがエンゲルマンらの方法である。一方、教材、教具の操作に主目的を置くのがモンテッソーリ法である。これにヒントを得たのが、ムーア（Moore）のトーキング・タイプライター（Talking Typewriter）による教授法である。これらは「物中心」（thing centerd）の側面を強調するものである。

以上が、教育思想上の考え方、種々の就学前プログラムの教え方であるが、その教育効果については、決定的なものはまだ出ていないのが現実である。

第2節　補償教育プログラムの効果

1　就学前教育計画の比較研究――ウェイカートによる三つのプログラムの比較研究――

ウェイカート（David Weikart）らが中心になってつくられたイプシランティ就学前カリキュラム実験計画（Ypsilanti Preschool Curriculum Demonstration Project）は一九六七年から、三つのカリキュラムの評価研究をおこなった。

それらは以下のものである。(6)

（1）基礎単元カリキュラム（A unit-based curriculum）

このカリキュラムでは、伝統的保育学校でおこなわれてきた社会的情緒的発達（social-emotional development）を強調する。特色としてあげられるのは、子どもに広い環境を教えるテーマや教材を取り入れ、個々の子どもの社会的情緒的要求に十分注意し、授業運営にかなりの自由裁量を認めていることである。

（2）認知志向カリキュラム（A Cognitively-oriented curriculum）

イプシランティ就学前計画は、過去五年間、このカリキュラムを展開してきている。このカリキュラムは、機能面で遅れのある不遇児のためにとくにつくられた構造化プログラム（structured program）である点が特色、言語、ソシオドラマ、ピアジェの知的発達論から引き出される原則にもとづいてつくられている。

（3）言語訓練カリキュラム（A language training curriculum）

これは、知的技術（academic skills）の学習を強調する。ベライターとエンゲルマンによって展開され、外国語学習から引き出されるいくつかのテクニックを使う課題志向型カリキュラムである。

以上の三つのカリキュラムをおこなう統制群はＩＱ、性、人種等の均等化したグループがつくられた。そして、二人の教授が選択によりカリキュラムを受けもち、半日授業をもち、隔週九〇分間子どもたちの家庭で、学校のカリキュラムスタイルと同じプログラムで教えた。三つのプログラムは、週ごとの目標がはっきり決められている。

以上のような計画にもとづいて、一年間比較研究がおこなわれた結果は以下の通りであった。

知能テストの結果は、得点をみる限り、生得的知能または潜在的能力のどちらもしめすようなものはみられない。四歳児、三歳児とも研究グループの三つのカリキュラムと対象群の変化した得点をみると有意差がある。

しかし、対象群を除いた三つのカリキュラムの比較では有意差はみられなかった。

得点の変化は、三歳児（表3）では、二七・五〜三〇・二であり四歳児（表2）では、一七・六〜二四・四と幅が大きかったが、得点全体では、三歳児の方が四歳児より高くなっている。

それは、テスト項目のタイプか、三歳児の順応性か、精神年齢上の変化の影響によるのかもしれない。

次に、「ライター国際動作性スケール」(Leiter International Performance Scale) とピーボディ絵画—語いテスト(Peabody Picture Vocabulary Test) の比較では、三つのプログラムに有意差はなかった (表4、5)。

以上の結果から、三つのプログラムに関して、決定的な差によるものは認められなかったといえる。

2 補償教育の基礎としての家庭教育——ホーム・スタート計画の実施——

アメリカにおいて、一九六五年六月「貧困に対する戦い」の一環として、ヘッド・スタート計画 (Project Head Start) が開始された。

続いて、この補償教育計画は、その効果が小学校に進むにつれ次第になくなってゆくことから、さらに年齢をあげて、一九六七年一二月からフォロー・スルー計画 (Project Follow Through) や親子センター(Parent and Child Center) として、拡大された。

さらに、児童発達局の管轄のもとに、ホーム・スタート (Home Start) 計画が実施された。

ホーム・スタートは、初等中等教育法 (The Elementary and Secondary Act) の第三条項をもとにし、二歳から五歳までの子どもに、高度に個別化された強化プログラムをおこなうものである。

これは、学際的な協同体制を必要とするため、心理学者、ソーシャル・ワーカー、家政経済の専門家、保母、スピーチセラピストや就学前教育の教師やその他助手等のスタッフからなっている。

ホーム・スタートの理論的根拠は、A・H・マズロー(A. H. Maslow, 1908-1970) の欲求段階説にもとづいているという。[7]

この見解によれば、人間の動機づけに対する自然の序列があり、動機づけと学習に直接的関係があるという。

	単元カリキュラム（8名）		認知カリキュラム（11名）		言語カリキュラム（8名）		対象群（14名）	
	M	SD	M	SD	M	SD	M	SD
事前テスト	76.4	4.55	75.3	6.06	73.9	5.33	80.8	2.90
事後テスト	94.1	2.42	98.6	12.82	98.2	9.43	84.1	9.70
得点変化	17.7		23.3		24.3		3.8	

表２　スタンフォード・ビネ知能テスト（4歳児）

	単元カリキュラム（8名）		認知カリキュラム（4名）		言語カリキュラム（8名）		対象群（14名）	
	M	SD	M	SD	M	SD	M	SD
事前テスト	73.6	6.93	82.7	5.26	84.4	3.12	80.8	2.90
事後テスト	101.1	7.08	110.7	12.34	114.6	6.14	81.2	10.10
得点変化	27.5		28.0		30.2		0.4	

表３　スタンフォード・ビネ知能テスト（3歳児）

Mは平均点、SDは標準偏差

	基礎単元カリキュラム（8名）		認知カリキュラム（4名）		言語カリキュラム（8名）	
	M	SD	M	SD	M	SD
Leiter	96.0	6.07	93.9	11.10	89.8	9.97
Peabody	94.7	19.65	84.0	20.46	77.3	13.80

表４　ライター国際動作性スケールとピーボディ計画――語いテスト（4歳児）

	単元カリキュラム（7名）		認知カリキュラム（11名）		言語カリキュラム（7名）	
	M	SD	M	SD	M	SD
Leiter	103.2	19.77	112.7	0.83	110.6	7.79
Peabody	78.0	7.61	84.7	9.30	88.4	9.45

表５　同テスト（3歳児）

（いずれも Weikart, 1974）

子どもは、基本的欲求（食べもの、保護、衣服等）が本質的に充されていないならば、感情的欲求を満足させるために、多くのエネルギーを拡散させることはないであろうというものである。同様に、子どもの感情的欲求（愛、安全、一貫したかも予想できる範囲）が基本的に充されていないならば、子どもは、認知的学習を追求しないものであるというものので、この考え方が根拠とされた。

3　就学前教育計画の比較研究——スコットによる比較研究——

スコット（Ralph Scott）はホーム・スタートの効果を検討するために、次のような比較をおこなっている[8]（表6）。これは、ホーム・スタートの子どもに、五歳段階でＰＭＡ（Primary Mental Abilities 初等精神能力テスト）をおこなったものである。

ホーム・スタートを受けた黒人の子どもの言語的意味の理解（Verbal Meaning）の平均ＩＱは一〇七・一であり、その年長の兄弟の得点九四・一より高かった。しかしながら、一九カ月後におこなったテストでは、平均ＩＱが、九六・九に下がっていた（〇・九〇で統計的に有意）。しかし、数能力（Number Facility）や空間関係（Spatial Relation）では、一九カ月後のテストでは有意に得点があがった。

同様に、白人の幼児とその兄弟においても認知面においても大きな変化がみられた。最も大きな変化は、白人黒人ともに「言語的意味の理解」であり、一九カ月後における変化は、黒人の子どもが一〇・二、白人の子どもが一二・七であった。

五歳段階では有意義であったが（p＜0.01）、この段階では有意でなくなっている。これは、補償教育を受けた子どもの短期の言語獲得は、一時的なものになりがちであることを示している。

「速さの知覚」は、「言語的意味理解」より変化は少ない。そして、黒人の子どもは、一九カ月後のテストで二・二増

	言語	速さの知覚	数	空間	I　Q
ホームスタート参加（黒人）（30名）	96.9 (107.1**) t=0.90	112.4 (110.2**) t=3.07**	99.2 (91.0) t=1.88**	95.7 (92.8) t=2.66**	99.3　—19カ月後 (100.9**)　—5歳段階 T=2.37**
その兄弟（30名）	94.1	100.3	92.6	86.9	93.5
ホームスタート参加（白人）（14名）	106.9 (119.6**) t=0.28	115.8 (119.11) t=0.89	111.9 (110.3*) t=3.54**	104.6 (103.4) t=0.80	109.4　—19カ月後 (113.3**)　—5歳段階 T=1.81*
その兄弟（14名）	105.7	111.1	98.0	100.3	103.4

（　）内は5歳段階のテスト結果　(Scott, 1974)
*p ＜ .05　**p ＜ .01

表6　ホーム・スタート計画参加児（白人・黒人）及びその兄弟のIQとTスコア

加し、白人の子どもは、三・三下がった。兄弟との比較では、前者は有意であったが、後者はそうではなかった。

「数能力」においても、黒人の子どもの増加は大きく（八・二点　白人一・六点）「空間認識」においても同様であった。

結論的にいえば、白人のグループでは、ホーム・スタートを受けた子と受けなかった兄弟の間に大きな変化はなかったが、黒人グループにおいては、意味のある変化がみられたことである。とくに他の領域ではともかく、「言語理解」の領域で著しい減少がみられることは今後の追跡研究も必要である。しかし、ごく初期の就学前介入が「言語理解」な領域以外においては、効果のあることを暗示しているように思える。

このことは、私が前節でも指摘した通りであるが、幼児期の非言語的遊び（non-verbal play）が、言語を有する大人の勇気づけや指導を必ずしも必要とせず、認知発達の主要領域における成長を刺激するという仮説が成り立つように思われる[9]。

4　就学前教育計画の比較研究
——ミラーとダイヤーによる研究——

ミラー（L. Miller）とダイヤー（J. Dxer）は、四つの保育方法の相違がどのような能力的な差となって表れるかについて比較研究をおこなっている[10]

	BE	DAR	MONT	TRAD	CONT
	Stanford-Binet				
就園前年秋	92.93	96.12	92.11	89.98	89.07
就園年春	98.35	96.61	97.04	96.44	90.87
幼稚園	93.65	94.39	94.54	94.33	95.00
小学校１年	89.78	93.65	94.75	93.12	92.97
小学校２年	86.85	91.00	92.96	89.81	92.80

（Miller&Dyer, 1975）

表７　四つの教育方法による知能テストの得点（IQ）

（表7）。

四つの方法とは、次のものである。

（１）ＢＥ（ベライター・エンゲルマン方式 Breiter Engelman による Pressure Cook Approach〔圧力釜方式〕）と呼ばれるもの。

集中的に文字や数という基本的知的技術を身につけようとする方式。

（２）ＤＡＲＣＥＥ（幼児教育のための実験研究センター、Demonstration and Research Center for Early Education）

このプログラムは、知的達成度（認知的スキル、知覚的識別能力・言語・注意の持続時間や態度・動機づけ・持久性・学校の活動や教科への関心、役割モデルの達成感）に動きをおいている。

（３）ＭＯＮＴ（モンテッソーリ方式 Montessori Approach）

モンテッソーリ方式は、感覚、概念、能力性格の発展を重視する。

（４）ＴＲＡＤ（伝統的教育方法 the traditional enrichmet Approach）

これは伝統的保育形態によるもので、子ども全体的発展を重視するものである。このような四つの方式と比較グループ（control group）を設定し、一二人の教師が指導にあたった。

各グループは、親の年齢、収入、教育歴に差のないように設定し、就園前一年前の四歳（Pre-K-fall）から小学校二年生（Grade2）まで四年間おこなった結果、知能テストの成績は、表６のようであった。[11]

これによると、ＩＱに関する限り、就園前教育の効果は、後には、まった

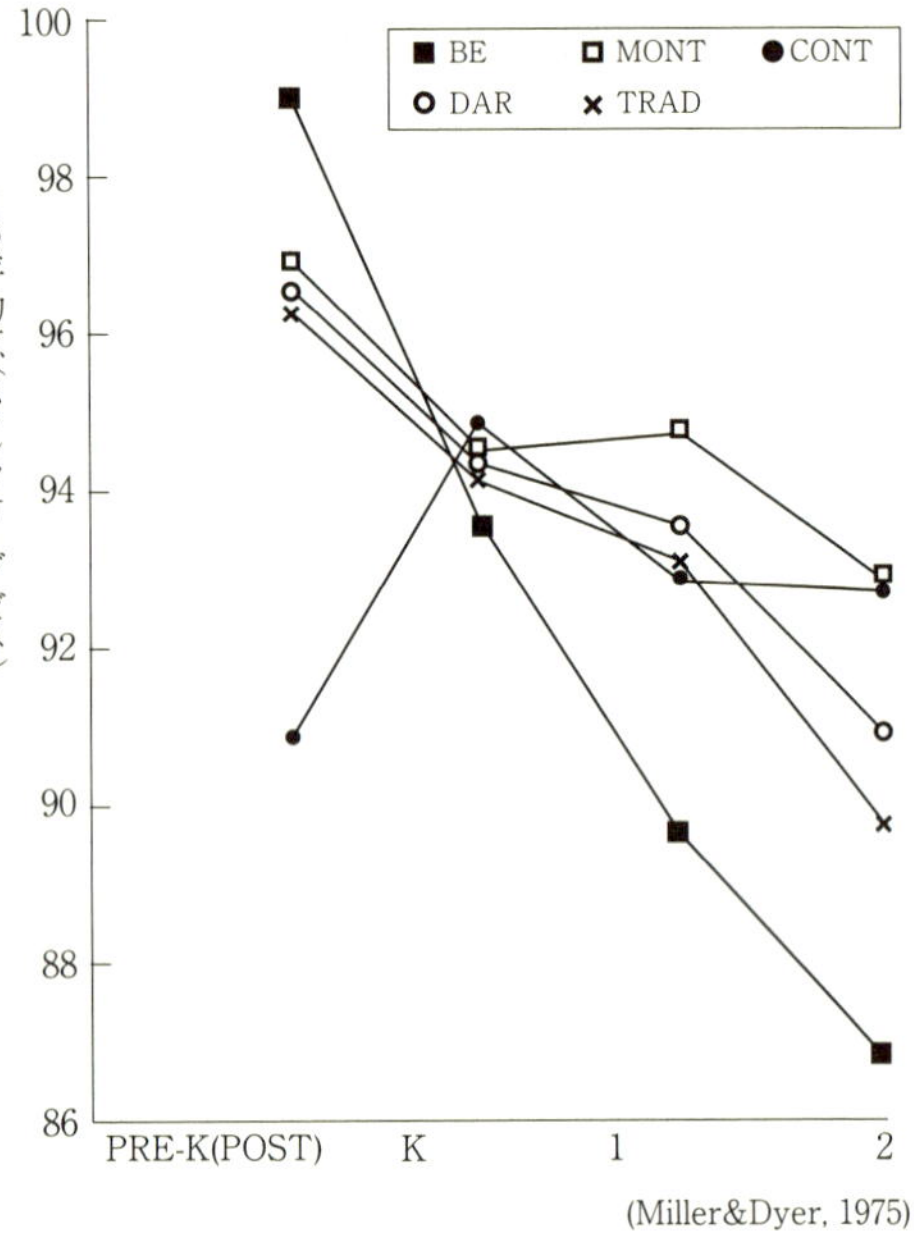

図1　四つのプログラムのIQの変化

くなっていることがわかる。[12]

これをグラフにしたのが図1である。

これをみると、とくに著しい得点をしめしているのがBEである。

BE－TRADは、IQに関してはDAR－MONTより最初は高得点であったが、小学校二年生の終わりには、徐々に変化している。結局はDAR－MONTの方が高くなっている。

私はこのように考える。

最も華々しい効果が上がったようにみえるBE方式だが、二年生段階での凋落ぶりは、結局、短期間の集中方式の効果は持続しないということであり、モンテッソーリ方式のように、知的教育も含むが、感覚教育に重きをおいたもの、特別な方法をとらなかったもの（MONT）の方が、変化が少ないのである。

このことは、幼児期における教育方法において、唯一絶対のものはありえず、まして集中管理方法（BE）は、効果が持続せず、ある特定の能力（例えば知的能力）だけをねらったものは、効果が少ないことを示しているようにみえる。

5　レーベンスティンによる「母子ホームプロジェクト」(Mother-Child Home Project)

P・レーベンスティン（Phyllis Levenstein）と、R・サンレイ（Robert Sunley）は、二歳段階の社会的不遇児を対象として、家庭という最も自然な形の母と子の相互作用の場において母親に働きかけることにより、言語的知能（Verbal intelligence）を養うことを目的としたプロジェクトを実施した[14]。

これは、不遇児は就園前における認知的遅滞、言語的欠陥が明確に表れており、この認知的欠乏が将来の経済的貧困と結びついているのを断ち切るという考えもあった。

実験は次のようにしておこなわれた。

実験グループ、比較グループを一二家族として、人種、住居、社会経済階層、母と子の言語的知能を一定にした。そして、実験Gに対して、ソーシャル・ワーカー（Social Worker）が四カ月間にわたり、一五回以上を訪問した。一回の訪問時間は、二〇分から五五分で、平均三二分であった。

訪問に際しては、言語的相互作用刺激教材（Verbal Interaction Stimulus Materials, VISM）として、オモチャや本を母子に提示した。この言語的相互作用のプレイセッションの間、教材の刺激特性を利用するよう母に働きかけ、積極的強化策として、母と子に「能力感」（Sense of Competence）をもたせるようにした。使った教材は、四カ月の終わりには、二三VISM（一六個のオモチャ、七冊の本）になった。

結果は、次の通りであった[15]。

まず、表8の実験群の子どものIQは、一三・七上昇した。比較群が〇・四下がっているので、合計一四・一の上昇になり、差がみられた。

母の方は、各々三、五、三、八の上昇で、差はなかった（表9）。

このことから次のことがいえる。

二歳の不遇児の言語的知能は、子どもたちと母親の間の言語的相互作用という刺激があれば上昇する。ただこのことを低階層全体に一般化するにはなお問題が残されている。

それは、今日の実験が、母親が就労していない家庭であり、父親も健在（欠損家庭でない）の家庭であるということ

実験グループ					統制グループ				
名前	性別	IQ（事前）	IQ（事後）	得点差	名前	性別	IQ（事前）	IQ（事後）	得点差
DG	女	94	110	+16	CL	男	100	105	+5
SB	男	82	95	+13	CB	女	82	66	-16
DF	女	73	89	+16	BJ	男	73	73	0
DV	男	69	98	+29	MH	女	69	72	+3
LS	女	71	73	+2	JD	男	80	86	+6
AH	女	66	72	+6					
平均		75.8	89.5	+13.7	平均		80.8	80.4	-0.4

表８　母と子のIQ（言語）の比較（子）

実験グループ				統制グループ			
名前	IQ（事前）	IQ（事後）	得点差	名前	IQ（事前）	IQ（事後）	得点差
DG	99	101	+2	CL	106	110	+4
SB	99	106	+7	CB	99	111	+12
DF	80	90	+10	BJ	85	86	+1
DV	67	72	+5	MH	74	68	-6
LS	61	57	-4	JD	66	74	+8
AH	95	96	+1				
平均	83.5	87	+3.5	平均	86	89.8	+3.8

表９　母と子のIQ（言語）の比較（母）　　（いずれも、Weikart, 1974）

である。

さらに、レーベンスティンらは、乳幼児の知的発達は、二〇カ月から四歳の間におこる家庭内の言語的発達に密接に関係しているという考えに立ち、一九六五年の「言語相互作用計画」（Verbal Interaction Project, ＶＩＰ）に基づいて、「母子の家庭計画」（Mother-Child Home Project, ＭＣＨＰ）により、実験をおこなった[16]。

高等教育を受けているToy Demonstrator（玩具実演指導者）が、二歳から四歳までの二年間、週二回定期的に訪問する。時間は一回三〇分、一〇月から翌年五月まで、合計九二セッションである。

このＭＣＨＰの哲学は、母親は、子どもの認知的社会化（Cognitive Socialization）のエージェント（agent）であるという考えにもとづき、どんなに母親の教育程度が低くとも、その年齢の子どもが要求する認知に関連したスキルや概念を教えることができるとい

表10　LQからみた不遇児に対する教育効果
p < .001

(Levenstein,1973)

	事前テスト平均	事後テスト平均	上昇得点
一般性IQ	89.8	106.0	16.2
言語製IQ	79.5	89.8	10.3

うことである。

そして、一九六七年、三〇家族を対象にして二年間おこなった。その結果、平均ＩＱ一七点上昇し、この傾向は就学後も続き、学業成績も上昇した。さらに、一九七〇年一〇月から一九七一年六月までの比較研究では、三七人の教育不遇児を対象としておこなったが、結果は、表10のようであった。[17]

ここでも、二歳から四歳の子ども家庭教育の重要性が指摘できる。これは、いわゆる「潜在カリキュラム」を意味する言語相互作用技術の必要性を考えさせるに十分なものがある。

第3節　アメリカにおけるヘッド・スタート計画の効果

一九六五年、ジョンソン大統領時代に、「貧困追放戦争」(War on Poverty) の一環としてはじめられた。ヘッド・スタート (head start) とは、「幸先のよいスタート」の意で、就学以後の段階で知的・情緒的発達や学業成績のうえでハンディのある不遇児を、就学前の段階における補償教育でその差を縮めようとするものである。「ヘッド・スタート計画」(Project Head Start) の評価については、これまで数々の評価がなされてきたが、一九八五年六月、合衆国連邦政府から、その評価についての最終報告書が提出された。[18]

著者は、ルス・H・マッケイ (Ruth. H. Mckey) を中心とする七人のメンバーである。報告書は大部なもので、内容は、

(1) ヘッド・スタート計画が幼児の知的発達に与えた影響
(2) ヘッド・スタート計画が、社会—情緒的発達に与えた影響
(3) ヘッド・スタートが、地域社会における子どもの健康に与えた影響

（4）ヘッド・スタート計画が家族に与えた影響
（5）ヘッド・スタート計画が地域社会に与えた影響
以上の五点について述べている。

ところで、この報告書の特色は、これまでに出されたヘッド・スタート計画に関する一六〇〇以上の文献、二一〇〇の研究報告書をコンピューターを使い、分析・総合したところにある。それらの結果の前述の五点に分けたわけであるが、ここでは、知的発達および情緒発達の面について焦点をしぼって述べてみたい。

1　ヘッド・スタート計画が子どもの知的発達に与えた影響

ヘッド・スタート計画に参加することによって、知的能力の発達にどのような変化がみられたか。テストは、知能テスト（IQ）、レディネス・テスト、学力テストの三種類のものが使われている。

その結果については、質問形式によって述べられている。

全体的影響

（1）
（質問）ヘッド・スタートは、子どもの知的能力に直接的、また積極的結果を与えているか。[19]
（答）はい、与えています。
この結論については、多くの研究が一致している。研究の方法や使用された具体的能力の測定方法を無視しても、子どもは、ヘッド・スタート参加の結果として、有意の直接的効果を示している（図2）。
（2）
（質問）ヘッド・スタートによって獲得した知的能力テストの得点は、長期期間保持されるか。[20]？

（答）一般的に、そういうことはありません。ヘッド・スタートの一年後において、ヘッド・スタート参加児と非参加

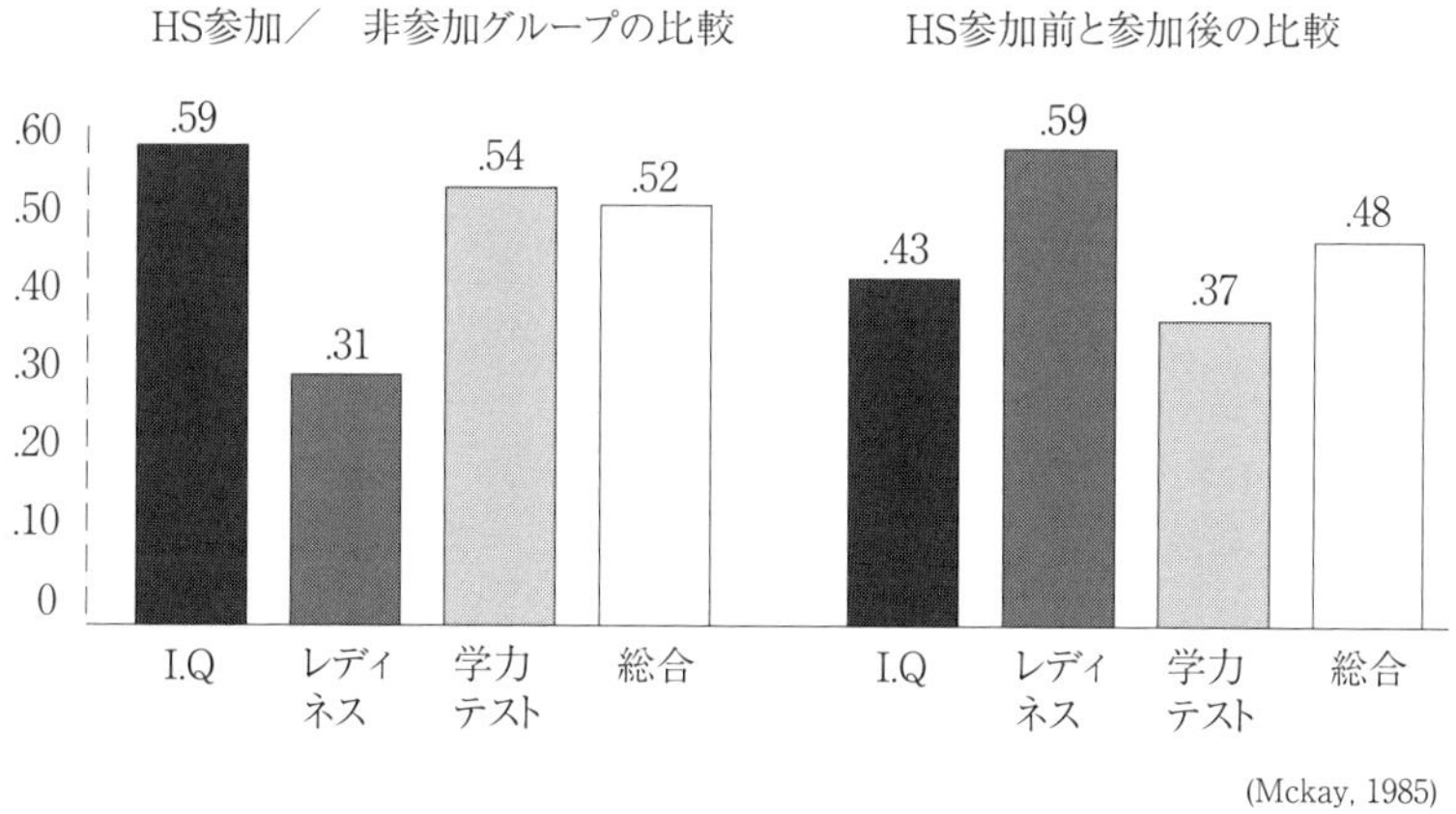

図２　知的能力に与えるヘッド・スタートの直接的効果

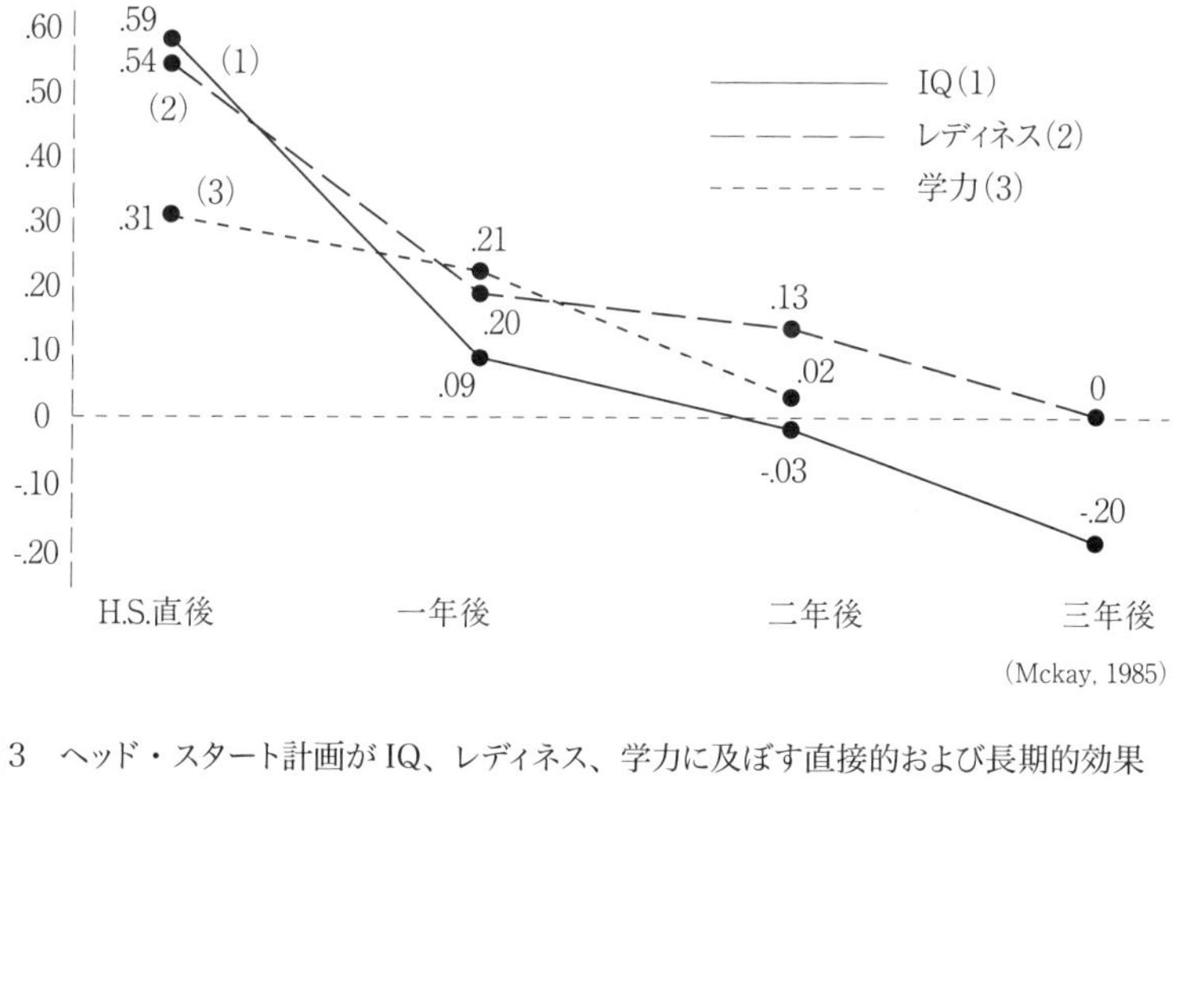

図３　ヘッド・スタート計画がIQ、レディネス、学力に及ぼす直接的および長期的効果

児の学力テスト、レディネス・テストの得点差は、教育上有意な差がみられる。しかし、二年生終了時までには、どんな測定結果も、有意差はなくなってしまう（図3）。

（3）

（質問）ヘッド・スタートは、その参加者に長期にわたる学校における成功に影響を与えているか？

（答）はい、与えています。しかしながら、ヘッド・スタートに参加した子どもは、参加しない子どもよりは、進級できなかったり、特殊教育学級へ行くことは少ないようにみえる。しかし、これは、ほんのわずかなデータにもとづいたものである。

（4）

（質問）カリキュラムが異なれば、子となる結果が生まれるか？

（答）はい、結果は異なります。しかし、ヘッド・スタート実施前と実施後の比較研究（Pre/Post Studies）と、実験群／統制群による研究（treatment/controlstudies）では、いくぶんか差がみられるか、両者とも、伝統的カリキュラム、認知カリキュラムやモンテッソーリカリキュラムよりも、高度に構造化された知的カリキュラムの方が、より大きい直接的効果を生み出していることがわかる。

しかしながら、ヘッド・スタート終了後、三年目の終わりまでには、両方のタイプの研究で四つのカリキュラムとも、知的効果の影響は小さくなるか、否定的になっている。また、長期にわたる影響はないといえる。

2　ヘッド・スタートが子どもの社会的情緒的発達に与えた影響

（1）

（質問）ヘッド・スタートは、子どもの自尊心、達成動機および、社会的行動に直接的積極的影響を与えたか？

（答）はい、与えています。

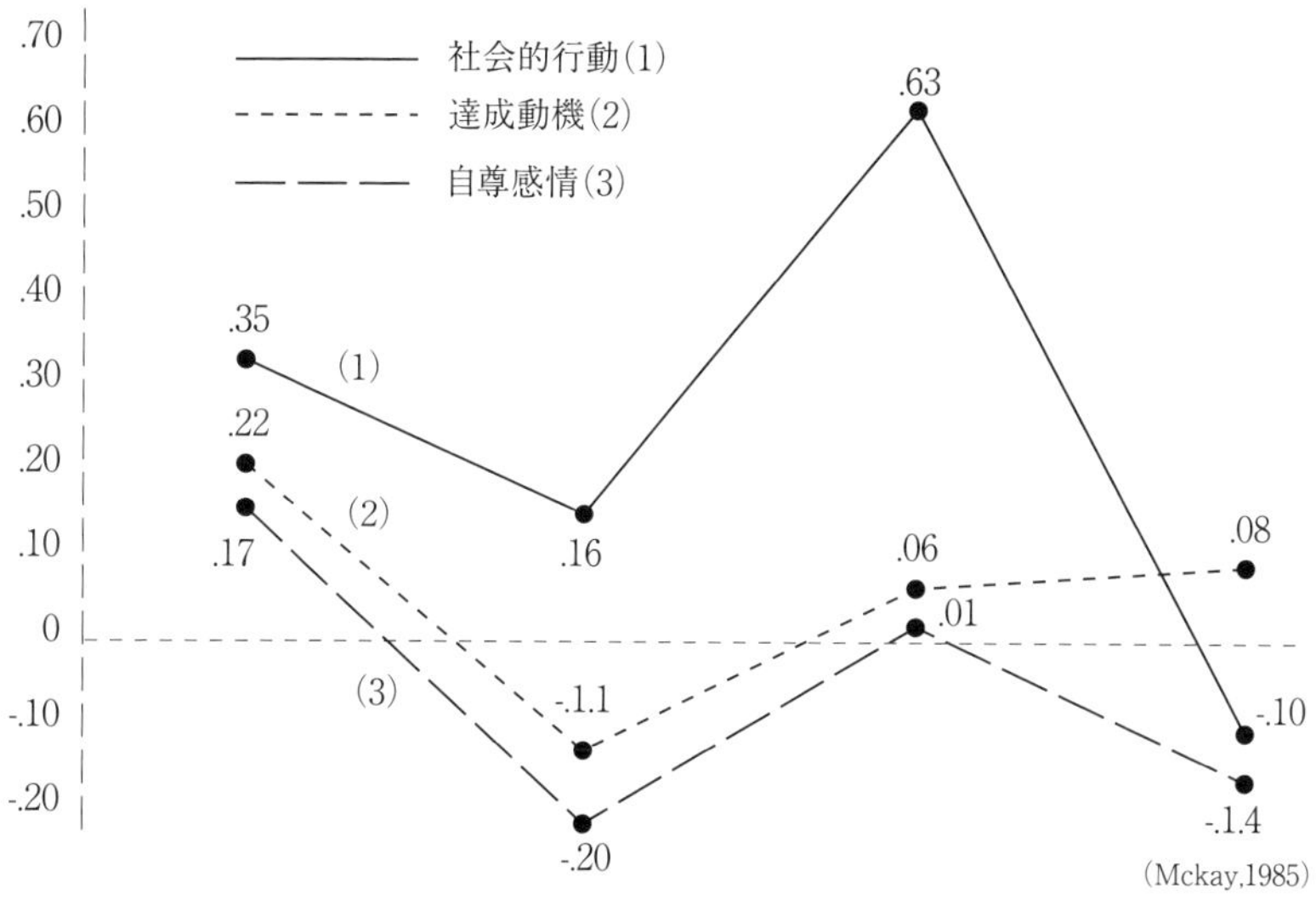

図4　自尊感情、達成動機、社会的行動に及ぼすHSの直接的、長期的効果

ヘッド・スタートの終了時には、参加しない子どもと比較して、前述の三つの領域で高い得点を獲得しています。

(2)

(質問) ヘッド・スタート直後にみられた社会情緒的成果は、ずっと後まで維持されるか[21]?

(答) あまりはっきりしません。

社会的行動についてみれば、ヘッド・スタート参加児は、参加しない子より、二年後において得点が高かったが、三年目の終わりには、非参加児の水準に落ちてしまっている。

達成動機と自尊心については、一年後に、参加しなかった子より下に落ちてしまっている。しかし、次の二年間に、非参加児と同じ水準にまで達している(図4)。

その他、重要な点についての結果をみてみると、例えば、「クラス内の少数民族の子どもの比率が、ヘッド・スタートの知的発達にどのように影響を与えているか」については、これは、二つの研究方法の違いより、結論が反対になっている。

すなわち、一方(実験群/統制群)では、クラス内の比率が五〇%以下か、それとも九〇%以上のクラスの方が、五一~八九%内のクラスより、知的能力の獲得に成果が上がっているのに対し、他方（事前／事後比較研究）では、九〇％より少ないクラスの方が、それより多いクラスより得点が高いのである。

しかし、達成動機についていえば、少数民族の子どもが九〇～一〇〇％いるクラスの方が七〇～九〇％のクラスより、ヘッド・スタート直後および、三年間は少しではあるが高いと報告されている。

また、家族的背景として、小家族で、両親がおり、母親の教育歴が高い家庭の子どもの方が、大家族で、片親家庭で、母親の教育歴が低い家庭の子どもよりも、ヘッド・スタート直後から三年後まで、達成動機が高いという報告もなされている。

次に、カリキュラムについては、ある理論にもとづいて作成されたカリキュラムと、理論にもとづかないカリキュラムでは、達成動機に与える差はあるかどうかについてみるならば、少なくとも差はあるとはいえないが、しかし、ヘッド・スタート直後においては、理論的カリキュラムにもとづいてプログラムを受けた子どもの方が達成動機が高かった。とくに、ピアジェ派の理論によるカリキュラムでは、はっきりしていたといえる。

以上が、ヘッド・スタート計画が与えた知的社会―情緒的影響である。

では、ヘッド・スタートは、全体的にみてどんな効果をもたらしたといえるのであろうか？

社会的・文化的・教育的に恵まれない家庭の子ども（the socially educationally disadvantaged）に補償教育を施すことが、ヘッド・スタート計画の一つの目的であった。

これまでみたように、即時的効果はみられるものの、長期的効果になると、一部のデータを除いて、はっきりしたものがないというのが現在までの結論である。

しかし、これをもって、ヘッド・スタート計画は失敗であったということは、やや早計にすぎるといえる。それは、教育計画の評価というものが、容易ではないからだと考える。

一つの教育計画の中のカリキュラムの評価においても、形成的評価（formative evaluation）ですら、多くの困難をともなうもので慎重を要するが、教育計画全体となると、さらにむずかしい問題があるといえる。

ここでは、知的側面として、ＩＱ、レディネス、学業成績、また、社会―情緒的領域として、自尊感情、達成動機、社会的行動が指標として取り上げられている。

これらは、指標として誤りはないものであると思われるが、一面からみると測定可能なものとして、取り上げられたものであるといえる。

しかし、ヘッド・スタートという教育計画のもたらしたものは、これのみにとどまらないはずである。有形、無形のものを残していることも見逃してはならないものである。

この点、ヘッド・スタートは、各々の地域社会の教育や人的サービス機関として、子どもたちや家庭に影響を与えている。とくに、ここでは取り上げなかったが、ソーシャル・サービス、健康、医療カウンセリング、栄養等の領域で成果も大きいものがある。

教育面についていえば、ヘッド・スタートは、地域社会の中にある学校と関係を深める機会になったし、ヘッド・スタートの思想が親のかかわり方の増大や、就学前幼児のカリキュラムの確立、親の要求、準専門職者の登用をめぐって、公立学校制度の中に移されてきていることも、大きな成果である。

また、ヘッド・スタートは、貧しい人たちの要求にもっと気づくことや、専門的補助をすることにより、地域の教育体制を変化させることに貢献している。そして、また、親に教育機会を提供し、教育的努力を続けることに援助できること、すなわち、家族への影響、親の教育観を変えることに力のあったことが、ヘッド・スタートの大きな成果だともいえるのである。

第4節　補償教育の評価

補償教育の思想的・社会的背景に対して、当初から種々の見解がみられ、学校教育が階層差や不平等の解消にどのくらい役立っているかについて見解が分かれた。以下、代表的な見解についての検討に入りたい。

1　ジェンクスの見解

ジェンクス（Christpher Jencks）は、一九七二年に三年間にわたる調査研究をまとめた。それが『不平等——アメリカにおける学校教育についての再評価[22]』である。

その中で、ジェンクスは、学校教育は、知的不平等の解消には何ら役立っていないと結論づけている。例えば、学校を社会的改革の手段として考えている人びとは、人びとの知的能力テストの成績の差は、その全部とはいえないが、彼らが受けた学校教育の量と質の差によって説明できる。したがって教育の機会を均等化することは黒人・白人・貧者・富者および一般の人びとを平等化するための重要な一歩となる。

しかし、ジェンクスは調査の結果は以上の考え方は誤っていると確信するに至ったと述べている[23]。

調査の結果、知的不平等は経済的不平等を説明するものとして少しも重要でないというだけでなく、教育的不平等も知的不平等を説明するものとして少しも重要ではないことをもわれわれは確信するに至った。

人が学校でうける教育の量はテスト成績に対してはある程度の効果を与えるが、学校教育の質はとくに差異を生じることなどほとんどない。だから教育の機会均等の重視は成人間の知的不平等を相当に減少させるであろうというわれわれの当初の考えは放棄された。

だからといって知的不平等はまったく遺伝的不平等に由来するとか、テスト得点に環境の影響をうけないなどとわれわれは考えているのではない。いわんとするところは、ただ子どもが学校で学習する結果に差異が生じるのは、学校が彼らに提供するものの相違ではなくて、彼らが学校へ持ち込むものの相違によるということである。

ジェンクスは、まことにショッキングな結果をわれわれの前に提出した。

それは、就学前教育についても同様である。「就学前教育をうけた子どもは、その修了時におこなった標準テストにおいて、就学前教育をうけなかった者よりもはるかによい成績をあげる。しかし就学前教育をうけなかった子どもも通常第一学年の終わりまでには、就学前教育をうけた子どもに追いついてしまう[24]」と述べ、就学前教育の計画が恵まれた子どもよりも、恵まれない子どもに対していっそう役立つことを示唆している研究は一つもないと言い切っている[25]。

ジェンクスらの研究は、学校そのものに対する評価の研究であるが、学校教育の知的不平等解消に否定的な彼らの見解は、補償教育について大きな問題を投げかけたといえる。

2　ヘッド・スタート計画に対するハントの評価

ヘッド・スタート計画は、一九六五年、アメリカにおいて、ジョンソン大統領の「貧困との戦い」の施策の一環としてなされた「社会的・文化的・教育的不遇児」のための補償教育計画である。

計画は、一九六五年の夏から、各地の「児童発達センター」を中心におこなわれた。短期コースは、五歳児を対象にし、八週間、長期コースは、四歳児を対象にした一年間のコースである。計画は、教育だけでなく、健康と栄養、福祉、両親の教育と、教育から医療までを、医師、栄養士、ソーシャルワーカー等、地域社会の人びとの協力を得て、主として、小学校や幼稚園教師、保母、大学生らが指導にあたった。

教育内容は、「豊かで楽しい経験、美しい情操を培う」ことをめざし、粘土、はり紙、遊び（読本、運動具、砂場）絵本、リズム等を取り入れておこなった。

代表的なプログラムは、ピアジェの認知理論にもとづいたプログラムで、量や数の「保存」や「対応」などの概念発達を高めるために実験作業を組織的に活用したり、認知発達の診断をしたり、思考過程を重視するものである。さらに、知的能力の改善をめざしてつくられたものとして、ベライター・エンゲルマン法がある。これは、「圧力釜方式」といわれるように、数や英語の構文の学習を中心におこなう短期集中方式である。ヘッド・スタートという新しい試みは、その効果に期待が寄せられたが、結果は必ずしもよいとはいえない。多くの評価研究が、プログラム実施後の知能テストや態度測定から直接的効果は認めているが、長期的効果については、例えばミラーらの研究では、二年後にまったく逆転するという結果となっている。

さらに、ヘッド・スタートを補強するものとして家族と子どもに対して総合的ないくつかの計画がおこなわれた（親子センター計画、健康計画、発達継続計画）。その一つ、「ホーム・スタート計画」(Project Home Start) では、一九七二年から、三歳から五歳の子どもを対象におこなわれた。これは、訪問指導員が、母親に家庭で、絵本や玩具の扱い方やしつけの方法を指導することにより、母と子の相互関係や学習経験を助長することにあたった。ホーム・スタートは、知的、情緒的発達に効果がみられることが報告されている。現在は、ヘッド・スタート計画の中に組み入れられ、Home-Visitor 計画となっている。

ヘッド・スタート計画に参画したJ・ハント (J. McV. Hunt) は、この補償教育計画の評価に関して、慎重に述べている。

ハントは、世間一般でいわれている「ヘッド・スタート計画」は失敗したという主張を受け入れるのは公平ではないという[26]。

たとえヘッド・スタート計画の恩恵を受けても、貧困家庭の子どもたちの成績は中産階層の子どもたちより、依然としてはるかに低かった……平均としてであるが。ヘッド・スタート計画は、貧困家庭の子どもたちが中産階層の子どもたちに追いつくことができるようにするという期待に関していえば、明らかに失敗であった。

しかし、追いつくには至らなかったということを別にすれば、ヘッド・スタート計画は多くのことを成し遂げたといってよいであろう。ヘッド・スタート計画が、子どもの学業成績に対して及ぼした直接の結果については、この結果に参加した子どものその期間の成績を同じような背景をもっていながら参加しなかった者の成績と比べ、得点がどの程度上がっているかで評価することができる。このようなアプローチをした研究のほとんどは、参加者は、非参加者よりも大幅な得点の増加がみられたことを報告している。しかし、この学業成績及び知能テストにおける差は、小学校入学後の一年間の終わりまでには、減少するかすっかりなくなってしまうのが普通であった。[27]

ヘッド・スタートの効果が入学後一年くらいにしてなくなってしまうという計画の評価に関してハントは慎重で、失敗説はとっていないようにみえる。

それは、次のような理由によると思われる。

（1）ハント自身は、ヘッド・スタート計画に先立つ何十年間支配してきた知能固定説を否定している。

（2）動物行動学の研究から出された「刻印づけ」（imprinting）の概念に関して、それを人間まで拡大することに反対している。

（3）エプスタイン（H. Epstein）の「フレノブリシス」（Phrenoblysis 精神急成長期）によれば、脳の発達、知能指数（IQ）、学力指数（SQ）、学力年齢（GA）の発達は、相関し、一四―一六歳、一〇―一二歳、六―八歳、二―四歳という二年ごとの増加ではっきり現れるという。

それによれば、ヘッド・スタートのおこなわれた四―六歳は、脳発達の二年ごとの増加の谷間にあたるということを、エプスタインの仮説の検討の中で述べている。[28]

ハントは、計画そのものの不備も以上の点にあると考えているので、評価に関しては断定的はなかったと考えられる。

3　幼児教育プログラムの縦断的研究による効果の研究――アメリカの場合――

ヘッド・スタート計画等の、連邦政府による補償教育の効果について疑問が出され、財政カット問題に発展しはじめた一九七六年、一一のプログラムの効果についての縦断的研究が、組織化された。そして、その結果について、尨大かつ繊細な報告書が発表された。この組織は、コンソーテイアム（Consortium）とよばれ、コーネル大学のI・ラザー教授（Irving Lazar）を責任者とし、プログラムの内容は、次のようなものであった[29]。

プログラムは、施設（センター）を中心とするもの（C）、家庭を中心とするもの（H）、両者の混合型（C／H）がある。

①フィラデルフィア・プロジェクト
（K・ベラー…The Philadelphia Project）……（C）
②児童発達研究所プロジェクト
（M・ドイチェ…Institute for Developmental Studies）……（C）
③両親教育プログラム
（L・ゴードン…Parent Education Program）……（H）
④早期教育プロジェクト
（S・グレイ…Early Training Project）……（C／H）
⑤カリキュラム比較研究プロジェクト
（M・カーンズ…Curriculum Comparison Study）……（C）
⑥母子家庭教育プログラム
（P・レーベンスティン…Mother-Child Home program）

⑦ヘッド・スタート・カリキュラム実験研究
(L・ミラー…Experintal Variation of Head Start Curriculum)……(C・C／H)
⑧ハーレム早期教育プロジェクト
(F・パーマー…Harlem Training Project)……(C)
⑨ペリー就学前プロジェクト
(D・ウエイカート…Perry Preschool Project)……(C／H)
⑩ミクロ社会的学習システム
(M・ウールマン…Micro-social Learning System)……(C)
⑪ニューヘヴン・フォースルー研究
(E・ジグラー…New Haven Follow-Through Study)……(C)

研究は、一九七六年から七年間おこなわれた。

その結果、次のような効果がみられた。

このグラフをみると、特殊学級への入級者、留年者、アンダー・アーチバーのどれをみても、統制群の子どもより、就学前プログラムを受けた子どもの方が結果がよかったことがわかる（図6－1、図6－2、図6－3）。そして、さらに次のことが具体的効果としてみられた。

就学前教育のプログラムで学んだ子どもは、統制群の子どもよりは、

①知能テストの得点が増え、それは、その後三～四年間は続くものである。
②小学校のほとんどの学年において、算数と読みの成績がよい。
③人種、性、能力、家族的背景において関係なく特殊学級入級者が少なく、留年者も少ない。
④プログラムに参加することは、子どもの学業成績や職業的アスピレーション（意欲）に対する、母親の態度に影響

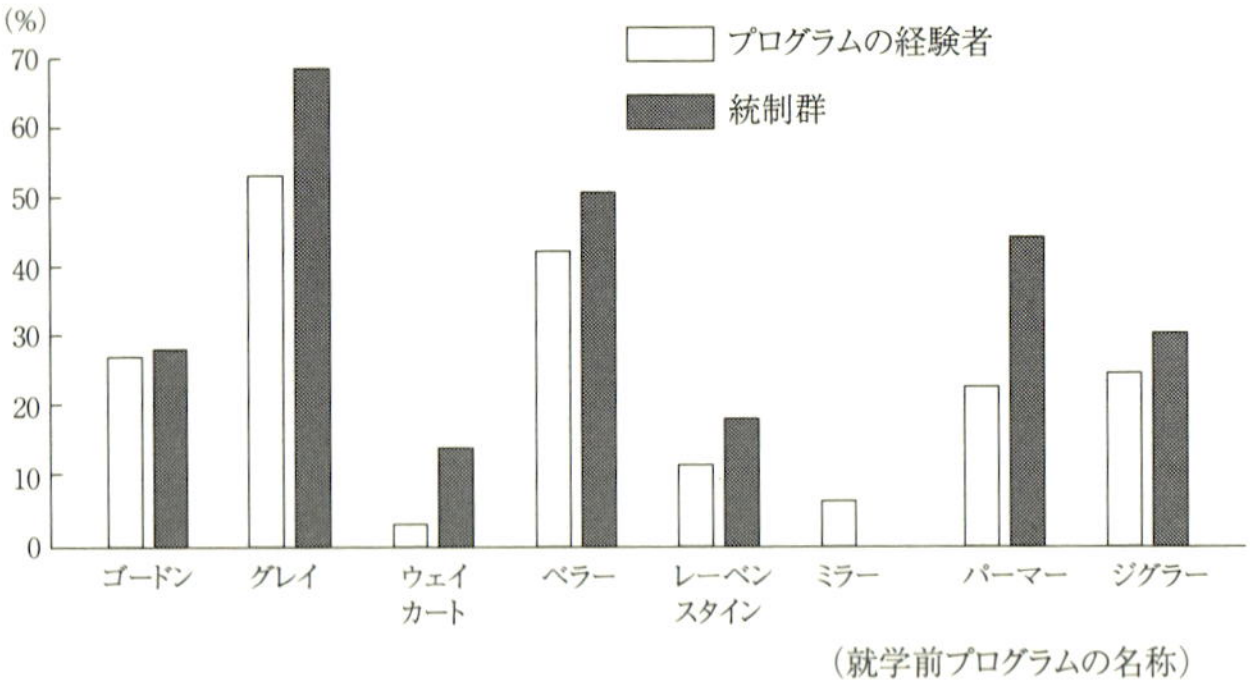

図6−1　留年した児童の割合(%)(Lazar, 1983)

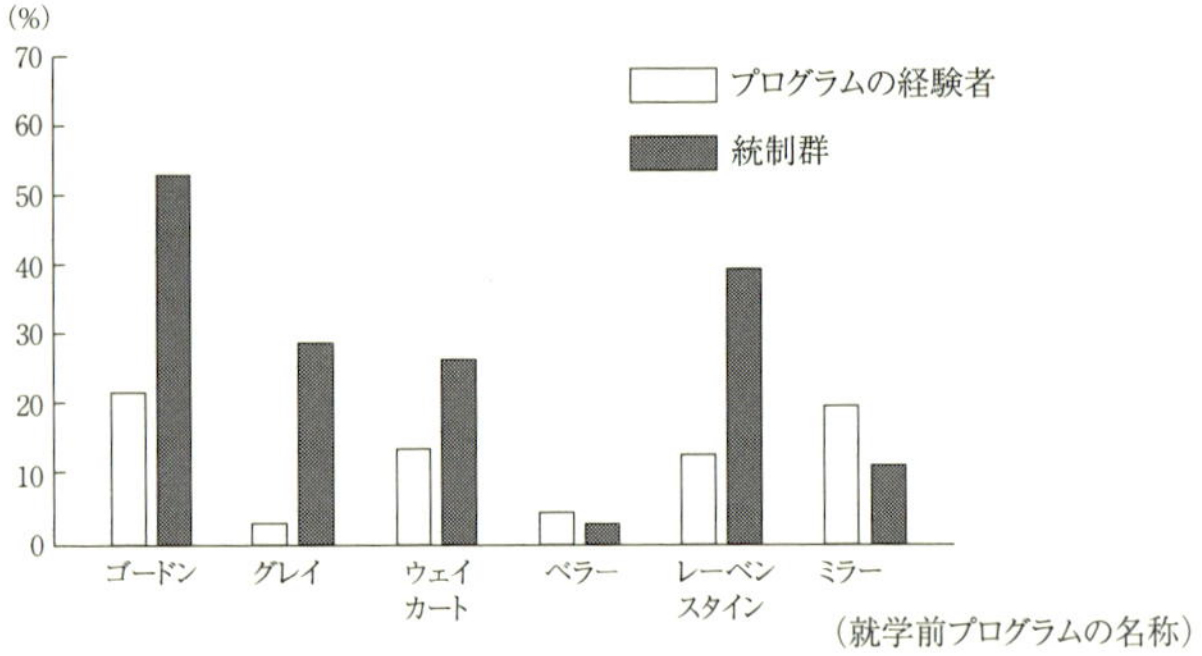

図6−2　特殊学級に入った児童の割合(%)(Lazar, 1983)

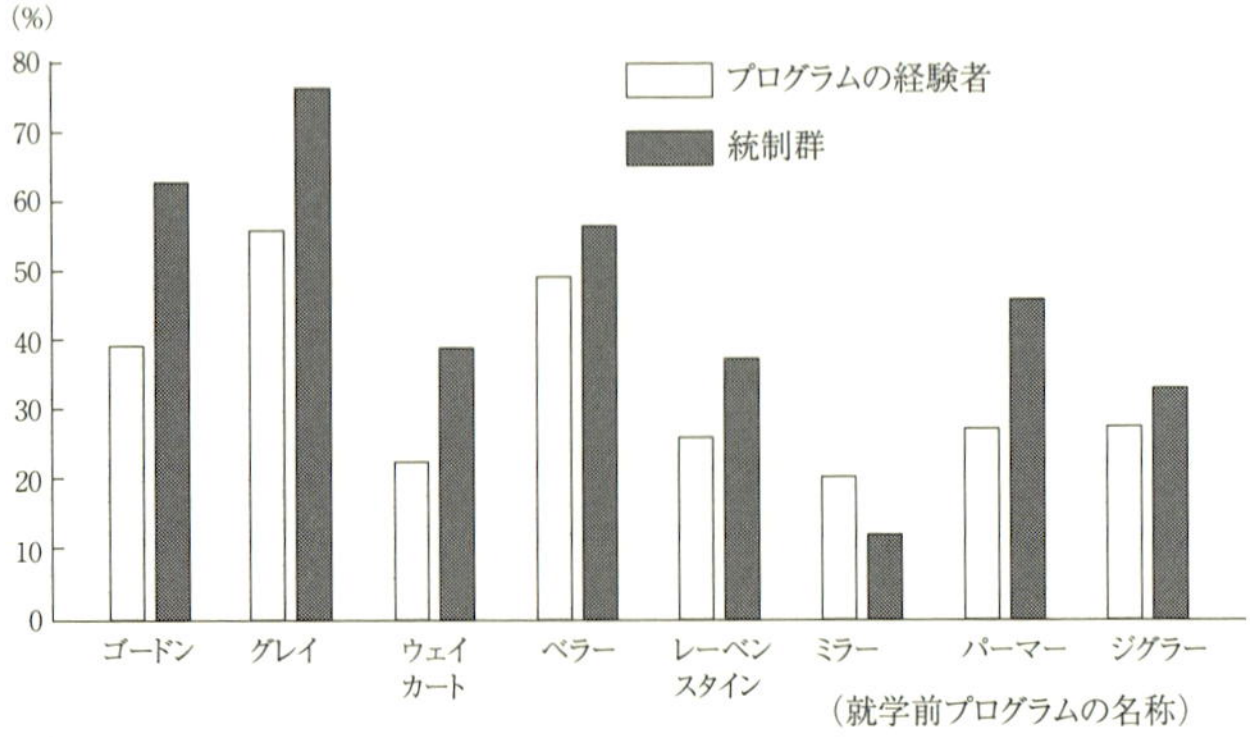

図6−3　アンダー・アチーバーの割合(%)(Lazar, 1983)

を与えている。

⑤高い自尊感情と高い価値観をもつ。職業的アスピレーションや期待感が高く、両親も高い職業的アスピレーションをもっている。

というものであった。

アメリカにおけるこのような多種多様な就学前プログラムの長期断続研究の比較により、興味深い結果が得られた。その結果の示すところは、知的能力・学業成績の向上よりも、プログラム経験児に「自尊感情」、「達成動機」、「職業的アスピレーション」が高いことである。第3節で述べたヘッド・スタート計画の評価や、わが国の研究結果と比較してみると共通性、差異性がみられることも興味深い点である。

4　補償教育と家庭教育

就学前幼児の補償教育については、ヘッド・スタート計画およびそれに続くものとしてのフォロー・スルー計画の検討が残されている。ハントのように非常に好意的な評価はあるにしても、多くの人は初期の目的を達していないことに対して厳しい批判を提出している。

補償教育は、幼児の知的・社会的・情緒的発達に影響を及ぼす文化的・社会的・教育的環境の貧困もしくは、遅れを補償しようとしておこなわれる教育計画であるが、とくに認知的領域、動機づけの領域の発達を考慮した経験、活動、教材に力点をおき、学習者の潜在的能力を発見しようとする試みである。補償教育は、社会的・文化的不遇児を対象とするが、その社会・経済的面の対策に対応する形でおこなわれて、はじめて効果あるものとなる。したがって、補償教育は、多くのマイノリティズの不遇児が、学校教育を受ける段階で立ち遅れのないように、教育機会の均等をはかるために、主として就学前に向けられている。補償教育の普及に大きな影響を与えたのは、知能発達の固定説に批判を加えたハントの知能の可塑性という考え方であり、また、発達心理学における、「初期経験」を重視する「発達の臨界期」

説であった。このことが、乳幼児心理の研究と幼児教育と家庭における母親の役割の重要を認識させる原動力になったことは事実である。

しかし一方で、各種の補償教育プログラムは、限界をもち、批判を受けたことも事実である。各種プログラムは、その目標も方法も新しい観点に立ち、その効果についても注目された。評価研究も種々なされたが、補償教育の直接的影響については、知能テストの得点（ＩＱ）による他のプログラムと比較研究がなされ、その直接的効果も認められた（例、ミラーとダイヤ、一九七五年）。例えば、ベライター・エンゲルマン法は、モンテッソーリ法、伝統的保育法、ＤＡＲＣＥＥプログラムとの比較では、即効的効果が認められたが、長期的には「剥落」現象がみられた。貧困家庭の子どもには、中流家庭と比較して、素質的に差はないが、「応答する」環境に差があるといわれ、家庭教育環境の改善をめざし、母親の再教育も含めた方向にむかっている。

そこで、幼児の発達の基盤となっている家庭における潜在的カリキュラム（hidden curriculum）に問題がうつるわけであるが、ここで検討した〝家庭に介入した〟諸計画は、それなりの成果をおさめているといってよいであろう。

しかし、家庭外の集団保育形態の中での比較研究の結果となると、ウェイカーやトミラー、ダイヤーの研究にみられるように、決定的な差は表れていない。

ベライター・エンゲルマン方式のように、短期集中方式は即効性は一時的にみられるが効果の持続性が期待できない。むしろ、伝統的保育形態が、特別な方法をとらなかった方が効果がみられることである。

これらのことを考えると、どんな形の保育プログラムも「決定的な効果」は少なくとも期待できないということかもしれない。しかし、そのことによって、就学前教育の必要性が半減することは少しもない。

レーベンシュタインらの研究にみられるように、家庭における母親の役割に注目し、母親自身が自己の無力観から脱し、人生観、幼児観を変えることに意義を見出していることは、今後もっと重視されるべき点である。

つまり家庭は親にとっても、子どもにとっても基本的な生活の場であり、人間形成の場である。とくに子どもにとっては、両親の相互関係の中で基本的生活習慣、社会関係を学び人格形成の基礎をつくりあげる「社会化」の場である。家庭における教育は、一貫した親の養育態度による、しつけ、相談、教授という意図的教育という面もあるが、無意図的またインフォーマルな面もある。学校のように組織的、体系的カリキュラムにもとづく教育の場というよりは、非組織的、非構造的な教育の場である。したがって、いわゆる潜在的カリキュラムが主要な部分を占めているといえる。

近年アメリカ等において、家庭における潜在的カリキュラムが幼児の認知発達に及ぼす影響について、注目されている。つまり、知的能力の発達の基礎となる経験や内発的動機づけが階層によって差があるのは、母親（あるいは父親）の幼児に対する認識の仕方（子ども観）や発達に対する考え方（発達観）、親が自分の子どもに果たしうる役割（母親観）に関係があるからだといわれる。低所得階層の母親の行動の中に言語的、知的刺激の提示が欠けるのは、母親が自らを無力な存在だと感じているからで、そういう意味で、親の人生観が色濃く反映しているわけである。

同様な傾向は、わが国においてもみられる。「幼児の知的能力を促進させるには、その働きかけを何歳ごろからおこなうのが適切であるか」という質問に対する回答として、「ひらがなを教える」「幼児向けのテストの練習をする」では、学歴、職業階層ともに差はみられないが、「クレヨンや鉛筆をもたせる」「積木を与える」では、高学歴、専門階層と低学歴、非熟練階層の母親に〇・九歳差、「自由に絵を与える」で父親〇・八歳、母親〇・七歳差、「できるだけ子どもに話しかけるようにする」で実に母親一・五歳の階層差がみられた（国立教育研究所、一九七六年）。これでみる限り、ハントのいう「応答性のある環境」に階層差がみられるわけである。

今日、教育といえば、明治以後の近代教育制度の整備にともない、学校教育が中心をなしているが、家庭教育は、社会教育とともに重要な分野の一つであることには変わりない。親の子どもに対する愛情、しつけの一貫性、家庭の構成員がその地位に応じて役割をもつことの中に家庭教育の基盤がある。近年の激しい社会変動、新旧価値感の相対化の中で、家庭は、さまざまな問題を引き起こしている。それらは、離婚、非行、情緒障害、登校拒否、家庭内暴力、児童虐待等である。このようなことが、家庭教育の重要性とまたいわゆる「親教育」の必要性を提起しているのである。

ヘッド・スタート計画の評価に関しては、評価をめぐって依然今日に至るも議論が続いている。ヘッド・スタート計画の効果に否定的なデータも出されている。[30] さらに慎重に進めようとする考えも出されている。[31] それが前進しようとするアメリカのよき伝統であるといえるだろう。

L・スペイティグ (Linda Spatig) らの研究によると、ヘッド・スタートに参加したグループと参加しないグループでは、親の収入、親の教育歴、民族、居住地域、社会的スキル等のうち、参加児にわずかに社会的スキルに差がみられ、それが間接的に学力に影響を与えていると推測できる程度であると結論づけている。そして、二年後には、ヘッド・スタートの効果は、まったくないと述べている。[30]

ジグラー(Edward Zigler) らの研究においても、ヘッド・スタート参加児と親にレディネス形成と親の生活行動に効果がみられたが、認知能力、情緒発達、健康状態にとくに効果はみられなかった。[31]

その他の研究も、同じような結果が報告されている。[32]

注

(1) C. Good, Ed., *Dictionary of Education*, 3rd ed. McGraw-Hill, 1973, p.121

(2)E. Evans, *Contemporary Influences in Early Childhood Education*, 2nd, ed. Holt Rinehart & Winston, 1975, pp.7-8. エヴァンスは、補償教育概念の批判的検討をおこなっている。

(3) The Report of the Select Committee on Equal Educational Opportunity United States Senate, ”*Toward Equal Educational oportunity*”, AMS Press, 1974, p.76

(4) G. Fein & A. Clarke-stewart, *Day are in Context*, 1973, John Wiley, pp.202-204

(5) *op.cit.*, pp.200-228

(6) David Weikart, Comparative Study of Three Preshool Curricula, in L. Miler & E. Gordon ed. *Equality of Educational Opportunity*, AMS Press, 1974, pp.281-292

（7）Ralph Scott, Research and Early Childhood Education, The Home Start Project, *Child Welfare* Vol. L111 No.2 Feb, 1974, pp.112-113
（8）*op. cit.* pp.112-119
（9）R. Scott, Head Start before Home Start, *Merril-Palmer Quarterly* No.13, 1967, p.318
（10）Louise Miller, Jean Dyer, Four Preschool Programs: Their Dimensions and Effects, *Monographs of Society for Research in Child Development*, No.162 vol.40 Oct.1975.
（11）*op. cit.*, p.115
（12）*op. cit.*, p.113
（13）*op. cit.*, p.116
（14）Phills Levenstein & Robert Sunley, Stimulation of Verbal Interaction between Disadvantaged Mothers and Children, *American Journal of Orthopsychiatry*, vol.38, 1968, pp.116-121（要約）
（15）*op. cit.* pp.118-120
（16）P. Levenstein et al., From Laboratory to Real World: Special Delivery of the Mother-Child Home Program, *American J. of Ortho psychiatry*, vol.43, 1973, pp.72-78
（17）*op. cit.*, p.75-76 より表作成
（18）R. Mckey et al.,The Impact of Head Start on Children, Families and Communities, *Final Report,* U. S. Dept, of HEALTH AND HUMAN SERVICES, 1985
（19）*op. cit.*, p.8
（20）*op. cit.*, p.9
（21）*op. cit.*, p.13
（22）C・ジェンクス『不平等――学業成績を左右するものは何か』黎明書房、一九七八年。ジェンクスは、近著において、人種・民族間の学力差の解消のためには、就学前教育の改善と家庭における親の教育（parenting）が重要であることを指摘しているが、詳細なブルー・プリントを持ち合わせていないと述べている。
Christopher Jenks & Meredith Phillips, Eds., *The Black-White Test Score Gap*, Brookings Institution Press, U.S.A. 1998.

他に、類書はいくつか刊行されている。例えば、A. Thernstrom & S. Thernstrom, *NO EXCUSES: Closing the Racial Gap in Learning*, Simon & Schuster U.S.A. 2004

(23) ジェンクス前掲書、八一―八二ページ

(24) 同書、一二七ページ

(25) 同書、一二八ページ

(26) J・ハント『乳幼児の知的発達と教育』金子書房、一九七六年、八三ページ

(27) 同書、八四ページ

(28) 同書、八一、八五―八七ページ

(29) I. Lazar et al., "Lasting Effects of Early Education," *Monogragh of Society for Research on Child Development,* vol.47, No, 195 1982. I. Lazar, "Social research and Social Policy", in R. Haskins et al. eds., *Care and Education of Young Children in America*, Ablex, 1980. Consortium for Longitudinal Studies, *As the twig is bent…*：*Lasting Effect of Preschool Programs,* IEA, 1983

(30) J. Ellsworth et al., *Critical Perspectires on Project Head Start*, SUNY, 1998, pp. 264-270

(31) E. Rose, *The Promise of Preschool: From Head Start to universal Pre-kinderearten*, Oxford Univ. press, 2010. E.Zigler et al., *The Hidden History of Head Start*, Oxford Univ. Press, 2010, pp. 324-328

(32) E. Zigler et al., *Teagedy of Child Care in America,* Yale Univ. Press, 2009. 添田久美子『「ヘッド・スタート計画」研究』学文社、二〇〇五年。陶山岩見『ヘッド・スタート研究』近代文芸社、一九九五年、二〇五―二二一ページ

第11章　わが国における「学力」問題と「教育格差」問題

現在、「ゆとり教育」＝「新学力」論にかわり、二一世紀型ともいうべき、「学力問題」が「学力低下論」という形でクローズアップされている。さらに、「教育格差問題」が、それにさらに拍車をかける形で問題視されるようになってきている。それらに関する研究書は枚挙にいとまがないほどで、厖大な数にのぼっている。その内容も多岐・多数で百家争鳴の観がある。

全体を見渡して論ずる能力は私にはないので、いくつかの視点を通して、それらの論点とそれらに欠けていると思われる問題点をあげたいと思う。

第1節　学力問題の背景

1　今日の「学力低下」論の時代背景

敗戦後の新教育制度下における、「学力問題」は、「問題解決学習」対「系統学習」という形の論争として展開された。[1] 一九六〇年代に入り、世界的な科学技術の発展に伴い、また東西の冷戦構造を背景に「科学技術教育」及び「技術革新」（イノベーション）さらに「情報化社会」が、教育改革のスローガンとされた。

ブルーナー(J. S. Bruner) は『教育の過程』(The Process of Education, 1960) 等により、「学校は、科学の最前線の

知識」を取り入れ、「子どもは、小さな科学者」(a little scientist) として探究する存在であると述べた。いわゆる「学問中心カリキュラム」(discipline curriculum) の登場である。

「教育内容の現代化」が、わが国でも声高に叫ばれたが、定着したものにならなかった。

ブルーナーが『教育の過程』で提出した仮説「いかなる原理(概念)も、知的に率直な形で、どの年齢のどの子どもにも、効果的に教えることができる」が、わが国では、あたかも「定説」のごとくに理解され、そのころ盛んになりつつあった「早期教育・早教育」論に拍車をかけるというやや的はずれの受け取り方がされた。

現代の「学力低下」論は、一九九八(平成一〇)年の学習指導要領の改訂(教育内容の三割削減)に合わせるかのように起こってきたようにみえる。

長尾彰夫は、百家争鳴の観のある「学力低下」論について、興味深い分類をしている。[2]

(1)「学力低下」は国を滅ぼす――国家危機説＝西村和雄他「分数ができない大学生」
(2)「ゆとり教育」そのものに原因が――ゆとり教育見直し説＝大森不二雄「ゆとり教育亡国論」や文部官僚他
(3)やっぱり基礎・基本の学力が大切だ――基礎学力防衛説＝大野晋他「学力があぶない」
(4)社会階層を反映した学習意欲の低下が問題――社会階層拡大説＝苅谷剛彦「階層化日本と教育危機」他
(5)今や子どもたちは「学ぶ」ことから逃走し始めた――学びからの逃走説＝佐藤学「学びから逃走する子どもたち」
(6)学力は本当に低下しているといえるのか――「学力低下論者」批判説＝加藤幸次他「学力低下論批判」

以上のごとくである。

加藤幸次は、この間の事情を、概略次のように述べている(3)。

一九九八年ごろから、最初はわずか数名の人によって、学力低下論が叫ばれたことに端を発している。京都大学教授西村和雄他『分数ができない大学生』、和田秀樹『学力崩壊』、文部官僚大森不二雄『「ゆとり教育」亡国論』等が出版され、マス・メディアが大きく取り上げた。その後、東京大学の佐藤学、苅谷剛彦、藤田英典らが、著作、雑誌の座談会を通して、学力低下論に賛同していった。

そして、二〇〇二年、文部科学省『確かな学力向上アピール「学びのすすめ」』が発表され、学力低下論の一方的勝利に終わった。

その間に発表された図書リストは以下の通りである。

一九九九、二〇〇〇（平成一一、一二）年に発行された図書リスト

・岡部恒治／戸瀬信之、西村和雄編『分数ができない大学生』一九九九年六月（東洋経済新報社）
・和田秀樹『学力崩壊』一九九九年八月（PHP研究所）
・戸瀬信之／西村和雄／和田秀樹著『算数軽視が学力を崩壊させる』一九九九年九月
・西村和雄他編『小数ができない大学生』二〇〇〇年三月（東洋経済新報社）
・大森不二雄著『「ゆとり教育」亡国論』二〇〇〇年八月（PHP研究所）
・和田秀樹／寺脇研著『どうする「学力低下」』二〇〇〇年一二月（PHP研究所）
・西村和雄編『学力低下が国を滅ぼす』二〇〇一年三月（日本経済新聞社）

一九九九～二〇〇一（平成一一～一三）年に発行された雑誌リスト

・徹底討論「子供の学力は低下しているか寺脇研 × 苅谷剛彦」（『論座』一九九九年一〇月号、一二—四五ページ）
・徹底討論「学力低下の危機有馬朗人 VS 苅谷剛彦」（『論座』二〇〇〇年三—四月号、六八—八五ページ）

・特集「学力低下――日本の深い危機」（『世界』二〇〇〇年五月号、七六―一一九ページ）
・佐藤学／中西新太郎／上野謙爾／佐藤勝彦／尾城久雄／善元幸夫／浅沼茂／苅谷剛彦「『中流崩壊』に手を貸す教育改革」（『中央公論』二〇〇〇年七月号、一四八―一六三ページ）
・「学力低下――校長たちの言い分」（『中央公論』二〇〇〇年八月号、二一七―二六四ページ）
・「親たちよ！教師たちよ！」（『文藝春秋』二〇〇一年三月、一三〇―二九九ページ）
・特集「学ぶってなんだろう教えるってなんだろう」（『世界』二〇〇一年四月号、九六―一三七ページ）

加藤の述べる以上の点に加えて、佐藤学は、学力低下論の背景について、別の指摘をしている。(4) それは、一九九八年の学習指導要領の「教育内容の三割削減」と少子化に伴う高校入試と大学入試における受験競争の衰退と、もう一つ大きな要因は、「受験競争の冷却化による受験産業の危機である」という。受験競争の冷却化により、予備校や塾などの受験産業は、「バブル期と比較して三割も収益を減少させていた。「学力低下問題」は、経営危機にあった予備校や塾を活性化させ、「学力問題」をめぐる集団ヒステリーが頂点に達した二〇〇五年ごろには、「戦後最大の収益」をあげるにいたった。以上のように佐藤は述べている。

マス・メディア、予備校・塾および識者の「学力低下論」が国民的集団ヒステリーを起こした原因をみてとることができる。

教育の問題は、常に国民的関心の的である。しかも、教育の問題は、誰が発言しても、百パーセント正しいこともないが、百パーセント間違っていることもないというむつかしい問題である。なぜマス・メディアが大々的に取り上げたかは、「教育ジャーナリズム」の姿勢の問題であろうが、現実は、不確定要素が重なり合っているが、それが諸勢力の社会力学的関係によって現実として確定されるもののようである。

2 現在の学力論の諸問題

「学力低下論」が叫ばれて一〇年余の年月が経つが、議論が十分になされ、一定の理解が得られたとはいい難い。それは、まずもって「学力」の定義が、論者によって異なるからである。

学力というも、「基礎学力」なのか、「応用学力」も含むのか。「知識」だけなのか、「思考力・判断力」あるいは、「意欲・関心」まで含むのか、さまざまである。

一例をあげると、東京大学学校教育高度化センター編『基礎学力を問う――21世紀日本の教育への展望』（二〇〇九年）においても、学力問題の国際的背景や、学力の構造・位相、文部科学省の「学力観」については分析されているが、肝心の二一世紀の日本的学力――学校がめざすべき学力は、はっきり示されていない。強いていえば、PISA型学力の原型とされる「コンピテンス」（知識高度社会において要求される一般能力）と「リテラシイ」（「コンピテンス」を学校教科の領域において具体化した知的能力）が、中心をなすようである。

国際学力テストの順位低下にもとづく学力低下論

近年の学力低下論の多くは、二〇〇六年のOECDのPISA調査とIEA（国際到達度評価学会）のTIMSS調査のランキング低下にもとづくものが多い。

佐藤学も同様の指摘をしている。(5)

とくに、マス・メディアがテストの順位の低下を大きく取り上げたことが、低下論に拍車をかけた。

苅谷剛彦は国際学力テストの順位低下を認めつつも、「学歴貴族制」への反発を背景とした「ゆとり教育」の推進が、逆に、「学力格差」を生み出したと主張している。(6)

教育の多様性や自己選択を強調され、学習量が減少した結果、とくに家庭学習の質的・量的差が一定の階層に有利に働き、階層格差によって学力格差を生み出したと述べている。

苅谷は、また、わが国の一九六〇年代の「全国学力テスト」と二〇〇七年のデータを詳細に比較分析した結果、当初、目標とされた都道府県間の格差はなくなり、教育条件の均等化が進んだ。しかしながら、同一県内での学力格差の問題が生まれている。それは、一〇〇〇人あたりの生活保護率が示す貧困層の存在である。しかも、(文部科学省は）大きな政策課題であるにもかかわらず、格差問題に沈黙を続けているという。

そして、次のように結論づけている。(7)


〇七年データから浮かび上がってきた県内の学力の散らばりの原因は、学校内にあるよりも、学校外にあると考えた方がよい。子どもが生まれ育つ家庭環境の影響であり、そこに、家庭の教育条件を均質化するだけでは埋めることのできない格差が、学校外でつくられているのである。


これは、前章でふれたように、一九六〇年代から七〇年代にC・ジェンクスやJ・ブルーナーがアメリカの教育問題として指摘したこととまったく同じ指摘である。ジェンクスが述べたことは、「子どもが学校で学習する結果に差が生ずるのは、学校が彼らに提供するものの相違ではなく、彼らが学校に持ち込むものの相違によるということである」ということであった。それが四〇年から五〇年後の現代の日本の教育問題になっているということであろうか。

ただ異なるのは、アメリカではブルーナーは、問題は「家庭教育」のほかに「学校教育」と「就学前教育」の問題を指摘したことである。そして、ブルーナーやM・ハントらの助力により、一九六五年の就学前と家庭教育の改革をめざす「ヘッド・スタート計画」(Head Start Project) の創設につながったことである。

では、苅谷のいう「学校外にあるもの」とはなにか。ジェンクスのいう「学校へ持ち込むもの」とは何かが問題となる。

それは「塾」での学習の差なのか、家庭環境の差なのか。就学前教育の差なのか。

3 「学力低下」論批判

マス・メディアや研究者の学力低下論に対するいくつかの批判もあった。

(1) 第一は、加藤幸次を中心とする個性化教育を推進してきたグループによるものである。そのひとつは、テスト成績の順位の低下に対する批判である。過去のテストの成績をみる限り、得点がとくに下っているわけではない。しかし、アジア諸国の参加等による参加国数の増加等により、順位が下がったことのみをマス・メディアは一方的に取り上げる傾向があった。また、国際学力テストのような比較調査には、調査対象のサンプリングの問題、テスト問題の言語的・文化的バイアスの問題等があり、これらを考慮する必要があると批判し、「ゆとり教育」が学力低下の原因ではないと主張した[8]。

(2) 第二は、神永正博が、OECD(経済協力開発機構)がおこなった「生徒の学力到達度調査」(PISA学力調査)を、参加国の数の変動を考慮した順位と過去三回、二〇〇〇年、二〇〇三年、二〇〇六年すべてに参加した国の順位を示している[9](表1・2)。

参加国が増加すれば「順位」は変化する。しかし、数値でみると必ずしも、学力が低下しているとはいえず、二〇〇〇年と二〇〇六年の「読解力」は、大差がなく、とくに学力は低下していないといえる。

さらに、IEA(国際数学・理科教育動向調査Timss、二〇〇三年)の結果を見るとOECDの結果では、数学リテラシーで順位を徐々に下げているが、IEAでは、算数・数学で順位を上げ、理科はあまり違いがないという結果である。

その結果「日本の子どもたちの学力が大幅に落ちた、とは考えにくい」と結論づけている。

これは、数学者がデータにもとづいて結論づけたもので、大変興味深い。

評価項目	2000年	2003年	2006年
読解力	8位/32（=25%）	14位/41（= 34.1%）	15位/57（= 26.3%）
数学的リテラシー	1位/32（=3.1%）	6位/41（=14.6%）	10位/57（= 17.5%）
科学的リテラシー	2位/32（=6.3%）	2位/41（=4.9%）	6位/57（= 10.5%）

表1　比率でみた場合の成績の変化（PISA2000、2003、2006）注：分母の数字は参加国数

評価項目	2000年	2003年	2006年
読解力	7位	13位	11位
数学的リテラシー	1位	4位	6位
科学的リテラシー	2位	1位	3位

表2　参加国を揃えた場合の順位の変化（PISA2000、2003、2006）

（3）本田由紀は、苅谷剛彦の「学力低下論」を厳しく批判している。[10]

それは、苅谷がいう「ゆとり教育」=「児童中心主義」による「勉強時間の減少」が「学習意欲の差」を生み出し、「学力低下」になっているとした点について、第一に、苅谷が根拠にしている「ベネッセ教育研究所」の一九九八年データの不確実性である。

第二に、「勉強時間の減少」が「ゆとり教育」に起因すると本当にそう言えるのかという点である。

事実は「子ども自身の生活構造の変化により彼らにとっての学校生活や教師の」重要性が小さくなっているのであれば、勉強時間の減少もそうした子どもの生活や価値観の変化から生じていると考えるのが自然であり、「ゆとり教育」など学校教育側の問題に帰すことはできないはずである」と述べ、「ゆとり教育」が子どもたちを学校教育に惹きつけるだけの力を持ち得なかったことは否定できないが、だからといって、「ゆとり教育」のみを勉強時間の減少や学力低下の原因として攻撃することにどれだけの意味があるだろうかと疑問を提出した。

これは、滝川一廣が一九九四年に指摘した点と共通している。

つまり、現代学校はその「聖域性」をすでに失っており、「教育」そのものが多様化し、学校外教育に親や子どもの関心が移っているという指摘である。

「学力低下論」が、依然としてすっきりしないのには、いくつかの理由がある。
①本来の「学力」論と「学力低下論」が混同されて議論されてきたことである。
②今日の「学力低下論」がマスコミ、研究者、評論家、文部官僚等の間のいわば教育現場からいえば「外野」の「論」または「論争」であり、現場の教師の声や国民の声は一向に反映されなかったことである。
③「学力低下」の要因として、家庭的背景や社会的文化的背景という「外的要因」が指摘されたが、「学校教育」に内在する「内的要因」が十分検討されたとはいえない。
「ゆとり教育」が批判されたが、「授業時間数・教育内容の分量・教育方法」や、さらに「教師の専門職性」として、教師の力量（専門的知識や授業能力）等を対象にする必要があろう。

秋田喜代美は、佐藤学らとの東京大学グループの共同研究で、佐藤が指摘した日本の教師の研修の質・量がともに四六カ国中最低レベルにあることを無視して「教師の力量形成」を論じている。(11) しかしながら、これは空論である。教師の力量形成、つまり資質の向上のためには、息の長い計画が必要であり、当然、財政的裏づけが必要である。

しかしながら、現実の学校は、学力向上政策が打ち出され、「数値目標」による企業型の教育経営や競争が進行している。

加えて、OECDのデータによれば、わが国の財政状況の悪化により、公的支出からの教育支出は、対GDP比で三・四％であり、OECD加盟国中、最下位である。

わが国は現在、学力向上にとって深刻な状況にある。

4 「教育格差」の背景

次に、アメリカで一九六〇年代にもちあがった教育格差論が、今、わが国で社会問題化している現状と背景を探ってみたい。

その内容は、

①教育機会不均等論（不平等論）にもとづく教育格差論――教育機会平等神話の崩壊

②学歴格差による教育格差論――学歴の世代間移動論

③経済格差（貧困）もとづく教育格差論

④「家庭教育」＝「家庭の教育力」の差による教育格差論

⑤「文化資本論」にもとづく教育格差論――P・ブルデューらの理論による分析

しかしながら、現実には、以上の分類のような単独要因で格差が存在するわけではなく、相互に重なりあって重層要因となって格差が存在していると考えられる。

（1）学力テスト成績と家庭の階層差

・文部科学省の見解

文部科学省は、「全国学力・学習状況調査」（いわゆる「全国学力テスト」）の結果について、地域や家庭の経済状況と学力格差については見解を出していなかったが、二〇〇九（平成二一）年度『文部科学白書』で、この問題に関する見解を、次のように述べている[12]。

近年、相対的貧困率が、他国は低下しているのに、わが国だけが高くなっており、また就学援助の対象になる児童生徒が増加している。それを「全国学力テスト」の結果からみると次のようになっている。就学援助を受けている生徒の割合と学校の平均正答率の関係をみると、「就学援助を受けている生徒の割合が高い学校は、就学援助を受けている生徒の割合が低い学校よりも平均正答率が低い傾向が見られます。ただし、就学援助を受けている生徒の割合が高い学校は、各学校の平均正答率のばらつきが大きく、その中には、平均正答率が高い学校も存在します」

次に、家庭の経済状況と学力の関係をみると「全国学力テスト」の正答率と家庭の世帯年収との関係に関して、五つの政令指定都市一〇〇校を対象に追加調査をした結果、一部の年収区分を除いて、世帯年収が高いほど正答率が高い傾向がみられるという。

以上のようである。

ここに、はっきりと「家庭の世帯年収」と「学力テスト」成績が関連することを文部科学省も認めたわけである。

明石要一（教育学）は、「子どもの体験活動の実態に関する調査研究」（国立青少年教育振興機構）の座長を務め、研究会のまとめを次のようにおこなっている[13]。

研究会は、「子ども時代の多様な体験が、成長に欠かせない」として、とくに家庭での生活体験（夏は海、冬はスキー、日常生活では、塾やおけいこ、スイミングなどのスポーツ体験）が重要で、経済格差が、体験の「差」に影響し、学力格差を生んでいるという。

そして、経済的に、「家庭の経済格差」→「子どもの体験格差」→「子どもの学力格差」になり、最終的には、「学歴」の差にもなると指摘した。

(2) 学力格差は、地域との「つながり」の差

志水宏吉は、一九六四年と二〇〇七年の「全国学力テスト」を比較して、六四年テスト結果の差は、「都道府県別格差」から変化し、現在は、「つながり格差」が、学力格差になったと結果づけている[14]。

学力要因となる人口的要因―総人口や年少者割合、経済的要因―消費支出額や生活保護率、教育的要因―学校教育費割合や大学進学率など、三五指標をもとに割り出した結果、六四年テストでは、「教育量娯楽量」「大学進学率」の項目が、学力との相関が高かったが、二〇〇七年テストでは、「持ち家率」「離婚率」「不登校率」と三指標が浮びあがって

きた。これらは、いずれも近隣社会とのつながり、祖父母、親せき、地域とのつながりを示すもので、この「つながり」の豊かな自治体の子どもの学力は相対的高く、逆に「つながり」が揺らいでいる地域の子どもの学力が低いと結果になった。

この「つながり」は、「社会関係資本」ということであり、それは、通常「信頼関係」「きずな」「ネットワーク」「コネ」という言葉で表される「人間関係が生み出すか力」のことである。

今後の課題は、この「つながり格差」のしわ寄せを受けやすい社会階層の子どもの基礎学力をどう保障するかであるが、それは、この「つながり」を地域・家庭・学校の中で構築することであると結論づけている。

（3）発達心理学・教育学からの見解

二〇一〇年四月におこなった「全国学力テスト」（今回は三割抽出）の結果について、文部科学省は、「幼稚園と保育所に通った子ども」と「全く通わなかった子ども」の「学力テスト」の平均正答率を発表した（図1）。

その結果、小中学校の平均正答率は、「幼稚園」「保育所」「どちらにも通っていない」の順に高かった。正答率の差をみると、幼稚園と保育所とでは、三・三ポイント（小学国語B）〜六・三ポイント（中学数学B）であった。「幼稚園」と「どちらにも通っていない」では、一〇・八ポイント（中学国語A）〜一七・三ポイント（小学国語B）であった。

この点について、内田伸子（発達心理学）は、「結果は、幼稚園・保育所の教育の差を表すとは考えづらい。むしろ世帯の所得格差や家庭状況が学力差につながっているのではないか」と指摘している。(15)

また、無藤隆（発達心理学）も同様なコメントを出している。

「小六や中三段階でも差があることを考えると、家庭環境の差が要因として大きい可能性がある」。(16)

両者は、その原因を「幼稚園」「保育所」の教育の結果よりも、家庭の所得や家庭環境の差に求めている。果たして、「幼稚園」「保育所」「通わなかった」子どもの「学力テスト」の正答率の差が世帯の所得の差や家庭環境の差であると、

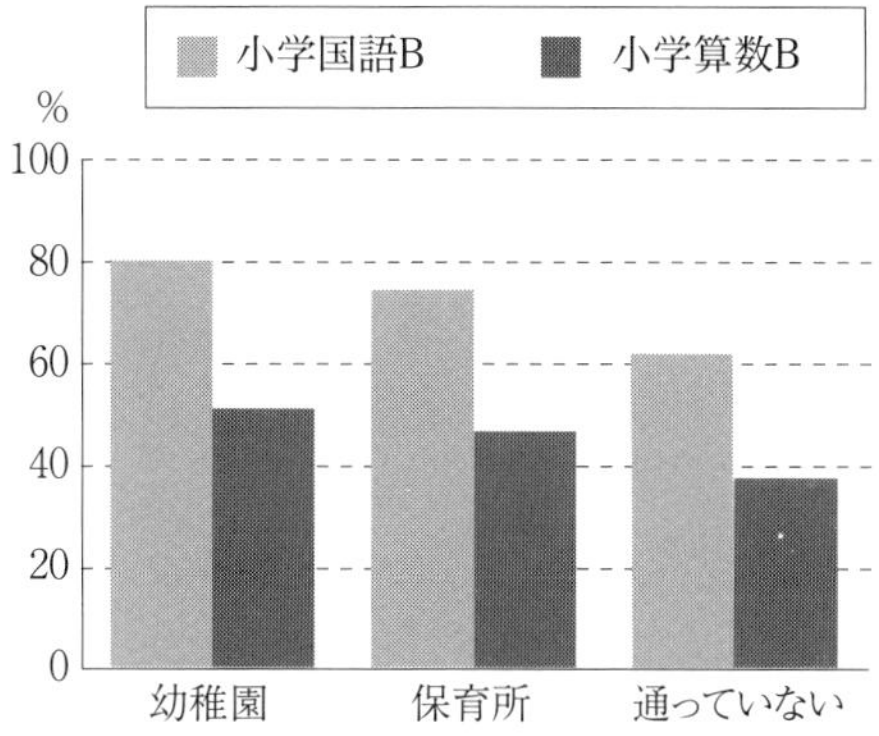

図1　幼稚園児、保育所に通っていた児童の平均正答率

これだけのデータから導きだせるのかどうか。

文部科学省の見解も同様である。

幼稚園と保育園の教育の差が、小学校五年、中学二年まで影響しているといえるであろうか。

文部科学省がなぜこのような平均正答率の比較結果を公表したのかその真意をはかりかねる。就学前教育を受けた五年から八年後になぜこのような差になるのかを、データで説明する必要がある。


しかしながら、文部科学省を含む三者の考え方は、すでに、アメリカで、一九六〇年代から述べられてきたF・ウィリアムの「貧困サイクル」説や「世代間階層再生産」説と同じものであり、より詳細な要因の分析が必要である。

アメリカのヘッド・スタート計画の効果に関するマッケイらの報告でも、だいたい小学校入学後、二年間くらいにとどまっている（前章参照）。

今回の文部科学省データは、それを大幅にくつがえすものであるので、その根拠を明確に示す必要があろう。

つまり、就学前教育のどのような教育（保育）内容や家庭環境（教育）が、入学後の学力形成に、どのような形で影響を与え、小学五年、中学二年の学力形成に関係しているのかを説明する必要があろう。

学力格差を家庭の経済格差や貧困にもとづくとする研究は、経済学の人的資源論と近代社会のメリトクラシー（学歴・学位優位社会）論の結合の産物である。

国際学力テストや文部科学省の全国学力テストの順位に一喜一憂し、その原因を、家庭の経済的・文化的格差あるいは貧困に結びつけるという「格差」論は、どのような積極的効果を生むのだろうか。

「格差」をもとに、子どもに勉強させ、テストの成長を上げさせ、それか学校の評価のつながるというようなことを学校教育の目標にしてよいのだろうか。

グローバル化の下に、「業績主義」「評価主義」が、社会のあらゆる分野に浸透している。ビジネス分野はもちろん、医療・福祉を始め、教育分野も、今や「数値目標」を掲げ、その目標達成に追われているのが現在のわが国の現状である。

教育の目標に「数値目標」を揚げ、それに向かって邁進することが果して教育の正しい姿なのだろうか。

第二節　新しい教育観の確立へ向けて

1　PISA型学力は「二一世紀型学力」になりうるか

OECD国際学力テスト（PISA）の結果、学力が低下していると多くの識者・マスコミは主張したが、では、「PISA型学力」が、「二一世紀型学力」になりうるかについて、佐藤学は、次のように答えている。[17]

第一、「PISA型学力はグローバル・スタンダードになりうるか」という問いに関して「否」である。これは、OECDが加盟三〇カ国の産業主義化の発表段階が異なり、教育改革の課題が、義務教育の完全実施の国など、課程・目標が異なるゆえ「グローバル・スタンダード」にはなりえない。

第二「PISA型学力を「二一世紀型」と定義してよいか」という問いには、「ある面でそういえるが、もう一面ではそうではない」、その理由は、「PISA型学力」の「リテラシー」「コンピテンス」の概念が、わが国の「基礎学力」

概念の狭さを打ち破く画期的提案であり、二一世紀高度知識社会に有効な学力モデルであるが、もともと、「PISA型学力」の「コンピテンス」と「リテラシー」は、「ポスト産業社会への移行を生涯学習社会の真理として追求している北欧型社会における学力観であり、しかも、その生涯学習社会に参加する必要最小限の学力を提示した概念である」という。したがって、画期的定義を認めつつも、「PISA型学力」はあらゆる国の学校に妥当するグローバル・スタンダードとして認識すべきではない」と述べている。

「教師の知識伝達による指導だけでなく、生徒が積極的に自らの知識を変容させ協働で知識を統合したり、構築したりしていく過程に参加することが求められている。（中略）インストラクショニズム（指導方法の検討とその重視）から、談話を通した協議的な知識構築やその場で生じる理解の過程が検討されるようになってきている[18]」と言うが、このような授業過程における教師と生徒、生徒間の具体的なカリキュラム、教材、教師間の人間関係等での具体的事例の提示が必要なのであるが、現実には「日本型モデル」の提示も授業過程の提案もないのである。

しかし、「日本型学力モデル」になる可能性については述べてはいない。

肝心なのは、この点であって、「PISA型学力」モデルは、一つの「モデル」であって、「モデル」はそのままでは「日本型学力」にはなりえない。「日本型学力」モデルをつくるために、「PISA型学力モデル」から何を学ぶかである。思うに、「日本型学力モデル」を考えるに、多くの論者が言うように、「一人ひとりの個性を尊重する」「集団の中の個性を育てる」というが、「個性」というも「集団」というも「一人ひとり」という「個人」も、アメリカや諸外国のそれと異なるのである。日本人の「個人」「個性」は、アメリカ人の「個人」「個性」と異なる。それは、文化的・社会的背景が異なる社会に育つ人間として当然のことである。

確かに「個性」に普遍的な性格もありうる。普遍性を前提に「個」を考えるにしても、現実の「個」は、各々の文化的・社会的状況の中に存在する「個」である。

学力問題を議論するに際して、教師と子どもの関係、家庭における親と子の関係―教師観、子ども観が異なるのである。

2　教育格差論に欠如しているもの――いくつかの疑問点――

多くの「学力論」「学力低下論」の背景には、以下のような共通した認識の欠如がみられる。

(1) 学校の制度疲労の認識の欠如

今日の学校制度は、近代教育の進展と共に整備され、確立されてきた。わが国全体にわたる法体系の下に、組織化され、専門職として教師が、定められた教育課程に従い、クラスごとに編成された子どもを時間割りにそって教えるみごとな体制が全国津々浦々に行き渡っている。しかし今、この学校制度がゆきづまりをみせているのではないかといわれてきた。

いじめ、ひきこもり、校内暴力、教師の勤務量の加重負担と精神的疲労が、多くのデータによって示されている。「学校」は、行かねばならない「聖なる場所」=絶対性から、明らかに変わってきている。滝川一廣は、このように指摘している。

すでに二〇年前に、中学生の塾通いが五割を超え、なんらかの習いごとや塾に通っている子どもが、小学校の高学年で約八割、中学生の七割となっていた。

特に学習塾通いは、親や子どもが自主的に選んだ個別ニーズの結果である。これを「受験・進学」のためというならば、学校はすでに、親や子どもの「受験・進学」ニーズにも応えていないことになる。つまり学校の「絶対性」が崩れていたわけである。(19)

この「学校から逃れて」学校外の「学びの場」=学習塾に子どもが走る現在、存在しつづける「学校」を、免許更新制や現職教師の研修や、学習指導要領改訂による教科内容の増加で改革できるのだろうか。
学力改革論の多くは、この学校の制度疲労を考慮せずに、学力論を展開しているようにみえる。

（2）学力養成の基本骨格となるカリキュラム構成への内発的動機の欠如

端的にいえば、グローバル化社会・高度知識社会に対するＰＩＳＡ型学力の養成という発想は、周りが変化したから、それに対応するという一種の「外圧対応型」であり、「知識基盤社会」において何が必要かを十分内在化したものとなっていない。

それには、日本人のもっている教育観・能力観・子ども観に立脚した学力論が必要である。学校が育てるべき「子どもの個性（化）」や「社会化」も、アメリカ人の個性と日本人の個性は、文化的社会的背景が異なるわけで、こうした差異に立つ視点が必要であるが、このような議論は残念ながらほとんどみられない。

したがって、文部科学省のいわゆる「全国学力テスト」やいくつかの大学の学力調査があるが、未だ「新しい学力」構築のためのカリキュラムや実践の処方箋ができていないというのが現状である。

3　就学前教育の新しい問題――ＯＥＣＤの「提言」――

二〇一〇年六月、ＯＥＣＤ（経済協力開発機構）の教育局長が来日し、わが国の就学前教育・保育に対して、いくつかの「提言」をした。

すでに二〇〇九年、ＯＥＣＤのグリア事務総長から鳩山首相（当時）に提言が渡されていた。概要は以下のようなものであった。[20]

（1）就学前教育と保育に対する公的支出を増加するとともに、「子ども手当」案は、その目的と対象を再検討すべきである。

（2）いっそうの政策一貫性と幼保一元化により、待機児童の解消を図り、幼児教育と保育を改善すべきである。

というものであった。
そして今回の提言は、わが国の就学前教育・保育にたいへん厳しいものである。

現状と課題

①五歳児ひとりへの幼児教育・保育への公的支出は、韓国を除くＯＥＣＤ諸国のどの国よりも少ない。
②日本では、幼児教育・保育が、家計にとってかなりの負担になっている。幼児教育のコストの半額以上を家計に頼っている。これは、ＯＥＣＤ諸国のどの国よりも大きい負担率である。
③日本の出生率は、一・三八でＯＥＣＤ諸国のうち下から四番目である。子どもに魅力感じるには、育児・教育にかかわる経済的負担を軽減することが必要である。
④短期的な視点で幼児教育への支出を節約した場合、長期的にはより大きな社会保障費を必要とすることになろう。
⑤女性の労働参加は経済成長を促進するが日本における女性の就業率は、ＯＥＣＤ諸国に比べて低い。三歳から五歳児をもつ母親の半分しか働いていない。

ＯＥＣＤは、幼保一元化を目指した「認定こども園」の設立は評価しているが、いくつかの問題提起と提言をおこなった。今それらを要約すれば、次のようである。

・「子ども手当」の政策目標を明確にし、限られた財源を効率的に投資することが必要である。
・幼児期の子どもに対する支出は、「将来の社会への投資」であることを強調する政策が必要である。

一例として、ノーベル経済学賞受賞者のＪ・ヘックマンの「同じ一ドルを幼児期に投資した場合と大人になって投資した場合では、前者の方がリターンが高く、一ドルの投資で六ドルのリターンがあるとしている。その根拠は、アメリカ・ミシガン州イプシランテイ研究所のペリー就学前計画（The Perry Preschool Project）やその他のデータによるものである。

それによると、「質の高い就学前教育を受けた人」と「就学前教育を受けなかった人」では、四〇歳段階で比較すると、「一四歳までの基本的到達度」「高校卒業率」「年収二万ドル以上」「逮捕歴」に、大きな差があったというものである。

これは、従来のわが国にない発想で経済学のおける人的資源論を基にしている。グローバル化の名のもとに、市場開放が進み、幼児教育や保育の現場に企業経営の理念が持ち込まれることへの懸念が、現在の「子育て新システム」批判に表れている。

ＯＥＣＤ提言と「新システム」によって、就学前教育がいっそう充実し、格差がなくなるかどうか、今、私たちは、岐路に立っている。

注

（１）船山謙次『戦後日本教育論争史』（正・続）東洋館出版社、一九五八年

（２）長尾彰夫「「学力低下」論争の構図」長尾他編『学力低下批判』所収、アドバンテージサーバー、二〇〇二年、九二―九四ページ

（３）加藤幸次『免許更新のための必修講習ガイドブック』黎明書房、二〇〇九年、三四二ページ

（４）佐藤学「学力問題の構図と基礎学力の概念」東京大学学校教育高度化センター編『基礎学力を問う』所収、東京大学出版会、二〇〇九年、二―七ページ

（５）同書、五ページ

（６）苅谷剛彦『階層化日本と教育危機』有信堂、二〇〇一年、一三九―一四二ページ

（７）苅谷剛彦「学力調査と格差問題の時代変化」前掲『基礎学力を問う』所収、一二〇―一二七ページ。苅谷剛彦『教育改革の幻想』ちくま新書、二〇〇二年。苅谷は後者において一九九〇年代からの「新しい学力観」での学力低下は、「子ども中心主義」教育の幻想＝ロマンに惑わされたものであると指摘している。

（８）加藤幸次編『学力低下論批判』黎明書房、二〇〇一年、加藤前掲書、四二―四八ページ

（９）神永正博『学力低下は錯覚である』森北出版、二〇〇八年、二八―三〇ページ

（10）本田由紀「「学力低下」をめぐって私たちは何をなすべきか」前掲『学力低下批判』所収、二〇〇二年、三〇―三二ページ

（11）秋田喜代美「教師の力量形成」東京大学基礎学力研究開発センター編『日本の教育と基礎学力』所収、二〇〇六年、一九一ページ

（12）文部科学省編『平成二一年度文部科学白書』佐伯印刷株式会社発行、二〇一〇年六月、九―一二ページ

（13）明石要一「「体験格差」が生む年収格差」日本経済新聞、二〇一〇年八月二日、教育欄

（14）志水宏吉「学力格差は『きずな』の差」日本経済新聞、二〇〇九年一一月三〇日、教育欄

（15）「読売新聞」二〇一〇年七月三一日、一二版。内田は「経済格差と学力」についての共同研究をおこなっていることが発言の背景にあったと考えられる。内田伸子「日本の子どもの育ちに影を落とす日本社会の経済格差――学力基盤力の経済格差は幼児期から始まっているか」「学術の動向」日本学術協力財団、二〇一〇年四月、第一五巻第四号、一〇四―一一一ページ

（16）「読売新聞」二〇一〇年七月三一日、一四版

（17）佐藤学「学力問題の構図と基礎学力の概念」前掲『基礎学力を問う』所収、二一―二七ページ

（18）秋田喜代美「質の時代における学力形成」同書所収、一九八―一九九ページ。Genevieve Marie Johnson, INSTRUCTIONISM AND CONSTRUCTIVISM:Reconciling Two Very Good Ideas, *International Journal of Special Education,* Vol.24, no.3, 2009, pp.90-98

（19）滝川一廣『家庭の中の子ども 学校の中の子ども』岩波書店、一九九四年

（20）ＯＥＣＤ「包括的な子ども政策に向けて：ＯＥＣＤ諸国の潮流と日本の改革へ示唆するもの」二〇一〇年六月。保育研究所編「保育情報」二〇一〇年七月号。ＯＥＣＤ編著「ＯＥＣＤ保育白書：人生の始まりこそ力強く：乳幼児期の教育とケア（ＥＣＥＣ）の国際比較」星三和子他訳、明石書店、二〇一一年。

私が以前から気になっている用語に「落ちこぼれ」という言葉がある。起源は、かなり古いと思われるが、たぶん「マスコミ」用語として流布したものと思われ、いつの間にか一般的になり、相当に無神経に使われている。こういう用語には確たる定義がないので、その使われ方は使う人にかなり恣意的に使われる。教育学の専門用語でもないのに、学会の機関誌の論文や教育の専門書にも登場する。近年では、アメリカで、二〇〇二年一月に成立した次の法律の日本語訳である。

No Child Left Behind Act（略称NCLB法）。この法律は、アメリカ教育史の中でも画期的なものとされるもので、「人種・民族の分離教育」（segregation）と「障害者」（disabilities）法が「機会の平等」を目指したものであったのに対し、NCLB法は、「結果の平等」を提供するもので、非常にラディカルで、野心的なものとされ、これまで排除されてきた子どもが、平等で良質な教育を受けること、つまり「教育の質の平等」を求めるもので幼稚園から高校（K―12）まで適用されるものである[1]。ところが、NCLB法を「ひとりの子どもも落ちこぼさない法」「落ちこぼしゼロ法」とか[2・3]、「落ちこぼしのない法」[4]「落ちこぼれをつくらないための初等中等教育法」というふうに訳され、紹介されている[5・6・7・8]。この新法が、新自由主義な思想にもとにつくられ、教育を評価主義・業績主義の下に改革するという評価もあるが、「落ちこぼれ」という言説は、「一定の教育目標を達成できない子ども」「教育内容を理解できない子ども」あるいは「授業についていけない子ども」という学校ないしは教師の側から一方的に目標を決めてその基準に達しない子どもという考え方にもとづく言い方であり、ある意味、差別的ですらある。戦後から今までの学力論の議論の中に、このような考え方はなかったとはいえず、PISAテスト等が、国際的な競争テスト化しつつあることを考えると、いっそうの配慮が必要であると考えられる。

〔注〕

（1）Scott F., Abernathy, *No Child Left Behind and the Public Schools*, the University of Michigan Press, 2007, pp.2-3

（2）世取山洋介「アメリカにおける新自由主義教育改革と教育法――No Child Left Behind Actをめぐる立法論と訴訟」『日本教育法学会年報』第三八号、二〇〇九年、一九五ページ

（3）青木宏治「アメリカ合衆国におけるNCLB方の法的争点といくつかの批判的意見の検討」『日本教育法学会年報』第三九号、二〇一〇年、一五六ページ

（4）赤星晋作『アメリカ教育の諸相』学文社、二〇〇七年、二八ページ

（5）松尾知明『アメリカの現代教育改革』東信堂、二〇一〇年、七七ページ

（6）深堀聡子「学力の底上げをめざすユニバーサルな政策へ――アメリカ」泉千勢他編『世界の幼児教育・保育改革と学力』所収、明石書店、二〇〇八年、一四六ページ

（7）文部科学省『諸外国の教育改革の動向』ぎょうせい、二〇一〇年、二一ページ

（8）恒吉僚子「グローバル化社会における学力観」前掲『基礎学力を問う』所収、二〇〇九年、六〇ページ。なお、

NCLB法に関する日米の研究者の評価に関するレヴューは、次の文献に詳しい紹介がなされている。北野秋男監修「現代アメリカの教育アセスメント行政の展開」東信堂、二〇〇九年。

終章　幼児教育の本質

一八九九（明治三二）年、「幼稚園保育及設備規定」（文部省令）が出された。その第五条第一項は、次のように規定されている。

第五条　保育ノ要旨ハ左ノ如シ

一　幼児ヲ保育スルニハ其心身ヲシテ健全ナル発育ヲ遂ゲ善良ナル習慣ヲ得シメ以テ家庭教育ヲ補ハンコトヲ要ス

続いて、一九二六（大正一五）年四月、「幼稚園令」（勅令）が出された。その第一条には、次のように規定されている。

第一条　幼稚園ハ幼児ヲ保育シテ心身ヲ健全ニ発達セシメ善良ナル性情ヲ涵養シ家庭教育ヲ補フヲ以テ目的トス

そして、太平洋戦争敗戦後の新教育において、幼稚園は、一九四七（昭和二二）年制定の「学校教育法」において、教育機関としての「学校」と規定された。第七七条に、次のように規定された。

第七七条　幼稚園は、幼児を保育し、適当な環境を与えて、その心身の発達を助長することを目的とする。

ここにおいて、従来、幼児の保育は、家庭教育が第一義務であり、幼稚園は、それを補う機関として下位に位置づけられていたのが、戦後の学校教育法において、家庭教育を補うものではなく、独立の教育機関となったのである。（第七七条制定までには、当時の教育刷新委員会で、最後まで「家庭教育を補う」という補助機関案が強かったといわれる。その審議過程は、岡田正章・宍戸健夫他編『戦後保育史』〔フレーベル館〕に詳細がある。）

さらに、二〇〇六（平成一八年）、「学校教育法」が改正された。幼稚園条項（第二二条）は、次のようになった。

幼稚園は、（義務教育及びその後の教育の基礎を培うものとして）幼児を保育し、（幼児の健やかな成長のために）適当な環境を与えて、その心身の発達を助長することを目的とする。

カッコ内は、一九四七年の学校教育法制定以来の条文に、今回の改定で加えられたものである。

今回の改定で、幼稚園は、義務教育、つまり小学校、中学校及びその後の教育の基礎を培うための教育機関と位置づけられた。

つまり、小学校―スクール（school）へ入る前段階のプリ・スクール（pre-school）となったわけで、これは、幼稚園の歴史からみて、フレーベル以来の「幼児のための教育機関」としての性格から、より教育的要素の強い「就学前教育機関」となったわけである。

しかし、条文には、「幼稚園は、義務教育及びその後の基礎を培うものとして、幼児を保育し」とあり、「教育」とはなっていない。

文部省は、一九四八年の「保育要領――幼児教育のために」刊行以後、一九五六年の「幼稚教育要領」刊行以後、一貫して「教育」の用語を使い、「保育」という語は使っていない。「幼稚園教育要領」にある「一日の教育時間は、原則として四時間とする」をはじめ、「一年の教育週数は三九週とする」等、「教育」という語で一貫している。

しかしながら、「学校教育法」の幼稚園に関する条文は、「保育」である。

この「教育」と「保育」はどのように整合性をもった解釈ができるだろうか。

近年、幼小一貫教育、幼小連携教育等、幼稚園教育と小学校教育の連続性の問題がクローズアップされている。しかしながら、カリキュラムの連続性、教員免許の一本化、幼小教員の交流等の重要問題は、国の政策としては、幼保一元化ほどにはほとんど進んでいないのが現状である。

幼稚園と保育所の関係をどうするかといういわゆる「幼保一元化」問題は、戦前から問題とされてきたことであるが、近年、保育ニーズの増大、多様化、待機児童の増加により、一元化の機運は強まっている。

保育所の早朝保育、夜間保育、幼稚園の「預かり保育」等が、多くの園で実施されているが、保育ニーズに十分応えられていない。

しかし、「幼保一元化」問題は、待機児の増加、保育ニーズの増大だけが根本理由ではない。「幼保一元化」の第一歩は、「幼児の教育と福祉の平等な実施」が、根本理由であった。幼稚園へ通う幼児と保育所へ通う幼児に、平等な教育の機会と福祉をいかに実施するかが根本思想であった。

わが国の場合、一九六三年、当時の文部省・厚生省の局長通達により、幼稚園・保育所の「教育」についての両省の了解事項により、「保育内容」については、ほぼ一元化されてきたといってよいであろう。

（ちなみに、二〇〇九年四月施行の「幼稚園教育要領」と「保育所保育指針」の「保育内容（五領域）」に関しては文章もほぼ同じものとなっている。）

「幼保一元化」の要件は、①保育（教育）制度の一元化、②保育士・幼稚園教諭養成制度一元化、③保育内容の一元化

が必要であると考えるが、「保育内容の一元化」については、すでに一九六三年以来、実質的に一元化され、進んでいるのである。これは、幼小の連続性以上のものがある。

さらに、近年の「認定こども園」は、この「保育内容」にもとづいておこなわれるので、幼小以上に、幼・保・認定こども園は、密接につながっている。

さて、前述の学校教育法二二条に関わることであるが、幼稚園と小学校の間には、それぞれ独特の集団文化がある。この文化の差をいかになくすのかが、幼小連続ないし一貫教育の大きな課題である。その際に、幼稚園を小学校に合わせるのか、小学校を幼稚園に合わせるのかが問題となるであろう。幼稚園が小学校の下部機関的な存在になるのではなく、幼稚園が長年培ってきた幼児の心身の発達を助長する機関としての成果を上手く取り入れ、小学校教育にスムーズに移行できる両者の文化が融合した新しい制度をつくるべきである。

二〇一〇年六月、OECD（経済協力開発機構）のイッシンガー教育局長が東京で記者会見し、日本政府に対し、質の高い就学前教育と保育に対する公的支出を増やすこと及び、幼稚園と保育所の一元化を勧告した(*)。

OECDは、過去において、国際的な調査研究をもとにした信頼できるデータにより、多くの勧告をしている。今回の勧告もわが国にとって時宜にかなったものといえる。

OECDは、二〇〇九年の報告書で、わが国の教育支出における経費負担が、OECD加盟国中、韓国についで高く、とくに就学前教育（幼稚園などの小学校入学前の教育費）の公財政支出が少ないことを指摘している。

さらに、同勧告は、「幼児期の子どもに対する支出は、将来の社会への投資であることを強調する政策が必要である」として、幼児期の教育への公的支出は、子どもと家族にとっての恩恵であるだけでなく、次世代社会に還元されるものであると述べている。

アメリカにおいて、一九六〇年代から開始された「ペリー就学前教育」（Perry Pre-school Project）の追跡研究によれば、経済的に恵まれない子どもが、幼児教育を受けた場合と受けなかった場合、前者は、後者に比べ、一四歳時の成績、高校大学進学率、社会人になってからの平均収入が高く、逆に生活保護受給率や逮捕者が少ないことが明らかになったという。

さらに、「子ども手当」の政策目標を明確にし、より効果的な現金給付と現物支給（保育・幼児サービスの直接支給）のバランスを考えることが必要であることを指摘した。

幼保一元化について、幼保小の教員・保育士が、幼稚園・保育所・小学校で働くことにより、幼保一元化のみならず、幼児教育・保育から初等教育へのスムーズな移行が可能になり、「小一プロブレム」解消にも役立てることができるとしている。

勧告は、かなり多岐にわたり重要な問題点を指摘した。

今一度、これらを、現在進行中の「子ども子育て新システム」の中に取り入れるべきであろう。

このように、幼児教育・保育は国際的視野の中で「子どもの最善の利益」を追求する課題を担っている。

この点について、私は、次の三つの点が重要であると考える。

（1）教育のグローバル化の視点である。

幼児教育の目標、制度、行財政、カリキュラム、教諭・保育者養成制度、幼児教育・保育の効果等、あらゆる点をグローバルな視点から常に見続けること。

（2）少子化社会における幼児教育・保育の視点

子どもが減ることは、きょうだい数の減少により、人間関係や遊びの質に変化をもたらす。これらは、社会的・人間的発達にも影響する。

（3）男女共生社会における幼児教育・保育の視点

ジェンダーとすべての年齢——男性、女性、子ども、高齢者の権利の平等性にもとづいて、女性の社会的進出支援、女性労働支援と幼児教育・保育の社会化――そのための公的支援が不可欠である。

以上の三点が、より重要になってくると考えられる。(M.Takeuchi & R.Scott. Eds. *New Directions for Early Childhood Education and Care in the 21st Century: International Perspectives*, Martin Quam Press, U.S.A., 2006)

幼児教育―幼稚園教育・保育所保育は、社会的関心が高い割には、その本質論については、もっともっと議論が尽されるべきであろう。本書が、その礎ともなれば誠に幸いである。

これまで述べてきたことは、わが国の法制的側面からみた幼児教育・保育の歴史的変化とOECDなどの国際化による影響である。「学力問題」が幼児教育・保育にまで及び、人的資源論に立つ幼児教育論は、いわば「外的要請」であり、「外発的動機づけ」になりうるかもしれない。

しかしながら、肝心なことは「子どもの最善の利益」が強調する幼児教育・保育は、「内的要請」は何かということを考え直すことである。子どもが、安全で衛生的で健康に十分配慮された環境で「教育・保育」がなされること、子どもの知的発達・情緒的発達・社会的発達・身体的発達が、前述のような環境でなされることが「最善の利益」である。

このことの第一義的意味を今一度、想い起こしてみる必要があると考える。

＊参考文献

OECD編著『OECD保育白書：人生のはじまりこそ力強く：乳幼児期の教育とケア（ECEC）の国際比較』明石書店、二〇一一年

OECD ed., Starting Strong Ⅲ：A Quality Toolbox for Early Childhood Education and Care, OECD 2012

二〇一二年の報告書は、就学前教育のカリキュラムとして、ピアジェの発想による「構成主義にもとづく、子ども中心カリキュラム」の長期的効果などが紹介されている。

あとがきにかえて

幼児教育・保育の研究領域は、一般の教育学領域に比較して、研究領域として学問的認知を得ているとは言い難い点があることは否定できない。それは、研究の歴史も浅く、研究者人口が少ないことに最大の要因がある。これには、大学院専門課程が十分でなかったこと及び現代も十分でないことも起因している。一般教育学の研究においても幼児期への関心は必ずしも十分ではなく、今日ようやく「生涯発達・生涯教育」という視点から、また「少子化」「待機児問題」「幼保一元化」等が社会問題化して考察されるようになった。

しかし、わが国の幼児教育の現況からみるに、研究者養成も保育者養成も喫緊の課題となっている。

個人的なことになるが、私は大分遅れて大学の教師になった。そのことについて、以前次のように書いたことがある。

「私の学生時代——現在につながる出発点」

思い起こしてみれば、私は学生時代、「絶対」を求めつつ、同時に「絶対」に反発しつづけていたように思われる。それは、絶対的理論や真理や権威への希求であり、また同時にそれらのものに対する反撥であった。

大学院も含め、前後九年間も学生生活を送ったけれど、この両極をいつも揺れ動いていたように思う。最初に学んだ愛知学芸大学（現愛知教育大学）では、多くの教育系科目の他に歴史を専攻した。一学年七名と極端に学生が少なく、一年からあったいくつかの専門科目はまるでゼミの様であった。当時、歴史学界には、経済史が一つの強い流れをつくっており、各国の経済史の比較研究が盛んに行なわれていた。私は、卒論でフランス革命の経済史的分析をテーマにした。しかし、マルクス主義による歴史解釈は、一つの明解な、しかも絶対的な解答を私の前に提示してくれたが、経済史の方法論である「マス」(mass)の把握と同時にそれがいかにして「個」に迫りうるかという問題が疑問として残った。つまり、歴史は転換期(革命等)において、多くの可能性を含みながら、何故一つの道しかとおらなかったのかという歴史の一回性と連続性、多岐性と法則性の問題があった。(後になって、私は弁証法的唯物論による歴史解釈は、意識に先行する存在を何をもって規定するのかという点を考えると、極端な言い方であるが、観念論の一形態ではないかという感じさえもった。)

ともかく、私は卒論を終え、中学時代に心に決めた教師になるべく、張りつめた気持ちで離島の中学(愛知県篠島)の教壇に立った。大学一年の時に読んだ石川達三『人間の壁』の女教師尾崎ふみ子のひたむきな生き方や、無着成恭『山びこ学校』や国分一太郎「北に向かいし枝なりき」に描かれた北方教師の生き方への共感が、心の支えになっていた。

島の学校へ勤めはじめた時、私は子どもたちから、「先生は、島に何年いてくれるの?」と聞かれた。そして、「島へ来る先生はカスの先生ばっかりだそうだ」という事もきいた。このことは、島にいた間中、私の胸からはなれなかった。

しかし、島の教育の中で、教師としての力量不足を痛感し、いろいろな意味で思い出深い島とも三年間で別れを告げた。

そして、名古屋大学の大学院で再出発というより、教育学の再履習のような気持で学んだ。私の周囲は、小学校で一年生から六年生まで教えた人、夜間中学で何年も教えた人、三〇をすぎ、我が子を膝の上に抱いて大学院入試の勉強をした人等々、年輩の学生たちでいっぱいであった。だからゼミでも院生の研究室でも、いつも教育理論と実践の話題が飛び交っていたように思う。私は、そこから多くのことを学んだ。現実の社会は政治の論理が優先するが、教育の目的は、諸個人のもつ人格の完成をめざして行われ、政治の論理とは次元の異なるところにある。それが、政治の論理を超える教育の論理であると思う。

これが、現在の私につながる出発点である。新しく教育学を勉強し直し、それを大学で教えるなどとは夢にも思わなかったことを考えると、何か人生の不確定さと、またこれが運命とでもいうものであるような不思議なものを感ずる。

私は、これまで三つの女子大学に勤め、そのいずれもが幼児教育・保育系の学部・学科であったことは、教育・研究のうえで誠に幸運であったといえる。しかしながら、十分な成果をあげえたとはとてもいえない。やり残した研究課題もいくつかあるので、それをなんとか成し遂げたいと思う。

本書は、学生とのゼミの中から得たアイデアも多く、その点については、ただ学生に感謝するばかりである。

今回の著書は、歴史的な視点を取り入れた戦後幼児教育史にはなっていない。しかし、その時々に発生した「教育論」「教育問題」は、それぞれの背景にある「教育観」や「子ども観」が示されている。そこを十分に明らかにできたかどうかは心もとない限りであるが、部分的にでも、それができていれば幸である。

ナチスの凶弾に倒れたフランス中世史の泰斗、アナール派の創始者マルク・ブロック（Marc Bloch, 1886-1944）は、その著『歴史のための弁明』の中で、「歴史学の対象は本質的に人間である。（中略）一見きわめて冷徹な文書やそれぞれを制定した者たちから非常に離れたように見える制度の背後に、歴史学がとらえようとするのは人間たちなのである。そこに到達できない者は、せいぜい考証の職人にすぎないであろう。よい歴史家とは、伝説の食人鬼に似ている。人の肉を嗅ぎつけるところに獲物があると知っているのである」と述べている（岩波書店、二〇〇四年、六ページ）。

ブロックの思想から学んだことは多くとも、私にはとても「食人鬼」になる資格はないが、多くの方のご批判を仰ぎたいと思う。

最後に、私がこれまでご指導いただき、お世話になった先生方にお礼を述べなくてはならない。

上田薫先生（元名古屋大学教授、元都留文科大学学長）には、大学での講義や膨大な著書、また直接お会いした折のお話から、いつも教育の根幹を教えられ今日に至った。その「動的相対主義」の思想は戦後一貫しており、時の流れによる変節がない。現在も「社会科の初志をつらぬく会——個を育てる教師のつどい」を中心にしてご活躍中である。その意気込みに圧倒されるばかりである。近年、「上田教育哲学」を博士論文とする研究書や上田先生の思想を扱った著作も刊行されている。わが国の研究者が研究対象になるということは稀有のことであり、ただただ頭の下がる思いでいっぱいであります。（大野僚『上田薫の人間形成論——新しい教育言説の誕生』学術出版会、二〇一〇年。川合春路編著『教育をひらき支える言葉——上田薫、人生と教育へのアフォリズム』黎明書房、二〇〇〇年）

森楙先生（広島大学名誉教授）には、先生が文部省在外研究でイリノイ大学滞在中にお会いして以来、学位論文作成の折には懇切なご指導をいただきましたことを心より感謝申し上げます。田浦武雄先生、江藤恭二先生、潮木守一先生、小嶋秀夫先生（いずれも名古屋大学名誉教授）。先生方には、院生の時代からいろいろとご指導いただきましたことを感謝申し上げます。宍戸健夫先生（愛知県立大学名誉教授）と平光昭久先生（椙山女学園大学名誉教授）、さらに、鈴木正幸（神戸大学名誉教授）、加藤幸次（上智大学名誉教授）氏ら先輩諸兄には、公私にわたって長い間お世話になり、またいつも議論の付き合いをしてくださったことに感謝申し上げます。

また海外の先生方にも、いろいろな縁でお世話になったことを感謝しなければならない。

スコット教授（Dr. Ralph Scott, The University of Northern Iowa）とは、最初に私が彼のホーム・スタートに関する論文の送付をお願いして以来、何か彼とは馬が合い、いくつかの共同論文の発表に声をかけていただいた。ウィスコンシン大学に客員研究員として滞米中は家族ぐるみでお付き合いくださり、大変お世話になった方である。長女クリスティナさんが東京のアメリカ大使館在職中にご夫妻で来日され、金城学院大学で講演をしていただいた。

ボーグ博士（Dr. Karin Borgh）は、これまた滞米中、家族ぐるみの付き合いとなり、あちらこちら案内していただいた。彼女の流暢な日本語は、私が英語を習得する大きな妨げとなった。幼児教育の現場の経験も豊富であったので、来日の折、金城学院大学で講演をしていただいた。

トンプソン博士（Dr. Benjamin Thompson, The University of Wisconsin）は、小・中学校の教師をされた後、大学の教師になった方で、ご夫妻には一九七〇年、私の最初の渡米の折にホーム・ステイをさせていただいたこともあって、二度目の滞米中は家族でお世話になった。今、ご夫妻共に体調が芳しくないとうかがい、一日も早い回復を願うばかりである。

スポデック博士（Dr. Bernard Spodek, The University of Illinois）は、アメリカ幼児教育学会（NAEYC）の会長として、多くの著作を発表されている。滞米中にイリノイ大学を訪問した折に、森先生にご紹介いただいたことが最初の出会いであった。何回も来日されており、名古屋でも講演をお願いしていた折、体調を崩し、深夜の電話で病院の診察にお付き合いしたこともあった。幸い急性胃炎で大事に至らなかったことも今はひとつの思い出となった。

スコット博士と私の共同編集の幼児教育書に快く寄稿していただいたことは身に余る光栄である。

ラザー博士（Dr. Irving Lazar, The Vanderbilt University）は、アメリカ連邦政府の幼児教育プログラムの長期的効果に関する研究グループ（Consortium for Longitudinal Studies）の最高責任者を務めた方であるが、私が、ピアジェがアメリカで行った講演の記録をコーネル大学に問い合わせた際に、当時、コーネルにいた彼が、はからずもその講演記録の冊子を送ってくださったのが縁となって、来日の折に、金城学院大学、名古屋大学で講演をしてくださった。現在も現役でご活躍中である。

カミイ博士（Dr. Constance Kazuko Kamii, The University of Alabama）は、ピアジェの高弟として知られた方であるが、度々来日されており、金城学院大学での講演をお願いした。普段、日本語を話されない彼女の久しぶりのきれいな日本語での講演は、学生にとって理解を深めるためによい機会であった。私とスコット博士との編集になる幼児教育書に、快く寄稿してくださったことは誠に感謝の限りである。

今年は、一九八一年に刊行の『現代幼児教育論史』から、ちょうど三〇年になる。前書を基礎にして私は学位論文を書いたが、今回はその改訂版ではなく、いくつかの章を省き、『幼児の発達と環境』と『幼児教育八つの問題』から、四つの章を加筆修正して加えた。第11章は、新たに書き加えたものである。新しい資料を追加し、より体系的なものを考えたが、学力不足で、十分なものとはならなかった。

ただ戦後を対象とした類書がないので、多少とも役に立つところがあろうと考えてのことである。戦後の幼児教育史・保育史は、まだ体系的な研究がなされていない。本書の試みが、そのための踏み台になれば誠に幸いである。

本書を公にするについて、今回も出版のお世話になった風媒社の稲垣喜代志氏に感謝を申し上げたい。稲垣氏との関係は、私が、まだ二〇代であった時に、『うず潮の学校』の出版をお願いして以来の長い付き合いとなった。今回も無理を聞き入れてくださった稲垣氏に感謝を申し上げたいと思う。そして、出版までの細かい作業を担当してくださった林桂吾さんにもお礼を申し上げたい。

最後に、私は大学卒業後、数年間、教職にあったが、その後、大学院に入り、三〇歳を過ぎてなお大学院に籍を置く学生であったので、親不孝の連続であったが、私を育て見守ってくれた亡き両親に本書を捧げたいと思います。

二〇一一年八月　猛暑日の続く名古屋にて

竹内通夫

人名索引

事項索引

も

や

ゆ

よ

り

れ

［著者紹介］
竹内通夫（たけうち・みちお）
1939 年、名古屋市生まれ。愛知学芸大学（現・愛知教育大学）卒業後、僻地・離島・漁村の中学校に勤務、その後、名古屋大学大学院教育学研究科博士課程満期退学。教育学博士（広島大学）。柳城女子短期大学（現名古屋柳城短期大学）、金城学院大学名誉教授。アメリカ・ウィスコンシン大学客員研究員。
現在、名古屋女子大学特任教授（大学院児童教育学専攻、文学部児童教育学科）

著書
『うず潮の学校――島の教師の記録』（共著、風媒社）、『授業への挑戦』（共著、黎明書房）『二十一世紀の幼児教育』（編著、風媒社）、『現代幼児教育論史』（風媒社、日本保育学会賞）、『現代幼児教育小辞典』（編著、風媒社）『幼児教育八つの問題』（黎明書房）、『幼児の発達と環境』（高文堂）、『ピアジェの発達理論と幼児教育』（あるむ）、Children' s Play in Diverse Cultures, State University of New York Press, U. S. A.（共著）、New Directions for Early Childhood Education and Care in the 21st Century: International Perspectives, Martin Quam Press, U. S. A.（編著）

戦後幼児教育問題史

2011 年 10 月 14 日　第 1 刷発行　（定価はカバーに表示してあります）
2013 年　3 月 31 日　第 2 刷発行

著　者　　竹内　通夫
発行者　　山口　章

発行所　名古屋市中区上前津 2-9-14　久野ビル
振替 00880-5-5616 電話 052-331-0008　風媒社
http://www.fubaisha.com/

乱丁・落丁本はお取り替えいたします。　＊印刷・製本／モリモト印刷
ISBN978-4-8331-0619-1

乾孝幼児教育論集

乾孝 著　斎藤次郎 解説

深い科学的洞察とロマンにみちた乾心理学の集大成。本書は手あかにまみれた既成の子ども観から子どもを解放するにとどまらず、子どもと直接接点をもつおとな―親や教師や保母における自己解放の訴えである。

二五〇〇円＋税

二十一世紀の幼児教育

竹内通夫編著

子どもを取り巻く様々な環境が変質し、幼児の精神・身体への危惧の念が深まりつつある現在、子ども観の歴史的変遷、幼児の心身の発達、早期教育の是非について考えるための必携のテキスト。

二八四五円＋税